한 손에 잡히는
미얀마
여행회화

생각나눔 홈페이지(www.생각나눔.kr)로 접속하셔서 회원가입하시면 책에 관한 mp3를 무료로 다운받을 수 있습니다.

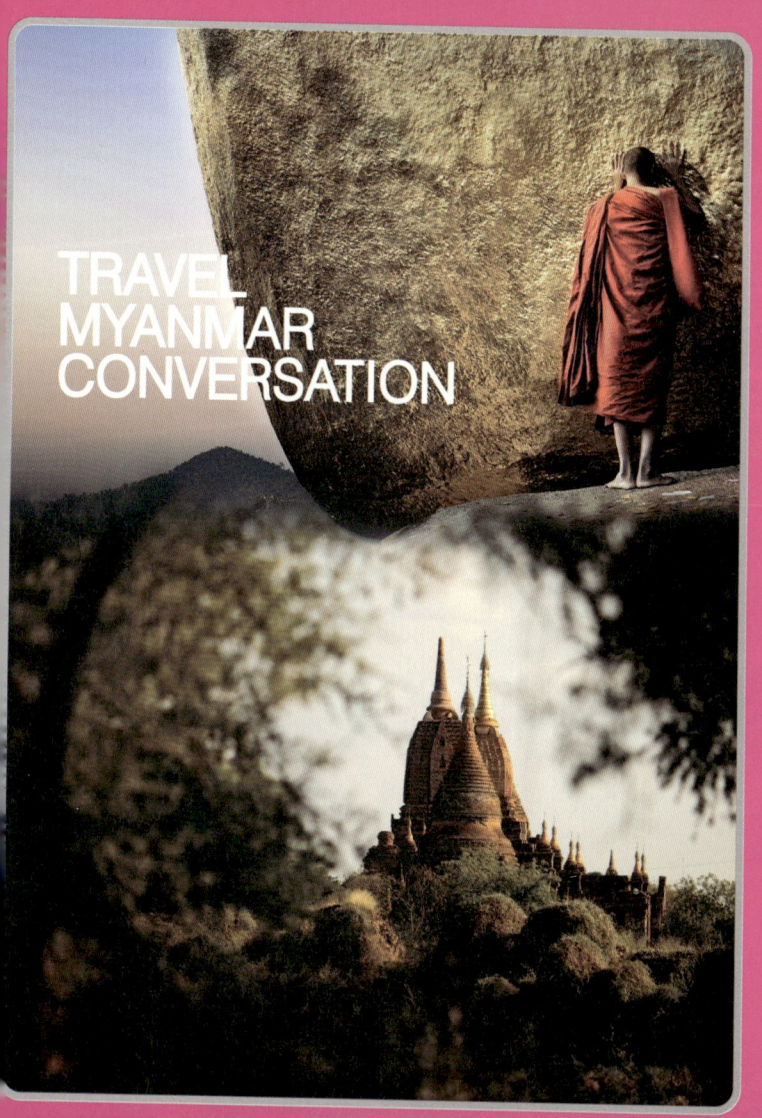

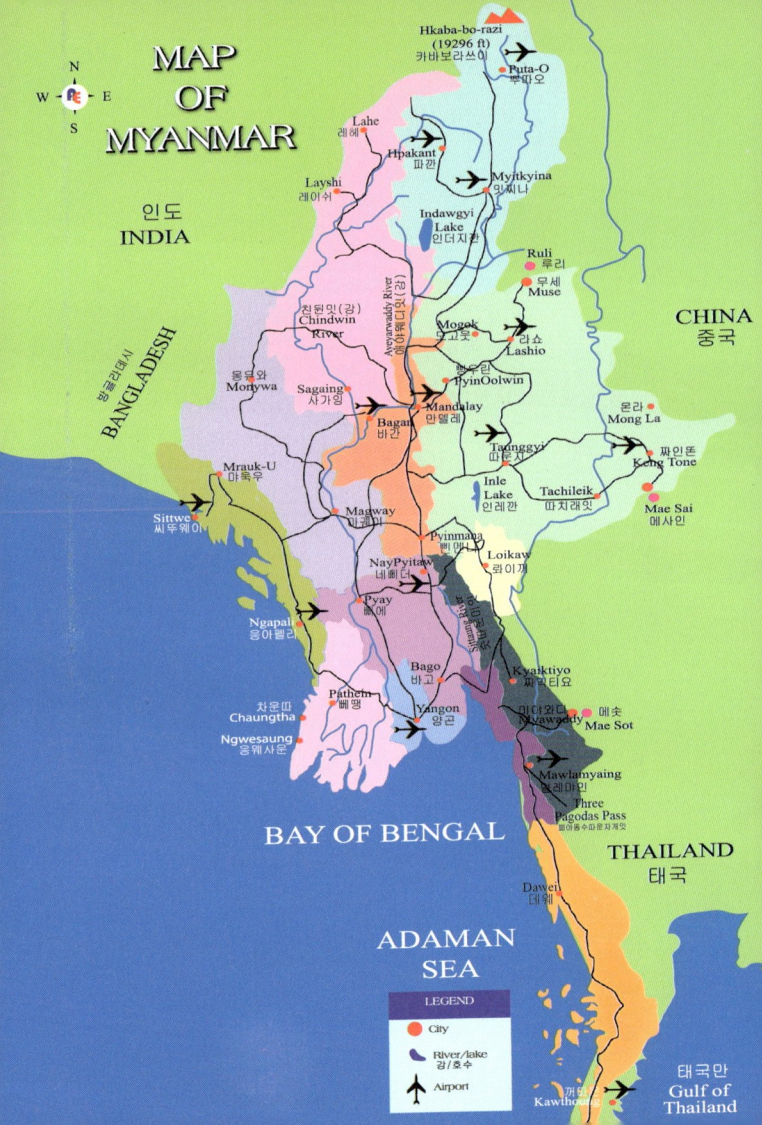

미얀마 참고 사항
Reference of Myanmar

- 일반사항
  General Data — 6
- 기후 특성
  Weather Condition — 7
- 입·출국 절차
  How to enter and depart from the country — 8
- 비자 신청방법
  Application for Entry Tourist Visa — 9
- 입·출국 작성방법
  How to fill the documentries — 11

General Data

일반사항

- 국 명: 미얀마 연방 공화국

    미얀마는 7개 State와 7개 Division으로 구성됨.
- 1989년 버마에서 미얀마 국명으로 변경되었음.
- 종 교: 불교 89.3%(상좌부 불교), 기독교 5.6%, 힌두교 3.8%
- 면 적: 676,577km²(한반도의 약 3배)
- 인 구: 약 5,200만 명/양곤 약 1,000만 명 추정(증가율 약 1.52% 추정).
- 수 도: 양곤에서 현재 네이피더로 이동.
- 기 후: 열대성 몬순 기후
- 주요 도시: 네이피더, 양곤, 만달레이, 바간, 바고 등
- 민 족: 버마족 70%, 소수족샨, 카렌, 카친, 카야, 몬, 친족 등 130여 종족 25%
- 언 어: 미얀마 어, 샨족 어 외 정부, 비지니스맨, 호텔 종사자들 영어 구사
- 국경일: 1월 4일(1948년 영국으로 부터 독립)
- 정 체: 대통령 중심제

Weather condition

기후특성

국토의 종단 길이는 2,040km로 열대, 아열대 기후대에 위치해 있으며, 전반적으로는 고온다습한 열대성 몬순 기후이며 연평균 기온은 섭씨 27.4도, 연평균 강우량은 2,500mm에 달한다.

건기와 우기가 명확히 구분되는 특성을 나타내고 있는데, 건기는 10월 중순에서 다음 해 5월말까지이며, 우기는 6월초에서 10월초순까지로, 건기에는 비가 거의 내리지 않고 우기에는 거의 매일 5시간 정도 비가 내린다.

건기 중 가장 시원한 계절인 11~2월, 4개월 간의 새벽 최저기온이 15.C까지 내려가나, 가장 더운 계절인 3~5월 기간의 낮 최고기온은 40.C이상 올라간다.

출장 시 추천 복장은 우리나라 여름철에 입는 복장을 입고 오면 되고, 정부 인사를 방문할 때 또는 행사에 초대를 받아 갈 때에는 여름 양복정장을 입으면 좋다.

관광을 위해 파고다를 방문할 때는 신발과 양말을 모두 벗어야 한다.

How to enter and pdoart from the country

입·출국절차

입국장에 들어서면 외국인, 외교관, 내국인 등으로 구분된 입국심사 창구를 볼 수 있다.

외국인 전용 창구에 여권과 기내에서 작성한 입국 카드를 함께 제출한 후 입국 심사를 끝낸 뒤 짐을 찾고 기내에서 작성한 세관 신고서를 제출하면 된다.

입국 시 미얀마는 외환 소지 및 사용 규제가 매우 엄격하여 보유 외화가 많을 경우 세관 신고 시 외화보유 신고를 함께 확인를 받아야 출국 시 보유한 외화를 다시 가져갈 수 있다.

외화보유신고서가 없을 경우 입국 시 가져온 외화는 출국 시 문제가 발생할 수 있고, 이 경우 미얀마 체류 중 불법 외환거래가 없었음을 확인할 수 있어야 한다.

미얀마 체류 기간이 비자 기간을 초과할 경우 출국 시 Departure Form(D-Form) 서류를 작성 후 이민국에 제출해야 하며 해당 일수 계산 후 벌금을 납부해야만 출국할 수 있다.

How to enter and pdoart from the country

미얀마 비자 신청서 작성 방법

GOVERNMENT OF THE UNION OF MYANMAR
IMMIGRATION DEPARTMENT

Report of Arrival

___성 명___ is directed to deliver this report to the

Immigration Authorities on arrival Myanmar

___국 적___ Passport No. ___여권 번호___

Place of issue and date ___여권 발급국가 및 발급일___

Visa No. and date ___기재 하지 말것___

Authority. if any ___기재 하지 말것___

Full Address in Myanmar ___미얀마 호텔이름 이나 현지주소___

Name and address of Referee or Guarantor in Myanmar
___기재 하지 말것___

[사 진]

Signature of Passport Holder

___서 명___

Visa Issuing Officer

Date of issue ___기재 하지 말것___

Date of arrival in Myanmar ___기재 하지 말것___

Date of expiry stay in Myanmar ___기재 하지 말것___

Immigration inspector on duty.

9

GOVERNMENT OF THE UNION OF MYANMAR
MINISTRY OF IMMIGRATION AND POPULATION
DIRECTORATE OF IMMIGRATION AND NATIONAL REGISTRATION
IMMIGRATION DEPARTMENT
APPLICATION FOR ENTRY TOURIST VISA
(To be handed over to the immigration officer at the port)

사 진

1. Name in full(in Block letters) 성명
2. Father's Name in full 부모성명
3. Nationality 국적   4. Sex 성별
5. Date of birth 여권상 생년월일   6. Place of birth 출생지
7. Occupation 직업 직책 회사명
8. Personal description
  (a) Colour of hair 머리색   (b) Height 신장
  (c) Colour of eyes 안구색   (d) Complex. 안색 (얼굴)
9. Passport
  (a) Number 여권 넘버   (b) Date of issue 여권 발급일
  (c) Place of issue 여권 발급국가 (d) Issuing authority 여권 발급청
  (e) Date of expiry 여권 기간 만료일
10. Permanent address 출생 본적
11. Address in Myanmar 미얀마 거주 호텔이나 주소
12. Purpose of entry into Myanmar. 미얀마 방문 목적
13. Attention for Tourists
 (a) Applicant shall abide by the Laws of the Union of Myanmar and shall not interfere in the internal affairs of the Union of Myanmar.
 (b) Legal action will be taken against those who violate or contravene any provision of the existing laws, rules and regulations of the Union of Myanmar.

I hereby declare that I fully understand the above mentioned conditions, that the particulars given above are true and correct and that I will not engage in any activities irrelevant to purpose of entry stated herein.

본인 사인
Date 접수 일자   Signature of applicant

(FOR OFFICE USE ONLY)

Visa No. 기재 하지 말것   Date 기재 하지 말것

Visa authority 기재 하지 말것

Date 기재 하지 말것   Signature of officer in - charge
Place 기재 하지 말것   Embassy of the Union of Myanmar

How to enter and pdoart from the country

입국 카드 작성 방법

DETAIL OF PERSON ENTERING OF LEAVING THE UNION OF MYANMAR

NO. | ARRIVAL CARD

Name
Family name   First name   Middle name
성   이름   미들네임
☐ Male 남자
☐ Female 여자
성별

Date of birth 생년월일
Place of birth 태어난 지역

Nationality 국적 (S, KOREA)
Occupation 직업 (EMPLOYER)

Passport No. 여권 번호
Place of issue 여권발행 국가
Date of issue 여권발행 일자

Visa No. 비자 번호
Place of issue 비자 발행 국가
Date of issue 비자 발행 일자

From 출발지역
☐ By rail
☐ By road   입국 교통 수단
☐ By ship
☐ By air (By air부분에 체크)
Flight No 입국비행기편명

First trip to Myanmar   Travelling   Length of stay
미얀마에 처음인지 여부 / 단체인지 아닌지 여부   체류 기간 day(s)
☐ Yes ☐ No   ☐ Yes ☐ No

Purpose of visit 체재 목적 체크 관광/Tourist 비지니스/Business
☐ Tourist   ☐ convention   ☐ Business
☐ Official   ☐ Others (Please specify)

☐ Transit to _____

Country of residence
미얀마내 거주하지 않으면 작성
City/State   Country

Address in Myanmar
숙박지 (SEDONA HOTEL)

Signature ___본인 사인___ Person entering the Myanmar

FOR OFFICIAL USE

☐ Approve/Not approve

How to enter and pdoart from the country

출국 카드 작성 방법

NO.		DEPARTURE CARD	
Name			☐ Male 남자
Family name 성	First name 이름	Middle name 미들네임	☐ Female 여자
Passport No. 여권 번호		Place of issue 여권발행 국가	Date of issue 여권발행 일자
Nationality 국 적 (S. KOREA)			
Signature 본인 사인		Person leaving the Myanmar	

NOTICE

1. PLEASE WRITE IN BLOCK LETTERS, AND UNDERLINE FAMILY NAME.
2. ONE ARRIVAL CARD/DEPARTURE CARD MUST BE COMPLETED BY EVERY PASSENGER.
3. PLEASE KEEP THIS PORTION OF THE FORM IN YOUR PASSPORT/TRAVELLING DOCUMENT AND PRESENT IT TO THE IMMIGRATION OFFICER ON YOUR DEPARTURE
4. IN CASE OF CHANGE OF ADDRESS FROM WHAT IS STATED IN THIS FORM. MUST NOTIFY THE IMMIGRATION AND MANPOWER DEPARTMENT HEAD OFFICE WITHIN TWENTY-FOUR HOURS.

FOR OFFICIAL USE

미얀마 참고 사항

일반사항_General Data 5
기후 특성_Weather Condition 7
입·출국 절차_How to enter and depart from the country 8
비자 신청방법_Application for Entry Tourist Visa 9
입·출국 작성방법–How to fill the documentries 11

미얀마 주요 관광지
Major Tourist Attraction

양곤(Yangon)
Shwedagon Pagoda 16
Sule Pagoda 17
Kandawgyi 18
Bogyoke Market 19

바고(Bago)
Shwethalyaung Pagoda 20

만달레이(Mandalay)
Introduction to Mandalay 22
Mingun 24
U bein's bridge 25

바간(Bagan)
Dhamayangyi 28
Nanda restaurant 29
Poppa Pagoda 30

인레호수(Inle Lake)
Inlay lake 31

응아팔리(Ngapali)
Ngapali Beach 32

짜익티요 파고다(Kyaiktiyo Pagoda)
Golden Rock 33

무작정 따라하기 전 34
이렇게 활용하자 35
기본 문자 자음 33개 37
기본 문법 예제 38
미얀마 기수 표현 41

기본회화
Basic Conversation

기본인사_Basic Greeting 44
입국 수속_Immigration System 47
화물 찾기_Seek the baggage 50
세관 신고
Declaration to Custom house 54
공항 짐꾼_Porter 57
택시 타기_Taking a Taxi 60
호텔에서_At hotel 66
전화 걸기_Making a phone call 78
환전하기_Exchange Money 86
식사하기–Having a meal 88
쇼핑 하기_Shopping 94
미용 안마_Massage 101
차 빌리기_Hiring a car 107
직원 채용_Employment 114
가정부 및 기사와 대화
Deal with housemaid and driver 117
일상 대화_Dialogue 133

생활 필수 문장·단어 모음
Combination of Everyday

요일, 계절을 나타내는 말
Week & Season   152
수식 및 수를 나타내는 말
Mathematic Symbol & Numbers
                                       156
의약품 Medical Words   160

한글 자음별 단어 모음
Words of Korean consonant

ㄱ	180
ㄴ	215
ㄷ	227
ㄹ	241
ㅁ	242
ㅂ	257
ㅅ	275
ㅇ	302
ㅈ	336
ㅊ	359
ㅋ	366
ㅌ	368
ㅍ	372
ㅎ	378

미얀마 주요 관광지
Major Tourist Attraction

- 양곤(Yangon)
- 바고(Bago)
- 만달레이(Mandalay)
- 바간(Bagan)
- 인레호수(Inle Lake)
- 응아팔리(Ngapali)
- 짜익티요 파고다(Kyaiktiyo Pagoda)

Yangon

Shwedagon Pagoda

미얀마의 대표적인 쉐다곤 파고다는 2,500년 전 부처님의 불발 8가닥을 모셔두기 위해 높이 98m에 이르는 파고다를 건립하게 되었으며, 15세기경 버고 왕조의 '신소부 여왕'이 약 40kg의 금을 기증하여 파고다 외벽에 금을 붙이기 시작한 이후 미얀마 왕들과 국민들이 계속 금을 기증함으로써 지금과 같은 모습이 되었다고 한다.

현재 외벽에 붙어있는 금의 무게는 약 60여 톤이며, 파고다 꼭대기에 76캐럿의 다이아몬드를 비롯한 루비 등 각종 보석들로 치장되고 있다.

2~3년에 한번씩 국민이 기증한 금을 모아 외벽에 계속 금을 붙이는 보수공사를 시행하고 있다.

Yangon

Sule Pagoda

양곤 시내 중심부에 위치한 술래 파고다는 높이 46m, 8각형의 건축물로서 양곤 지역을 대표하는 곳이다. 기원전 약 230년경 타톤의 왕이 싱웃타라 언덕(Singuttara Hill) 기슭에 사당을 지었고, 수도 사가 인도로부터 가져온 불발(부처의 모발)을 보전하였다고 전해지고 있다.

양곤의 중심부 답게 미얀마 주요 항쟁이나 반정부 시위의 거점이 된 곳으로 유명하다.

Yangon

Kandawgyi

깐도지(Kandawgyi) 호수는 양곤 중심부에 있는 인공 호수로서 2,500년 전 쉐다공 파고다를 건립하기 위해 흙을 파낸 자리로서 호수의 둘레는 4km에 이르고, 호수 내부에 껄러웨이 팔레스(Karaweik palcae)가 자리하고 있다.

껄러웨이 팔레스는 배가 아닌 배 모양을 띤 건축물로서 현재 미얀마 전통무용 공연을 볼 수 있으며, 뷔페식 음식을 맛볼 수 있는 식당으로 운영 중이다.

또한, 깐도지 내부엔 미얀마에서 자생하는 티크 나무를 비롯 한 여러 수종들의 나무들을 볼 수 있고, 양곤 시민들의 휴식공간으로서 활용되며, 호숫가를 산책하다 보면 쉐다곤 파고다의 아름다운 전경 등 구경거리를 만날 수 있는 공간이다.

Yangon

Bogyoke Market

보족 아웅산 마켓(Bogyoke Aung San Market)은 양곤의 대표적 시장으로서 영국 식민지 시절 '스코트 마켓'으로 불리우다가 미얀마가 독립 후 아웅산 장군의 이름을 따 보족 아웅산 마켓으로 부르게 되었고, 현재는 줄여서 '보족 마켓'으로 부른다.

보족 마켓은 각종 미얀마 토산품과 공예품 및 금·은 보석 등을 주로 판매하고 있으며, 약 2,000여 개의 점포들로 구성되어 있어 한 번쯤 가볼 만한 관광지로서 여행객들에게 인기가 있다.

Bago

Shwethalyaung Pagoda

바고는 1369년 옛 몬족 왕족의 수도로 건립되었으며, 양곤에서 약 80km 정도 떨어진 곳에 위치해 있는, 미얀마에서 대표적인 쌀과 목재의 주요 집산지로 많은 정미소와 제재소가 밀집되어 있는 지역이다.

대표적인 관광지로는 994년 정도에 만들어졌다는 '슈웨탈리아웅 와불상'은 길이 55m로서 모든 불상들 중 가장 사실적이라는 평판을 받고 있으며, 1757년 페구에 의해 파괴되어 없어졌지만, 1881년 당시 밀림 속에서 다시 발견되었다고 전해진다.

그 외 관광지로는 쉐뫼도 파고다(Shwemawdaw pagoda)와 짜익푼 파고다(Kyaikpun pagoda), 마하제디 파고다(Mahazedi pagoda)가 있다.

만달레이(Mandalay)

- **주변 관광지**

  - 만달레이 궁전(Mandalay Royal palace)
  - 밍군 파고다(Mingun Pagoda)
  - 우빼인 목조다리(U Bein's Bridge)
  - 짜웃더지 사원(Kyauktawgyi Paya)
  - 마하무니 파고다(Mahamuni Pagoda)

Mandalay

Introduction to Mandalay

미얀마 양곤에서 북쪽으로 약 716km 떨어진 중부에 위치한 만달레이는 1857년경 '민돈' 왕이 만달레이 언덕에 수도를 건설하여 세워졌으며, 만달레이 성은 413헥타르의 면적과 2,032m의 성벽의 길이로 이루어져 있고, 성벽 외곽에 너비 6m, 깊이 4.57m의 해자로 둘러싸여 있다.

성벽을 따라 169m 간격으로 감시를 위한 금빛 물부리가 달린 포탑이 서 있으며, 각 방향으로 3개의 문과 해자를 건너는 5개의 다리가 있다.

1885년 영국·미얀마 전쟁의 패배로 미얀마가 영국령 인도에 병합됨에 따라 만달레이는 왕조 시대 최후의 수도가 되었다.

현재 만달레이의 인구는 100만 명으로 추정되며, 미얀마의 중공업 도시로서 발전해 나가고 있다.

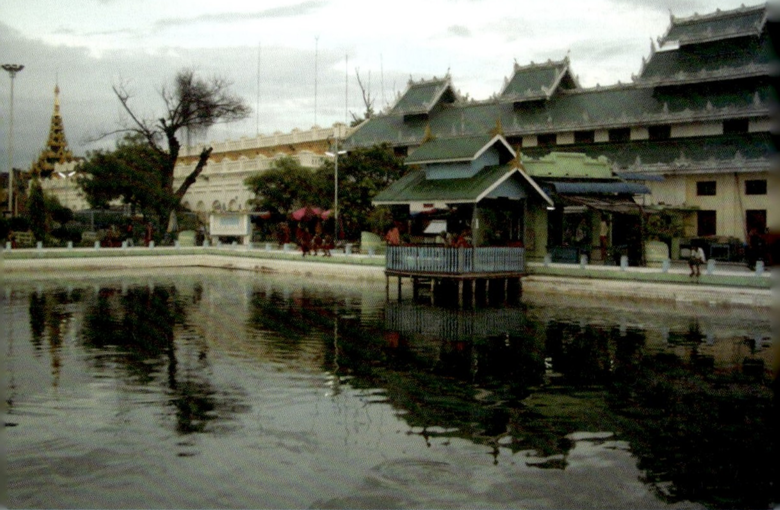

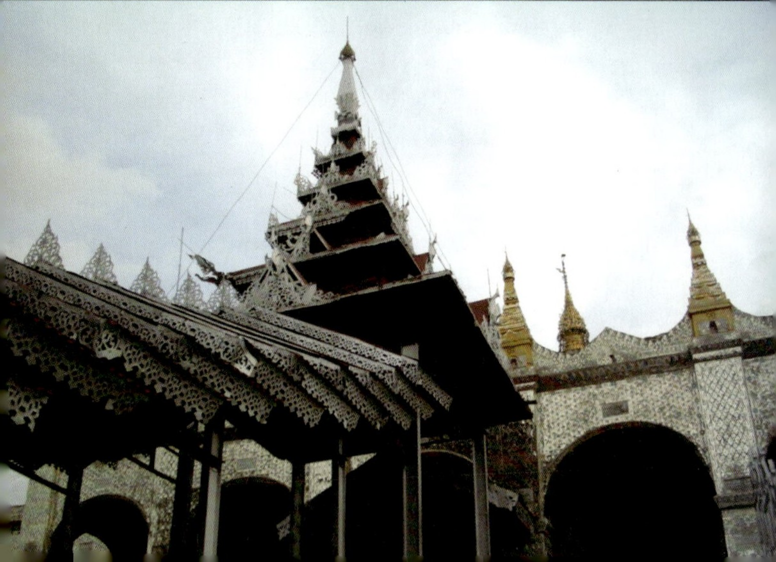

Mandalay

Mingun

밍군 파고다(Mingun Pagoda)는 1790년 '보도퍼야' 왕이 자신의 왕 등극을 자축하기 위해 노예와 전쟁 포로를 동원하여 세운 사원이며, 1819년 왕이 죽자 중단되었다고 전해지는데, 완공 되었다면 5층에 약 150m의 높이로 세계 최대 사원이 되었을 것이라 전해지며, 현재 남아 있는 부분은 기단으로 5층 중 1층이라 한다.

바로 옆 사원에 밍군 종이 있으며, 밍군 종은 1808년 바돈 왕이 헌정한 종으로 무게는 90.52톤이며, 높이는 3.3m로 종 아랫부분 직경이 4.8m에 이른다. 1838년 지진으로 종의 지지대 부분이 부러져 방치되다가 1904년에 지금의 모습으로 보수되었다.

Mandalay

U bein's bridge

우 베인 목조 다리(U bein's bridge)는 미얀마에서 자생하는 티크 나무 1,086개로 보도파야 왕 시대에 마하간디웅 수도원에서 타웅타만 호수를 건너 승려들이 탁발 공양을 다닐 수 있도록 12km의 목조 다리를 만들었다고 한다. 그 후 일부 목조를 교체하면서 오랜 세월이 지난 지금도 마을과 마을을 잇는 다리로 사용되고 있다.

세계 최고 길이를 자랑하는 우베인 목조 다리는 일몰을 감상하기 위해 많은 관광객들이 찾는 관광명소 중 한 곳이다. 해질 무렵이면 멋진 일몰을 볼 수 있다.

바간(Bagan)

바간은 역사가 기원전 무렵까지 거슬러 올라가며 미얀마 불교의 시작이라고 볼 수 있는 곳이다.

유네스코에 지정되어 관리되는 세계적인 불교 유적지로서 바간 지역 넓은 평야에 펼쳐진 탑이 파괴되어 소실된 탑을 제외한 존재하고 있는 탑은 현재 약 2,500곳 이상 된다고 한다.

바간을 방문하고자 한다면 항공편 및 버스 등을 이용할 수 있으며, 항공을 이용할 경우 미얀마 관광 성수기인 11월에서 3월경에 미리 항공권을 예약해야만 가볼 수 있다.

또한, 바간 지역은 걸어서 관광한다는 것은 거의 불가능하므로 숙소 예약 시 차량이나 마차 등 이동 수단을 미리 예약하면 관광하는 데 불편이 없다.

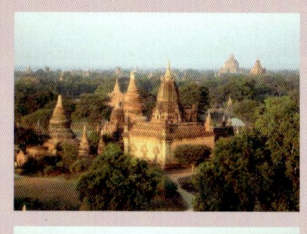
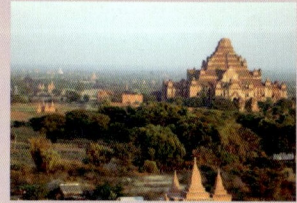
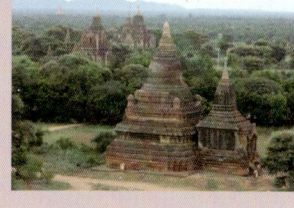
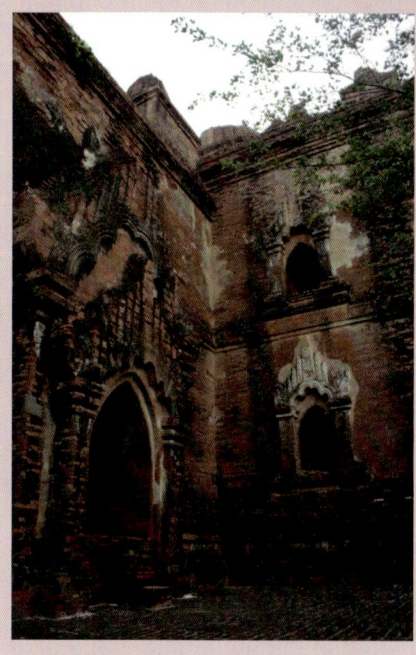

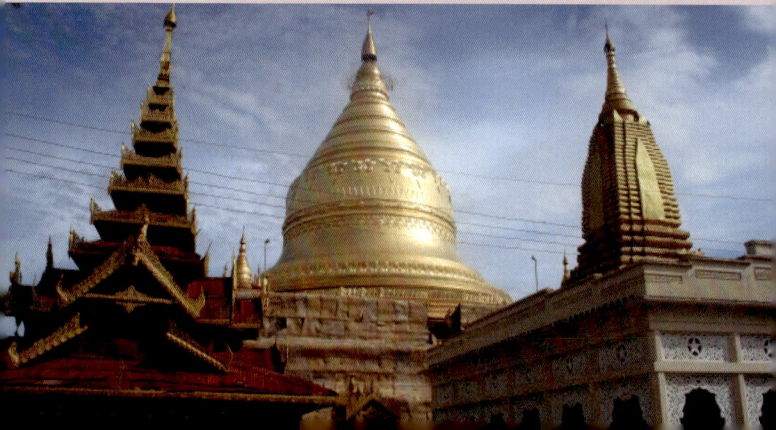

Bagan

Dhamayangyi

다마얀지 사원은 바간에서 가장 큰 사원으로 1167년경에 3년동안 나리투(Narathu) 왕에 의해 지어졌다고 하는데, 당시 왕인 자신의 아버지를 살해하고 왕좌를 얻었으며, 그 죄를 씻기 위해 사원을 건립하기 시작했지만, 자신도 결국 살해되어 사원은 미완성되었다고 한다.

다마얀지 사원은 균형미와 섬세함을 엿볼 수 있는, 바간에서 대표적인 벽돌 축적물 사원으로 꼽힌다.

Bagan

Nanda restaurant

난다 레스토랑에서 공연하는 미얀마 전통 인형극은 1시간 정도 공연하며, 바고 여행 중 먹거리와 볼거리를 동시에 제공하는 레스토랑이다.

식사와 공연 관람 후 칠기 공방을 구경할 수 있으며, 각가지 미얀마 전통 인형 및 공예품을 구입 할 수 있다.

영업 시간은 오후 6시부터 10시까지다.

Bagan

Poppa Pagoda

뽀빠(Poppa) 산은 기원전 442년 지진으로 인하여 형성된 산으로서 돌출 부위는 해발 737m의 바위로 이루어진, 바간에서 남동쪽 약 50km 떨어진 곳에 위치한 산이다.

정상에는 마하지리(Mahagiri) 사원이 있고, 불당과 미얀마 정령 신앙인 '낫(nat)' 신앙이 공존하는 사원이다.

사원에 가려면 가파른 계단을 올라야 하며, 주변에 서식하는 많은 원숭이들이 있어 볼거리를 제공한다.

Inlay Lake

Inlay lake

인레 호수는 해발 875m 낭쉐 지역에 자리잡은 호수이며, 길이가 21km, 폭은 11km에 이르며, 인레 호수 안에 17개의 수상마을이 형성되어 있고, 약 1,500명의 인따족 사람들이 살고 있다.

연중 쾌적한 날씨와 천해의 자연 환경으로 미얀마의 대표적 휴양지 및 관광지 중 한 곳이다.

어업과 농업으로 생활하고 있으며, 농업은 호수 아래 침전된 갈대나 토사를 끌어올려 밭을 만들어서 토마토와 고추 등을 수경재배로 키우며 살고 있다.

Ngapali Beach

Beach

응아팔리 해변(Ngapali beach)은 미얀마의 많은 해변 중 하나이며 나폴리(Napoli)라 부르기도 한다. 서쪽 뱅글만을 바라보고 있는 조용하고 아름다운 해변이다.

길게 뻗어있는 백사장 너머 야자 숲 속의 호텔 및 비치들은 아름다운 해변과 조화롭게 자리 잡고 있어 조용히 자연을 즐기고자 한다면 응아팔리 해변을 찾는 것도 좋다.

주요 미얀마 해변으로는 차웅따(Chaunstha)와 응웨싸웅(Ngwesaung) 해변이 있다.

Kyaiktiyo Pagoda

Golden Rock

짜익티오(Kyaiktiyo) 파고다는 몬족 유적지 중 가장 잘 알려진 유적지로서 절벽에 높이 7.5m, 직경 24m의 황금 빛 바위가 아스라이 걸려있는 독특한 사원이다.

짜익티오 파고다는 미얀마인들이 신성시하는 불교 유적지 중 한 곳이며, 평생 3번 이상 찾아오면 행운과 건강을 얻을 수 있다고 한다.

우기 시 열악한 도로 사정에 의해 접근하기 어려워 우기를 피해 방문하는 것이 좋다.

무작정 따라히기 전

 미얀마어는 한국어 문장의 어순과 동일한 주어+목적어+서술어로 이루어져 말하고자 하는 문장을 바로 생각하며 현지인에게 쉽게 표현 할 수 있지만, 미얀마어는 음의 높이와 길이, 유성음과 무성음등의 복합적인 구조로 이루어져 있어 미얀마어를 처음 접한 외국인으로서 정확히 발음하여 현지인들을 이해시킨다는 것은 쉽지 않을 것이다.

 하지만 외국인이 한국어의 발음을 이상하게 말 하거나 더듬어 말을 하여도 계속 반복되는 대화를 통하여 상대가 말하고자 하는 목적을 알 수 있는 것처럼, 미얀마어 또한 동일 할 것이다.

 이 책은 미얀마를 여행하면서 의사소통이 되지 않아 이루어지는 수많은 상황에 대처하기 위해 여행중에 접할 수 있는 가장 사용빈도가 높은 표현과 생활 필수단어 약 2,000여 개를 수록하여 한국어로 말하듯이 필요한 문장을 단어와 접목하여 활용 할 수 있도록 하였다. 이 책은 여러분의 여행에 든든한 동반자가 될것이다.

♣ 미얀마 여행회화 CAFE
http://cafe.daum.net/myanmarbook

이렇게 활용하자

1. 미얀마 회화북 구조 설명

① 처음뵙겠습니다.
② ချောအွန်း(မ်) ဘွက်ဂက်စု(မ်)နီတာ
③ ပထမဦးဆုံး တွေ့ရတာ ဝမ်းသာပါတယ်။
④ 빠타마.우:쏭: 뛔.야.다 원:따바대
⑤ Nice to meet you.

① 표현 할 한국어 입니다. 미얀마 현지인도 한국어를 보고 배울 수 있습니다.
② 미얀마 사람이 '처음 뵙겠습니다.'라고 읽을 수 있도록 하였습니다.
③ 표현 할 미얀마어 입니다. 미얀마어를 직접 쓰면서 배울 수 있습니다.
④ 한국사람이 미얀마어로 '빠타마.우:쏭: 뛔.야.다 원:따바대'라고 읽을 수 있도록 하였습니다.
⑤ 영어권에서도 사용할 수 있도록 영어로 표현했습니다.

2. 문장 표시기호

한글로 표시된 미얀마어 부분에 표시되어있는 기호에 따라 아래와 같이 높고 짧게, 때론 높고 길게 읽도록 연습합니다.

1성 '하강형'표시: 까. / 까́ ⇨ 높고 짧게 발음하여야 합니다.
2성 '저평형'표시: 까(표시없음) ⇨ 낮고 조금 길게 발음하여야 합니다.
3성 '고평형'표시: 까: ⇨ 높고 길게 발음하여야 한다.

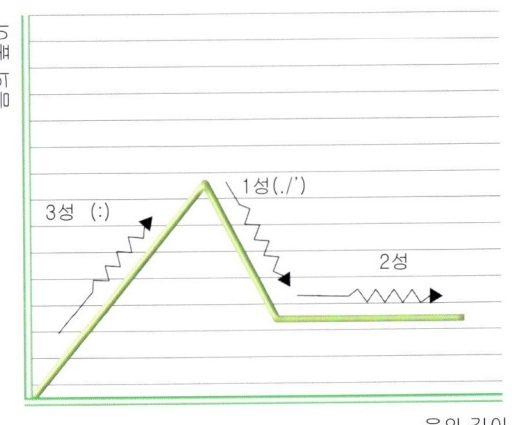

상기 내용은 본 책자 성조 표기 방법과 음의 높·낮이를 표기한 것이다. 참고하여 높·낮이를 조정하여 발음한다면 좋은 발음을 유지할 수 있을 것이다.

주로 사용하는 자음 명칭과 발음

က 까.	ခ 카.	ဂ 가.	ဃ 가.	င 응아.
까.지:	카.퀘:	가.웅애	가.지	응아.
ka.-ji:	hka.-gwe:	ga.-nge	ga.-ji	nga.
စ 사.	ဆ 싸.	ဇ 스싸.	ဈ 스싸	ည 냐.
사.롱:	싸.랭	싸.괴:	싸.민스웨:	냐.
sa.-lon:	hsa.-lein	za.-gwe:	za.-myin-zwe:	nya.
ဋ 따.	ဌ 타.	ဍ 다.	ဎ 다.	ဏ 나.
따.떼링재잇'	타.윙베	다.잉가웃	다.잉못'	나.지
ta.-te-lin:-jei	hta.-win-be:	da.-yin-gau'	da.-yin-hmo'	na.-ji
တ 따.	ထ 타.	ဒ 다.	ဓ 다.	န 나.
따.윈:뿌	타.슨투:	다.돼	다.아웃'차잇'	나.웅애
ta.-wun:-bu	hta.-hsin-du:	da.-dwei	da.-au-chai'	na.-nge
ပ 빠.	ဖ 파.	ဗ 바.	ဘ 바.	မ 마.
빠.싸웃'	파.우토'	베.레차잇'	밧.공:	마.
pa.-zau'	hpa.-u:-hto'	ba.-de-chai'	ba.-gon:	ma.
ယ 야.	ရ 야.	လ 라.	ဝ 와.	သ 따.
야.뻬'렉'	야.가웃'	라.	와.	따.
ya.-pe'-le'	ya.-gau'	la.	wa.	tha.

ဟ 하.	ဠ 라.	အ 아.
하.	라.지:	아.
ha.	la.-ji:	a.

기본 문법 예제

1. 문장구조

    나는 + 홍길동 + 입니다.
    쩐더 + 홍길동 + 바 ကျွန်တော် + ဟုံဂီး(လ်)ဒုံး+ပါ။

2. 과거 현재 시제일 때

    가) 동작 동사 + 삐비 = ~ 했습니다. ကြိုယာ + ပြီးပြီ။

    싸: + 삐:비 = 먹었습니다. စား + ပြီးပြီ။

    애잇' + 삐:비 = 잤습니다. အိပ် + ပြီးပြီ။

    나) 동작 동사 + 삐:비라 = ~했습니까? ကြိုယာ + ပြီးပြီလား။

    싸: + 삐:비라 = 먹었습니까? စား + ပြီးပြီလား။

    따웃 + 삐:비라: = 마셨습니까? သောက် + ပြီးပြီလား။

3. 현재 시제일 때

    가) 동사 + 라: = ~해요? ကြိုယာ + လား။

    팟 + 라: = 읽어요? ဖတ် + လား။

    예: + 라: = 써요? ရေး + လား။

    나) 동사 + 대 = ~해요. ကြိုယာ + တယ်။

    흐라. + 대 = 예뻐요. လှ + တယ်။

    똬: + 대 = 가요. သွား + တယ်။

    다) 명사 + 라: = ~입니까? နာမ် + လား။

    쎄야 + 라: = 선생님입니까? ဆရာ + လား။

    에마. + 라: = 언니입니까? အမ + လား။

    라) 명사 + 바 = ~입니다. နာမ် + ပါ။

    쩐마. + 바 = 저입니다. ကျွန်မ + ပါ။

    뢰 애잇 + 바 = 가방입니다. လွယ်အိတ် + ပါ။

4. 미래 시제일 때

   가) 동작 동사 + 멜라: = ~하겠습니까? ကြိယာ + မလား။

   팟 + 멜라: = 읽겠습니까? ဖတ် + မလား။

   네 + 멜라: = 살겠습니다. နေ + မလား။

   나) 동작 동사 + 매 = ~하겠습니다. ကြိယာ + မယ်။

   띵 + 매 = 가르치겠습니다. သင် + မယ်။

   핑. + 매 = 열겠습니다. ဖွင့် + မယ်။

5. 부정문일 때

   가) 메 + 동사 + 부:라: = ~하지 않습니까? မ + ကြိယာ + ဘူးလား။

   메 + 사: + 부:라: = 먹지 않습니까? မ + စား + ဘူး လား။

   메 + 와. + 부:라: = 뚱뚱하지 않습니까? မ + ဝ + ဘူးလား။

   나) 메 + 동사 + 부: = ~하지 않습니까? မ + ကြိယာ + ဘူး။

   메 + 스이: + 부: = 타지 않습니다. မ + စီး + ဘူး။

   메 + 띠. + 부: = 모릅니다. မ + သိ + ဘူး။

6. 명령문일 때

   가) 동작동사 + 바 = ~하세요. ကြိယာ + ပါ။

   라 + 바 = 오세요. လာ + ပါ။

   싸운. + 바 = 기다리세요. စောင့် + ပါ။

   나) 메 + 동작동사 + 바넥. = ~하지 마세요. မ + ကြိယာ + ပါနဲ့။

   메 + 택. + 바넥. = 놓지 마세요. မ + ထည့် + ပါနဲ့။

   메 + 타: + 바넥. = 놓지 마세요. မ + ထား + ပါနဲ့။

7. 권유문

가) 동작 동사 + 자.멜라: = ~ 할까요? ကြိယာ +ကြမလား။

သွား: + 자.멜라: = 갈까요? သွား+ကြမလား။

애잇 + 자.멜라: = 잘까요? အိပ်+ကြမလား။

나) 동작 동사 + 자.속. = ~합시다. ကြိယာ + ကြစို့။

사: + 자.속. = 먹읍시다. စား+ ကြစို့။

팟'+자.속. = 읽읍시다. ဖတ်+ ကြစို့။

8. 현재 진행형

가) 동작 동사 + 넬라: = ~하고 있습니까? ကြိယာ + နေလား။

롯 + 넬라: = 하고 있습니까? လုပ်+ နေလား။

힝:책' + 넬라: = 요리하고 있습니까? ဟင်းချက်+ နေလား။

나) 동작 동사 + 네대 = ~하고 있습니다. ကြိယာ + နေတယ်။

딴.싱:예:롯 + 네대 = 청소하고 있습니다. သန့်ရှင်းရေးလုပ်+ နေတယ်။

어흐라.뼁 + 네대 = 화장하고 있습니다. အလှပြင်+ နေတယ်။

미얀마 기수 표현

1. 물통 등 용기에 담겨 있는 것(~부:)

    물통 + 3 + 병 / 담배 + 3 + 갑 / 맥주 + 3 + 병
    예부 + 똥 + 부 / 셀레익 + 똥 + 부 / 비야 + 똥 + 부
    ရေဘူး + ၃ + ဘူး ၊ ဆေးလိပ် + ၃ + ဘူး ၊ ဘီယာ + ၃ + ဘူး

2. 종이로 된 것(~유웻)

    종이 + 3 + 장   / 봉투 + 3 장
    색꾸 + 똥 + 유웻 / 사애잇 + 똥 + 유웻
    စက္ကူ + ၃ + ရွက် ၊ စာအိတ် + ၃ + ရွက်

3. 책(~옥')

    공책 + 3 + 권   / 사전 + 3 + 권
    흐맛'수 사옥 + 똥 + 옥 / 어비.단 + 똥 + 옥
    မှတ်စုစာအုပ် + ၃ + အုပ် ၊ အဘိဓာန် + ၃ + အုပ်

4. 둥근 형태의 것(~롱:)

    수박 + 3 + 통 / 사과 + 3 + 개 / 계란 + 30 + 개
    프예띠: + 똥 + 롱 / 빤:띠: + 똥 + 롱 / 짝'우 + 똥:세 + 롱
    ဖရဲသီး + ၃ + လုံး ၊ ပန်းသီး + ၃ + လုံး ၊ ကြက်ဥ + ၃ +လုံး

5. 사람(~야웃')

    남자 + 3 + 명   / 아가씨 + 3 + 명
    야웃'짜: + 똥 + 야웃 / 멩:클레: + 똥 + 야웃
    ယောက်ျား + ၃ + ယောက် ၊ မိန်းကလေး + ၃ +ယောက်

6. 동물(~가웅)

　　개 + 3 + 마리 / 돼지 + 3 + 마리 / 닭 + 3 + 마리
　　쿠에 + 똥 + 가웅 / 웻 + 똥 + 가웅 / 쩻' + 똥 + 가웅
　　ခွေး + ၃ + ကောင် ၊ ဝက် + ၃ + ကောင်

7. 차량 등 운송수단(~씨)

　　택시 + 3 + 대 / 택'씨 + 똥: + 씨 / တက္ကစီ + ၃ + စီး

기본 회화
Basic Conversation

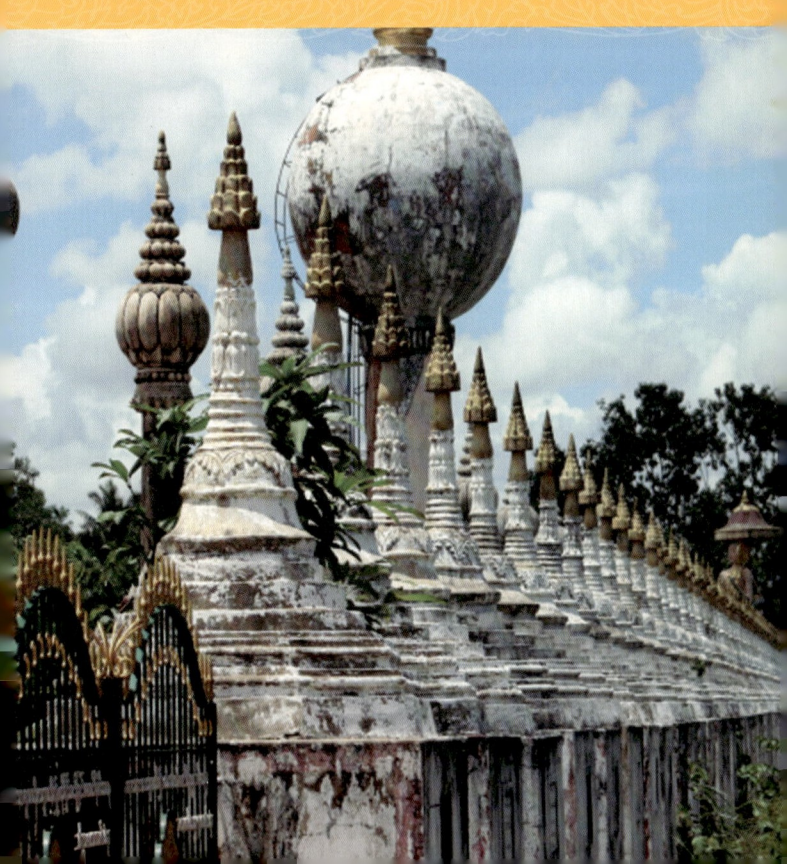

기본인사
Basic Greeting

| 안녕하세요?
အန္ဏော ဟာစယ်ယို

မင်္ဂလာပါ(ခင်ဗျာ၊ရှင်)။
밍 글라바(캬먀/싱)- 남자는 '캬먀', 여자는 '싱'을 붙여준다.
Good morning / Good afternoon. / Good evening.

| 처음뵙겠습니다.
ချောအွန်း(မ်) ဘွက်ဂတ်စု(မ်)နီတာ

ပထမဦးဆုံး တွေ့ရတာ ဝမ်းသာပါတယ်။
빠타마.우:쏭: 뛔.야.다 원:따바대
Nice to meet you.

| 만나서 반갑습니다.
မန်နာစော ဘန်ဂတ်(ပ်) စု(မ်)နီတာ

တွေ့ရတာ ဝမ်းသာပါတယ်။
뛔.야.다 원:따바대
Nice to meet you

| 저는 ~입니다(남자).
ချော့နွှန်း ------အီ(မ်)နီတာ

ကျွန်တော်ကတော့ ------ပါ။
쩐더가.더.-----바
My name is ~. (for man)

44

저는 ~입니다(여자).
ဂျော့နန်း ---- အိ(မ်)နီတာ

ကျွန်မကတော့ -----ပါ။
쩐마. 가.덕._____바
My name is ~.(girl)

이름이 어떻게 되죠?
အီလွန်း(မ်)မီ အောသောခယ် ဒွယ်ဂျို့

နာမည် ဘယ်လိုခေါ်ပါသလဲ။
남메 밸로 커바댈레:
What's your name?

어디에서 오셨습니까?
အောဒီအယ်စော အိုရှော့စူ(မ်)နီတာ

ဘယ်က လာတာလဲ။
배가. 라다레:
Whrer are you from?

어떻게 지내세요?
အောသောခယ် ဂျီနယ်စယ်ယို

နေကောင်းရဲ့လား။
네까웅: 옐.라:
How are you

잘 지냅니다.
ဂျား(လ်) ဂျီနယ်(မ်)နီတာ

နေကောင်းပါတယ်။
네까웅: 바대
Very well, thank you

식사하셨나요?
ရှစ်စာဟာရှော့နာယိုဲ

> ထမင်းစားပြီးပြီလား။
> 템밍: 사:삐:비라:
> Did you finished breakfast / lunch / dinner?

먹었습니다. / 아직 안 먹었습니다.
မော့ဂေါ့စူ(မ်)နီတာ ၊ အာဂျစ် အန် မော့ဂေါ့စူ(မ်)နီတာ

> စားပြီးပါပြီ။ အခုချိန်ထိ မစားရသေးဘူး။
> 사:삐:바비 / 어쿠.챙티. 매사:야.데:부
> Yes, I have. / No, I haven't yet.

안녕히 계세요.
အန်ညောဟိ ဂယ်စယ်ယိုဲ

> သွားတော့မယ်။
> 똬: 더.매
> Good bye.

안녕히 가세요.
အန်ညောဟိ ဂါစယ်ယိုဲ

> ကောင်းကောင်းသွားပါ။
> 까웅: 까웅: 똬:바
> Good bye.

또 만나요.
သို မန်နာယိုဲ

> ဆုံကြသေးတာပေါ့။
> 쏭자. 데:다뻣
> See you again.

입국 수속
Immigration System

기본 회화

| 여권 주세요.
ယောဂေါ(န့်)ဂျူးစယ်ယို

> ပတ်(စ)ပို့ ပေးပါ။
> 빳' 스봇. 뻬:바
> Passport, please.

| 비자서류와 입국카드 주세요.
ဗီဂျာစော(လ်)ယူဂါ အစ်(ပ်)ဂု ခတ်ဒှ ဂျူးဆယ်ယို

> ဗီဇာစာရွက်စာတမ်းနဲ့ အီမီဂရေးရှင်းကတ်ပြားပေးပါ။
> 비자 사유웻' 사단:네. 이미그레:신: 깟'빠: 뻬:바
> Please give me your visa and immigration card.

| 여기 있습니다.
ယောဂီ အစ်စူ(မ်)နီတာ

> ဒီမှာပါ။
> 디흐마바
> Here you are.

| 무슨 문제가 있나요?
မူစွန်း မွန်းဂျယ်ဂါ အစ်နာယို

> ဘာပြဿနာ ရှိလို့လဲ။
> 바 빳'딴나 실.롤.레:
> What is the matter? / Are there any problem?

입국 카드 주세요.
အစ(ပ်)ဂု ခတ်ဒ့ ဂျူးစယ်ယို

အီမီဂရေးရှင်းကတ်ပြား ပေးပါ။
이미그레:신: 깟'뺘: 뻬:바
Please give me your immigration card.

입국 카드 쓰세요.
အစ(ပ်)ဂု ခတ်ဒ့ ဆူစယ်ယို

အီမီဂရေးရှင်းကတ်ပြားမှာ ရေးပါ။
이미 그레:신: 깟'뺘:흐마 예:바
Pleas write down on your immigration card.

미얀마에 처음 오셨나요?
မြန်မာအယ် ချောအွန်း(မ်) အိုရှော့နာယို

မြန်မာနိုင်ငံကို ပထမဦးဆုံး ရောက်ဖူးတာလား။
미얀마 나잉응앙고 바타마. 우:쏭: 야옷'푸: 달라:
Is it your first trip to Myanmar?

네. / 아니오.
နယ် ။ အာနီအို

ဟုတ်ကဲ့ ။ ဟင့်အင်း။
호옷'깨. / 힝.잉:
Yes, it is. / No, it isn't

몇 번 오셨나요?
မျော့ဘော(န်) အိုရှော့နာယို

ဘယ်နှစ်ခေါက် ရောက်ဖူးလဲ။
베네 카웃' 야옷' 풀:레:
How many times have you been to Myanmar?

| 두 번째 왔습니다.
ဒုတိယ(နှ)ကျယ် ဝက်စု(မ်)နီတာ

> နှစ်ခေါက် ရောက်ဖူးတယ်။
> 흐닛'카웃' 야웃' 푸:데
> I have been to Myanmar for two times.

| 무엇 때문에 오셨나요?
မူအော့ သဲမွန်နယ် အိုရှေ့နာယို

> ဘာကိစ္စနဲ့ လာတာလဲ။
> 바 깨잇'사. 네, 라달레:
> Why did you come here?

| 관광하러 왔습니다.
ဂွမ်ဂွမ်းဟာရော ဝက်စု(မ်)နီတာ

> အလည်လာတာပါ။
> 알레 라다바
> It's just a visit.

| 사업하러 왔습니다.
စာအော့ဖာရော ဝက်စု(မ်)နီတာ

> စီးပွားရေးလုပ်ဖို့ လာတာပါ။
> 스이:봐:예: 로웃'포. 라다바
> I came here to business.

| 수고하세요.
စုဂို ဟာစယ်ယို

> တာဝန်ကျေကျေ လုပ်ပါ။
> 따윙 쩨쩨 로웃'바
> Be dutiful.

화물 찾기
Seek the baggage

미얀마 여행 회화

| 짐이 나오질 않았습니다.
ဂျင်း(မ်)မီး နာအိုဂျိုး(လ်) အန်နတ်စူ(မ်)နီတာ

> ပစ္စည်း မထွက်လာသေးဘူး။
> 삐옛' 스이: 매툇' 라데:부:
> The luggage hasn`t been arrived yet

| 누구에게 물어 봐야 합니까?
ႏူဂူအယ်ဂ် မူးရော ဘွားယားဟာ(မ်)နီကာ

> ဘယ်သူ့ကို မေးရမလဲ။
> 배두.고 메:야 . 맬레:
> Whom should I ask?

| 저 분에게 말하세요.
ဂျော ဘွန်းအယ်ဂယ် မား(လ်)ဟာစယ်ယို

> ဟိုလူ့ကို ပြောပါ။
> 호루.고 뵤:바
> Tell that man.

| 한국에서부터 방콕을 경유해서 왔습니다.
ဟန်းဂုဂယ်စောဘူထော ဘန်ခို့ (ဂ)ယောင်း(င)ယူဟယ်စော ဝက်စူ(မ်)နီတာ

> ကိုရီးယားကနေ ဘန်ကောက်ကို ဖြတ်ပြီး လာခဲ့တာပါ။
> 꼬리:야:가.네 방까웃'고 퍗'삐: 라케. 다바
> I came from Korea through Bangkok.

50

중국에서부터 / 캄보디아에서부터
ဈွန်းဂုဂယ်စော ဘူထော ၊ ခမ်ဘိုဒီးအာအယ်စော ဘူထော

ချိုင်းနားကနေ ၊ ကမ္ဘောဒီးယားကနေ

차인:나: 가.네 / 캄버:디:야: 가.네

From China / From Cambodia

확인해 보겠습니다.
ဟွဘာဂင်းနယ် ဘိုဂက် ရှူ(မ်)နီတာ

စစ်ဆေးကြည့်ပါမယ်။

쓰'쎄: 찌.바.매

I will check it.

가방 색은 무슨 색입니까?
ဂါဘန်း စဲဂွန်း မူစွန်း စဲ ဂိ(မ်)နီကာ

အိတ်အရောင်က ဘာအရောင်လဲ။

애잇'아야운가. 바 어야운레:

What is the color of the bag?

검정색입니다.
ဂေါ်(မ်)ဂျောင်းစဲ ဂိ(မ်)နီတာ

အမဲရောင်ပါ။

아메: 야운바

It's black

빨강색 / 주황색 / 노랑색 / 초록색 / 파랑색
ပါး(လ်)ဂန်းစဲ ၊ ဂျူဟွားစဲ ၊ နိရန်းစဲ ၊ ချိုရို့စဲ ၊ ဖာရန်းစဲ

အနီရောင် ၊ လိမ္မော်ရောင် ၊ အဝါရောင် ၊ အစိမ်းရောင် ၊ အပြာရောင်

아니 야운 / 랭머 야운 / 아와 야운 / 아생: 야운 / 아뺘 야운

It's red / It's orange / It's yellow / It's green / It's blue

미얀마 여행 회화

연락처 알려 주세요.
ယောက်လက်ချော် အာ(လ်)ယော ဂျူဥယ်ယို
အိမ်လိပ်စာကို ပြောပြလို့ ရမလား။
앵 레잇'사고 뼈: 빠.로. 야.맬라:
Could you please tell me your home address?

저는 골든힐 타워에 묵고 있습니다.
ဂျောနွန်း ဂိုးလ်ဒင်းဟီးလ် ထာဝါအယ် မုဂို အစ်စု(မ်)နီတာ
ကျွန်တော်ကတော့ ဂိုး(လ်)ဒင်းဟင်း(လ်)ထာဝါမှာ တည်းပါတယ်။
쩐노 가.더. 골·딘·힐: 따와마 떼:바데
I'm staying Golden Hill Tower

전화번호는 모릅니다.
ဂျော(န်)ခွာ ဘော(န်)နိုနန်း မိုလု(မ်)နီတာ
ဖုန်းနံပါတ်ကိုတော့ မသိပါဘူး။
폰:남밧' 고더. 매띠. 바부:
I don't know the telephone number.

짐을 언제 찾을 수 있습니까?
ဂျင်း(မ်)မူး(လ်) အော(န်)ဂျယ် ချော့ဂျူး(လ်) စု အစ်စု(မ်)နီကာ
အထုပ်ကို ဘယ်တော့ ရွှေးရမလဲ။
아톳'고 배더. 유웨:야.맬레:
When should I pick my luggage up?

내일 쯤이면 올 겁니다.
နယ်အီး(လ်) ကျွန်း(မ်)မီမြော(န်) အိုး(လ်) ဂေါ(မ်)နီတာ
မနက်ဖြန်ကျရင် လာမှာပါ။
마내'퍈 짜.인 라흐마바
He / She will come tomorrow.

전화 주실 건가요?
ဖျော(န်)နာ ဂျူရှိုး(လ်)ဂေါ(န်) ဂါယို

ဖုန်းဆက်ပေးနိုင်မလား။
폰:쎄' 뻬:나인 맬라:
Will you make a phone call?

네, 전화 드리지요.
နယ် ၊ ဂျော(န်)နာ ဒူလီဂျီယို

ဟုတ်ကဲ့၊ ဖုန်းဆက်လိုက်ပါ့မယ်။
호웃'깨. 폰:색' 라익'바.매
Yes, I will make a phone call.

전화해야 됩니까?
ဂျော(န်)နာ ဟဲယား ဒွယ်(မ်)နီကာ

ဖုန်းဆက်လို့ ရမလား။
폰:쎄' 로.야.맬라:
Shall I make a phone call?

전화 줄 수 없나요?
ဂျော(န်)နာ ဂျူး(လ်) စူအော့(ပ်)နာယို

ဖုန်းဆက်ပေးလို့ ရမလား။
폰:색' 뻬:로. 야.맬라:
Could yoou please make a phone call?

연락처 알려줄 수 있나요?
ယော(န်)လတ်ချော အား(လ်)ယော ဂျူး(လ်)စူအစ်နာယို

အိမ်လိပ်စာ ပြောပြလို့ ရမလား။
앵랫'사 뼈:뺘.로. 야.맬라:
Could you please tell me your home address?

53

세관 신고
Declaration to Custom house

신고할 물품 있나요?
ရှင်းဂိုဟား(လ်) မူး(လ်)ဖန်း(မ်) အစ်နာယို

ကြေညာဖို့ ပစ္စည်း ရှိလား။
쩨냐보. 삐옛'스이: 실.라:
Do you have anything to declare?

있습니다. / 없습니다.
အစ်စူ(မ်)နီတာ ㅣ အော့(ပ်)စူ(မ်)နီတာ

ရှိပါတယ်။ မရှိပါဘူး။
시.바대 / 매시.바부:
Yes, I do. / No, I don't.

신고서류 작성하셔야 합니다.
ရှင်းဂိုစောလျှု၊ ဂျတ်စောင်းဟာရှောယာ ဟာ(မ်)နီတာ

သည်ဝန်ခံညီကြေညာလွှာမှာ ဖြည့်ရမယ်။
디원스이 쩨냐 흘롸흐마 피.야.매
You have to fill in this declaration form.

저것은 무엇인가요?
ဂျောဂေါ့စွန်း မူအော့ရှင်းဂါယို

ဟိုဟာက ဘာလဲ။
호하가. 발레:
What's that?

| 저것은 한국음식입니다.
ကျောဂေ့စွန်း ဟန်းဂုအွန်း(မ်)ရှစ် ဒူလီ(မ်)နီတာ
ဟိုဟာက ကိုရီးယား အစားအစာပါ။
호하가. 꼬리:야: 앗싸: 앗싸바
That's Korean food.

| 이것은 무엇인가요?
အီဂေ့စွန်း မူအော့ရှင်းဂါယို
ဒီဟာက ဘာလဲ။
디하가. 발레:
What's this?

| 이것은 한국 과자입니다.
အီဂေ့စွန်း ဟန်းဂု ဂွာဂျာဒူလီ(မ်)နီတာ
ဒီဟာက ကိုရီးယား ဘီစကွတ်ပါ။
디하가. 꼬리:야: 비스켓'바
This is a Korean biscuit.

| 옷 / 책 / 음식 / 가전제품 / 라면 / 커피
အို့ . ချက် . အွန်း(မ်)ရှစ် . ဂါဂျော(န်)ဂျယ်ဖွန်း(မ်) . လာမျော(န်) . ခေါ်ဖိ
အကျီ . စာအုပ် . အစားအစာ . လျှပ်စစ်ပစ္စည်း . ခေါက်ဆွဲ . ကော်ဖီ
인:지 / 사옷 / 앗사:앗사 / 흐럇'스윳'삐옛'스이: / 카옷'쒜: / 커피
clothes / book / food / electronics / noodles / coffee

| 열어 보세요.
ယောရော ဘိုစယ်ယို
ဖွင့်ကြည့်ပါ။
푸잉. 찌.바
Please open it.

알겠습니다. / 안 됩니다.
အာရတ်စော ၊ အန်ဒွယ်(မ်)နီတာ

သိပြီ ၊ မရဘူး။
띠.비 / 매야.부:
I see. / It can't be.

이것은 내가 쓰던 물건입니다.
အီဂေ့ဴစွန်း နယ်ဂါ ဆူဒေါ်(န့်) မူး(လ်)ဂေါ်(န့်)နီ(မ်)နီတာ

ဒီဟာကတော့ ကျွန်တော် သုံးနေကျ ပစ္စည်းပါ။
디하가.더. 쩐더 똥:네자. 삐옛'스이:바
This thing that I always use.

다른 짐이 있나요?
ဒါလွှန်း ဂျင်း(မ်)မုန်း အစ်နာယို

တစ်ခြားပစ္စည်း ရှိသေးလား။
떼차: 삐옛'스이: 싯.데:라:
Do you have any other baggage?

이건 과세 대상이 됩니다.
အီဂေါ်(န့်) ဂွား(န့်)စယ် ဒယ်စန်းဦး ဒွယ်(မ်)နီတာ

ဒီဟာကတော့ အကောက်ခွန်ခ ပေးရမယ်။
디하가.더. 어까웃'쿤카. 뻬:야.매
You have to pay duty on it.

이 세관신고서에 기입해 주십시오.
အီ စယ်ဂွား(န့်) ရှင်းဂိုဴစော်အယ် ဂီအစ်ဖယ် ဂျူးရှစ်(ပ်)ရှီယို

ဒီ သည်ဝန်စည်လျှောက်လွှာမှာ ရေးပေးပါ။
디 띠원스이 샤웃'흐라 흐마 예:뻬:바
Please fill out this declaration form.

공항 짐꾼
Porter

기본 회화

들어 드릴까요?
ဒုရော ဒုလီး(လ်)ကာယို
မ ပေးရမလား။
마. 뻬:야.맬라:
Shall I carry this for you?

필요없습니다.
ဖိ(လ်)ယိုအော့(ပ်)စု(မ်)နိတာ
မလိုပါဘူး။
맬로바부:
No need.

짐 좀 들어 주세요.
ဂျင်း(မ်) ဂျုံး(မ်) ဒုရော ဂျူစယ်ယို
အထုပ်ကို တဆိတ်လောက် မပေးပါ။
앗툿'고 떼색'라옷' 마.뻬:바
Please carry this luggage.

한 명만 들고 가세요.
ဟန်းမြောင်းမန်း ဒုး(လ်)ဂို ဂါစယ်ယို
တစ်ယောက်ပဲ မပြီးသွားပါ။
떼야옷'베: 마.삐: 똬:바
Only one person carries and goes.

| 필요없어요.
ဖီးလျိ။အော့(ပ်)စောယို

> မလိုဘူး။
> 맬로부:
> No need.

| 직접 들고 갈 겁니다.
ချစ်ချော့(ပ်) ဒွှး(လ်)ဂို ဂါး(လ်)ဂေါ်(မ်)နီတာ

> ကိုယ်တိုင် မ သွားမယ်။
> 꼬다잉 마. 똬:매
> I will carry it by myself.

| 그냥 놔두세요.
ဂူညမ်း နွာ ဒူစယ်ယို

> ဒီအတိုင်း ထားပါ။
> 디어따잉: 타:바
> Let it be.

| 만지지 마세요.
မန်းဂျိဂျိ မာစယ်ယို

> မထိပါနဲ့။
> 메티. 바네.
> Please don't touch.

| 괜찮습니다.
ဂွယ်ချန်းစူ(မ်)နီတာ

> ရပါတယ်။
> 야. 바대
> That's fine. / It doesn't matter.

| 그 쪽에 놔두세요.
ဂူကျို့ဂယ် နွာ ဒုစယ်ယို
> ဟိုဘက်မှာ ထားပါ။
> 호백'흐마 타:바
> Put it there.

| 왼쪽에 놓으세요.
ဝင်းကျို့ဂယ် နိုဟုစယ်ယို
> ဘယ်ဘက်မှာ ထားပါ။
> 배백'흐마 타:바
> Put it on the left.

| 오른쪽에 놓으세요.
အိုလွန်းကျို့ဂယ် နိုဟုစယ်ယို
> ညာဘက်မှာ ထားပါ။
> 냐백'흐마 타:바
> Put it on the right.

| 그거 조심해서 들으세요.
ဂူဂေါ် ကျို့ရှင်းမယ်စော ဒုရှုစယ်ယို
> ဒီဟာကို ဂရုစိုက်ပြီး မ သွားပါ။
> 디하고 게육. 사잇'삐: 마. 똬:바
> Please carry this carefully.

| 이것만 들어주세요.
အီဂေါ့မန်း ဒုရော်ဂျူစယ်ယို
> ဒါကိုပဲ မပေးပါ။
> 다고베: 마.뻬:바
> Please carry this onlyu

기본 회화

59

택시 타기
Taking a Taxi

택시 한 대 불러주세요.
ထက်ရှီ ဟန်း ဒယ် ဘူ(လ်)လော ဂျူစယ်ယို

> တက္ကစီ တစ်စီး ခေါ်ပေးပါ။
> 택'스이 데스이: 코 뻬:바
> Please call a Taxi.

어디로 가실 건데요?
အောဒီလို ဂါရှီး(လ်) ဂေါ(န့်)ဒယ်ယို

> ဘယ်ကို သွားမလို့လဲ။
> 배고 똬:맬로.레:
> Where are you going?

골든힐 타워로 갈 겁니다.
ဂိုး(လ်)ဒင်းဟီး(လ်) ထာဝေါလို ဂါး(လ်) ဂေါ(မ်)နီတာ

> ဂိုဒင်းဟင်း(လ်) တာဝါကို သွားမလို့ပါ။
> 골:딘:힐:따와고 똬:맬로.바
> I am going to the Golden Hill Tower.

나머지 잔돈 주세요.
နာမော်ဂျီ ဂျန်းဒုံး ဂျူစယ်ယို

> အကြွေ ပြန်အမ်းပါ။
> 앗조이 빤 암:바
> Please refund me the change.

기본 회화

▌파라미 로드에 있는 코리아 식당 하나로에 갑니다..
ပါရမီ လိုဒ့်အယ် အစ်နွန်း ခိုရီးယားရှစ်တန်း ဟာနာလိုအယ် ဂါ(မ်)နီတာ
ပါရမီလမ်းမှာရှိတဲ့ ဟာနာလို ကိုရီးယားစားသောက်ဆိုင်ကို သွားချင်ပါတယ်။
빠라미렌:흐마 시.데. 하나로 꼬리야:사:따웃'싸인고 똬:찬바대
I want to go to a Hanaro Restaurant in Parami Road.

▌알고 있습니까?
အား(လ်)ဂို အစ်စု(မ်)နီကာ
သိလား။
띠.라:
You know?

▌잘 모릅니다.
ဂျား(လ်) မိုလု(မ်)နီတာ
သေချာ မသိဘူး။
떼차 매띠.부:
I don't know very well. / I am not sure.

▌요금이 얼마입니까?
ယိုဂွန်းမီ အော(လ်)မားအိ(မ်)နီကာ
ဘယ်လောက်ပေးရမလဲ။
밸라웃' 뻬:야.맬레:
How much do I have to pay?

▌1,500짯, 2,000짯, 2,500짯, 3,000짯
ချော(န်)အိုဘက်ကျပ်၊အီချော(န်)ကျပ်၊အီချော(န်)အိုဘက်ကျပ်၊စမ်း(မ်)ချော(န်)ကျပ်၊

၁၅၀၀ကျပ် ၊ ၂၀၀၀ကျပ် ၊ ၂၅၀၀ကျပ် ၊ ၃၀၀၀ကျပ် ၊
타운. 응아:야짯' / 흐네타운짯' / 흐네타운. 응아:야짯' / 똥:타운짯'
1,500 kyats / 2,000 kyats / 2,500 kyats / 3,000 kyats

4,000짯, 4,500짯, 5,000짯
စာချော(န်)ကျပ် ၊ စာချော(န်)အိုဘက်ကျပ် ၊ အိုချော(န်)ကျပ်

> ၄၀၀၀ကျပ် ၊ ၄၅၀၀ကျပ် ၊ ၅၀၀၀ကျပ်
> 레: 타운짯' / 레:타운. 응아:야짯. / 응아: 타운짯'
> 4,000 kyats / 4,500 kyats / 5,000 kyats

1,000짯에 갑시다.
ချော(န်)ကျပ်အယ် ဂပ်(ပ်) ရှိတာ

> ၁၀၀၀ကျပ်ပဲ ထားလိုက်ပါ။
> 떼 타운짯'뻬: 타: 라익'바
> Let it be 1,000 kyats.

갈 겁니까?
ဂါး(လ်) ဂေါ်(မ်)နီတာ

> သွားမှာလား။
> 똬: 흐말라:
> Will you go?

네. 좋습니다. / 싫습니다.
နယ် ဂျိုစု(မ်)နီတာ ၊ ရှီး(လ်)စု(မ်)နီတာ

> ဟုတ်ကဲ့၊ ကောင်းပါပြီ။ / ဟင့်အင်း၊ မကောင်းပါဘူး။
> 호웃'깨. 까웅:바비 / 힝.잉: 매 까웅: 바부:
> Ok. I will. / No, I won't.

저기 신호등에서….
ဂျောဂီ ရှင်းနို့ဒွန်းငယ်စော

> ဟိုနားက မီးပွိုင့်မှာ
> 호나:가. 미:뽜이'흐마
> The traffic lights over there.

| 저기 사거리에서….
ကျောက် စာဂေါလီအယ်စော

> ဟိုနားက လမ်းလေးခွမှာ
> 호나:가. 란: 레:과.흐마
> The four-pointed junction over there.

| 저기 삼거리에서…
ကျောက် စမ်း(မ်)ဂေါလီအယ်စော

> ဟိုနားက လမ်းသုံးခွမှာ
> 호나:가. 란:똥:과.흐마
> The three-pointed junction over there.

| 저기 앞에서…
ကျောက်အပ်ဖယ်စော

> ဟို အရှေ့မှာ
> 호애씨.흐마
> Over there.

| 왼쪽으로 가세요.
ဝင်းကျို့ ဂူလို ဂါစယ်ယို

> ဘယ်ဘက်ကို သွားပါ။
> 배백'고 똬:바
> Turn to the left.

| 오른쪽으로 가세요.
အိုလွန်းကျို့ ဂူလို ဂါစယ်ယို

> ညာဘက်ကို သွားပါ။
> 냐백'고 똬:바
> Turn to the right.

기본 회화

앞으로 가세요.
အပ်(ပ်)ဖူလို ဂါစယ်ယို

> အရှေ့ကို သွားပါ။
> 에시.고 똬:바
> Go ahead.

계속 가세요.
ဂယ်စို့ ဂါစယ်ယို

> တည့်တည့် သွားပါ။
> 때.대. 똬:바
> Go straight ahead.

잘못 온 것 같군요.
ချား(လ်)မို့ အိုး(န်) ဂေါ့ ဂတ်ဂွန်ညို

> မှားပြီး ဝင်လာတယ်နဲ့တူတယ်။
> 흐마:삐: 윈라대네. 뚜대
> I think I have been turning into the wrong way.

유턴 해야 됩니다.
ယူထော(န်)ဟယ်ယာဒွယ်(မ်)နီတာ

> ယူပုံစံ ကွေ့ရမယ်။
> 유뽕산 꿰.야.매
> You have to go U-turn.

저기 앞에 보이지요?
ဂျောဂီ အပ်ဖယ် ဘိုအီဂျီယို

> ဟို အရှေ့မှာ တွေ့လား။
> 호에씨'흐마 뛔.라
> Do you see something over there?

64

| 천천히 운전하세요.
ချော(န်)ချော(န်)နိ အွန်းဂျော(န်)ဟာစယ်ယို

> မြေးမြေးမောင်းပါ။
> 피예:피예: 마웅:바
> Please drive slowly.

| 담배를 피워도 됩니까?
ဒန်းဘယ်လူး(လ်) ဖီဝေါဒို ဒွယ်(မ်)နိကာ

> ဆေးလိပ် သောက်လို့ရမလား။
> 쎌:렛' 따옷'로. 야.맬라:
> Can I smoke?

| 여기 요금.
ယောဂီ ယိုဂွန်း(မ်)

> ဒီမှာ ကားခ
> 디흐마 까:카.
> Here is the Taxi fare.

| 잔돈은 가지세요.
ဂျန်းဒိုးနွန်း ဂါဂျိစယ်ယို

> အကြွေကိုတော့ ပြန်မအမ်းနဲ့တော့။
> 앗조이 고더. 빤 매안:네.더.
> Keep the change.

| 잔돈 주세요.
ဂျန်းဒိုး ဂျူစယ်ယို

> အကြွေ ပြန်အမ်းပါ။
> 잇조이 빤암:비
> Refund me the change.

호텔에서
At hotel

예약 확인 바랍니다.
ယယ်ယတ် ဟွၚ်ဂင်း ဘာရာ(မ်)နီတာ

> ဘိုကင်လုပ်ထားမထားကို ကြည့်ပေးပါ။
> 보낑 로웃'타: 매타:고 찌.뻬:바
> Would you be so kind as to check the booking?

성함이 뭐지요?
စောဟန်း(မ်)မီး မောဂျီယို

> နာမည်က ဘယ်လို ခေါ်ပါသလဲ။
> 남매가. 밸로 커바달레
> What is your name?

저는 미스터 백입니다.
ချောနှန်း မီစထော ဘက် ဂိ(မ်)နီတာ

> ကျွန်တော်ကတော့ မစ္စတာ ဘက်ဖြစ်ပါတယ်။
> 쩐노가.더. 미'스타 백'핍'바대
> I'm Mr. Baeg.

확인됐나요?
ဟွၚ်ဂင်း(န်) ဒွယ့်နာယို

> ရှာလို့တွေ့ရဲ့လား။
> 샤로. 뛔.옐.라:
> Can you find out?

| 여권 주세요.
ယောဂေါ(န်) ဂျူစယ်ယို

> ပတ်(စ)ပို့ပေးပါ။
> 빳'스봇. 뻬:바
> Please give me your passport.

| 여기에 싸인해 주세요.
ယောဂီအယ် စာအင်းနယ် ဂျူစယ်ယို

> ဒီနေရာမှာ လက်မှတ်ထိုးပေးပါ။
> 디네야흐마 레'흐맛' 토:뻬:바
> Please, sign here.

| 빈방 있나요?
ဘင်းဘန်း အစ်နာယို

> အခန်းလွတ် ရှိလား။
> 아칸:룻' 실.라:
> Are there any free rooms to stay?

| 네, 있습니다.
နယ် အစ်စူ(မ်)နီတာ

> ဟုတ်ကဲ့၊ ရှိပါတယ်။
> 호웃'깨. 시.바대
> Yes, there are.

| 아니오, 없습니다.
အာနီအို အော့(ပ်)စူ(မ်)နီတာ

> ဟင့်အင်း၊ မရှိဘူး။
> 힝.잉: 매시.부:
> No, there are not.

하루에 얼마죠?
ဟာလူအယ် အော(လ်)မာဂျိူ

တစ်နေ့ကို ဘယ်လောက်လဲ။
떼네.고 밸 라욱'레:
How much for a day?

하루에 20$입니다.
ဟာလူအယ် အီရှစ်ဘူး(လ်) အီ(မ်)နီတာ

တစ်နေ့ကို ဒေါ်လာ ၂၀ပါ။
떼네.고 덜라 흐네쎄바
20 dollars for a day.

며칠 계실 거죠?
မျောချိုး(လ်) ဂယ်ရှီး(လ်)ဂေါ်ဂျိူ

ဘယ်နှစ်ရက်လောက် နေမှာလဲ။
배네옡'라욱' 네말래:
How many days do you want to stay?

하루만 숙박할 겁니다.
ဟာလူမန်း စူဘတ်ခါး(လ်) ဂေါ(မ်)နီတာ

တစ်ရက်ပဲ တည်းမှာပါ။
떼옉'베: 떼:흐마바
Only one day.

아침 주나요?
အာချင်း(မ်) ဂျူနယို

မနက်စာကို ကျွေးလား။
매네'사고 쮀:라:
Will the breakfast be arranged?

| 아침 식사는 몇 시부터입니까?
အာချင်း(မ်) ရှစ်စာနွှန်း မြော့ရှိဘူထော အိ(မ်)နီတာ

မနက်စာကို ဘယ်အချိန်က စကျွေးလဲ။
매네'사고 배에챙가. 사.쫴:달레:
When will the breakfast be ready?

| 아침 7시부터 9시까지입니다.
အာချင်း(မ်) အီး(လ်)ဂို(ပ်)ရှိဘူထော အာဟို(ပ်)ရှိ ကာဂျိ အိ(မ်)နီတာ

မနက်စာကတော့ ၇နာရီကနေ ၉နာရီထိပါ။
매네'사가.더. 쿠네나이 가.네 꼬:나이 티.바
The breakfast is from 7:00 am to 9:00 am.

| 식당이 어디죠?
ရှစ်တန်းဦး အောဒီဂျို

စားသောက်ဆိုင်က ဘယ်မှာလဲ။
사:따웃'싸인가. 배말레:
Where is the restaurant?

| 식당은 7층에 있습니다.
ရှစ်တန်းဒွန်း ချီး(လ်)ချွန်းငယ် အစ်စူ(မ်)နီတာ

စားသောက်ဆိုင်ကတော့ ၇ထပ်မှာ ရှိပါတယ်။
사: 따웃' 싸인가.더. 쿠네탓'흐마 시.바대
The restaurant is on the seventh floor.

| 계약금 주셔야 합니다.
ဂယ်ယတ်ဂွန်း(မ်) ဂျူရျောယာ ဟာ(မ်)နီတာ

စပေါ်ပေးမှ ရမယ်။
쎄버뻬:흐마. 야.매
You have to pay deposit.

계약금 얼마나 줘야 되죠?
ဂယ်ယတ်ဂွန်း(မ်) အော(လ်)မာနာ ချောယာ ဒွယ်ဂျို

> စပေါ်ငွေ ဘယ်လောက် ပေးရမလဲ။
> 쎄버 응웨 밸라웃' 뻬:야.맬레:
> How much deposit do I have to pay?

몇 호죠?
မြော့ ထိုဂျို

> အခန်းနံပါတ် ဘယ်လောက်လဲ။
> 아칸: 남밧' 밸라웃'레:
> What is the room number?

201호입니다.
အီဘက်အီး(လ်)ရှိ အီ(မ်)နီတာ

> အခန်း နံပါတ် ၂၀၁ပါ။
> 아칸: 남밧' 흐네야.띡'바
> Room no.201

짯으로는 얼마죠?
ကျပ်စလိုနွန်း အော(လ်)မာဂျို

> မြန်မာကျပ်နဲ့ ဆိုရင် ဘယ်လောက်ကျလဲ။
> 미얀마짯'네. 쏘잉 밸라웃' 짤.레:
> How much kyats will it be?

글씨로 써 주실래요?
ဂူး(လ်)ရှိလို ဆော ဂျူရှိ(လ်)လယ်ယို

> စာနဲ့ ရေးပေးပါလား။
> 사네. 예:뻬:발라:
> Could you please write it down?

그 방으로 주세요.
ဂူ ဘန်းဠူလို ဂျူစယ်ယို

အဲဒီ အခန်းကို ပေးပါ။
에:디. 아칸:고 뻬:바
Please give me that room.

몇 분이죠?
မျော့ ဘွန်းနီဂျူ

ဘယ် နယောက်လဲ။
배흐 네야웃'레:
How many people?

한 명입니다.
ဟန်းမြောင်း ဣ(မ်)နီတာ

တစ်ယောက်ပါ။
떼야웃'바
Only one person.

두 명 / 세 명 / 네 명
ဒူမြောင်း / စယ်မြောင်း / နယ်မြောင်း

နှစ်ယောက် / သုံးယောက် / လေးယောက်
네야웃' / 똥:야웃' / 레:야웃'
Two people / Three people / Four people

큰 침대 있는 방 하나 주세요.
ခွန်း ချင်း(မ်)ဒယ် ဟာနာ အစ်နွန်း ဘန်း ဂျူစယ်ယို

ခုတင် ကြီးကြီးရှိတဲ့ အခန်းကို ပေးပါ။
가딘 찌:지:시.데. 아칸:고 뻬:바
Give me a room with a large bed.

작은 침대 두 개로 주세요.
ဂျတ်ဂွန်း ချင်း(မ်)ဒယ် ဒွဂယ်လို ဂျူစယ်ယို

> ခုတင် သေးသေး နှစ်လုံးပါတဲ့ အခန်းကို ပေးပါ။
> 가딘 떼:떼: 흐넬롱: 빠데. 어칸:고 뻬:바
> Give me a room with two small beds.

방에서 냄새가 납니다.
ဘန်းငယ်စော နယ်(မ်)စယ်ဂါ နာ(မ်)နီတာ

> အခန်းထဲမှာ အနံ့ထွက်နေတယ်။
> 아칸:테:흐마 아난. 퉷'네대
> There is a bad small in the room.

방향제 좀 뿌려 주세요.
ဘန်း(ဟ)ယန်းဂျယ်ဂျုံး(မ်) ပူလျော ဂျူစယ်ယို

> အမွှေး ဖြန်းပေးပါ။
> 아흐뭬: 퍈:뻬:바
> Please spray air-freshener.

따듯한 물이 안 나옵니다.
တာသွပ်ထန်း မူးလီး အန် နာအို(မ်)နီတာ

> ရေနွေးက မထွက်လာဘူး။
> 예눼:가. 매퉷'라부:
> The hot water is not coming out.

비누 좀 주세요.
ဘီနူ ကျုံး(မ်) ဂျူစယ်ယို

> ဆပ်ပြာ တဆိတ်လောက် ပေးပါ။
> 삿'빠 떼새잇'라웃' 뻬:바
> Please give me a cake of soap.

샴푸 좀 주세요.
ရှန်(မ်)ဖူ ကျုံး(မ်) ဂျူးစယ်ယို

ခေါင်းလျှော်ရည် တဆိတ်လောက် ပေးပါ။
가웅:쎠예 떼새잇'라욱' 뻬:바
Please give me shampoo.

세탁 좀 해주세요.
စယ်ထပ် ကျုံး(မ်) ဟယ် ဂျူးစယ်ယို

အဝတ် တဆိတ်လောက် လျှော်ပေးပါ။
아윗' 떼새잇'라욱' 셔뻬:바
Please wash the clothes.

뜨거운 물 좀 갖다 주세요.
တူဂေါ်အွန်း မူး(လ်) ကျုံး(မ်) ဂတ်တာဂျူးစယ်ယို

ရေနွေး ယူလာပေးပါ။
예눼: 율라뻬:바
Please bring me warm water.

제 방 열쇠 좀 주세요.
ဂျယ် ဘန်း ယော(လ်)စွယ် ကျုံး(မ်) ဂျူးစယ်ယို

ကျွန်တော့် အခန်း သော့ကို ပေးပါ။
쩐노. 아칸: 떳.고 뻬:바
Please give me my room key.

키가 방 안에 있습니다.
ခီဂါ ဘန်းအန်းနယ် အစ်စူ(မ်)နီတာ

သော့က အခန်းထဲမှာ ရှိပါတယ်။
떳.가. 아칸:테:흐마 시.바대
The key is in the room.

미얀마 여행 회화

| 문 좀 열어 주시겠습니까?
မွန်း ကျုံး(မ်) ယောရော ဂျူရှိဂတ်စု(မ်)နီကာ

> တံခါးကို ဖွင့်ပေးနိုင်မလား။
> 데가:고 퓌.뻬: 나인맬라:
> Could you please open the door?

| 내일(오늘) 10시에 체크 아웃 해주세요.
နယ်အီး(လ်) (အိုးနူးလ်) ယော(လ်)ရှိအယ် ချက်ခု အောက် ဟယ်ဂျူစယ်ယို

> မနက်ဖြန်(ဒီနေ့) ၁၀နာရီမှာ ချက်အောက်လုပ်ပေးပါ။
> 매네'판(디네.) 쎄나이흐마 책'아웃' 로웃'뻬:바
> Please make check-out at 10o'clock tomottow(today).

| 제 짐을 운반해 주세요.
ဂျယ် ဂျင်း(မ်)မူး(လ်) အွန်းဘန်းနယ် ဂျူစယ်ယို

> ကျွန်တော့ အထုပ်ကို ရွှေ့ပေးပါ။
> 쩐노. 아톳'고 쉿.뻬:바
> Please move mu luggage.

| 아침 6시에 깨워 주세요.
အာချင်း(မ်) ယောစော့ရှိအယ် ကယ်ဝေါ ဂျူစယ်ယို

> မနက် ၆နာရီမှာ နိုးပေးပါ။
> 매네' 차욱'나이흐마 흐노:뻬:바
> Please wake me up at 6:00 in the morning.

| 제 짐을 보관해 주세요.
ဂျယ် ဂျင်း(မ်)မူး(လ်) ဘိုဂွား(န်)နယ် ဂျူစယ်ယို

> ကျွန်တော့ရဲ့ အထုပ်ကို သိမ်းထားပေးပါ။
> 쩐노.애 앗톳'고 때잉:타:뻬:바
> Please keep my luggage.

공항까지 차량 서비스가 가능합니까?
ဂုံးဟန်းကာဂျီ ချာ(ㄹ)ယိုင်း စောဘစ်စု ဂါနွန်း ဟာ(ㅁ)နီကာ

> လေဆိပ်အထိကို ကားနဲ့ ပို့ပေးနိုင်မလား။
> 래새잇' 아티.고 까:네. 보.뻬:나인멜라:
> Could you please drive me to the airport?

가능합니다.
ဂါနွန်း ဟာ(ㅁ)နီကာ

> ပို့ပေးနိုင်ပါတယ်။
> 보.뻬: 나인바대
> Yes, I could.

몇시에 가실 건가요?
မြော့ရှိအယ် ဂါရိုး(ㄹ)ဂေါ(ㄴ) ဂါယို

> ဘယ်နှနာရီ သွားမှာလဲ။
> 배네나이 따흐:말레:
> At what time will you go?

5시에 출발할 겁니다.
ဒါစော့ရှိအယ် ချူး(ㄹ)ဘား(ㄹ)ဟား(ㄹ) ဂေါ(ㅁ)နီကာ

> ၅နာရီမှာ ထွက်မယ်။
> 응아:나이흐마 튓'매
> I will set off at 5 o'clock.

중간 정산해 주실래요?
ဂျွန်းဂန်း ဂျောင်းစန်း ဟယ်ဂျူ(ㄹ)လယ်ယို

> အခုချိန်ထိ ဘယ်လောက်ကျလဲဆိုတာကို တွက်ပေးပါ။
> 어쿠. 챙티. 배라웃'쨔.레: 쏘다고 뛱'뻬:바
> Please check, how much does it cost till now?

오늘까지 얼마입니까?

အိုႏူး(လ်)ကာဂို အော(လ်)မာ အီ(မ်)နီကာ

ဒီနေ့ အထိ ဘယ်လောက်ကျလဲ။
디네.어티. 배라웃' 짜.레:
How much is it until today?

방이 아직 청소되어 있지 않습니다.

ဘန်းဝီး အာဂျီ ချောင်းစိုဒွယ်အော အစ်ဂျီအန်စူ(မ်)နီတာ

အခုချိန်ထိ အခန်းကို သန့်ရှင်းရေး မလုပ်ရသေးဘူး။
어쿠.챙티. 어칸:고 딴.싱:예: 맬로웃'야.데:부:
My room hasn't been cleaned yet.

지금 청소해 주세요.

ဂျီဂွန်း(မ်) ချောင်းစိုဟယ် ဂျူစယ်ယို

အခု သန့်ရှင်းရေး လုပ်ပေးပါ။
어쿠. 딴.싱:예: 로웃'뻬:바
Please clean right now.

5시 정도에 청소해 주세요.

ဒါစော့ရှီ ချောင်းဒို အယ် ချောင်းစိုဟယ် ဂျူစယ်ယို

၅နာရီလောက်မှာ သန့်ရှင်းရေး လုပ်ပေးပါ။
응아:나이라웃'흐마 딴.싱:예: 로웃'뻬:바
Please clean at about 5 o'clock.

누구십니까?

နူးဂုရှီ(မ်)နီကာ

ဘယ်သူလဲ။
배두레:
Who is it?

잠시 기다리세요.
ချန်း(မ်)ရှိ ဂီတာလီယ်ယို

> ခကလောက် စောင့်ပေးပါ။
> 켄나.라웃' 사웃.뻬:바
> Just a moment, Please.

들어 오세요.
ဒုရော အိုစယ်ယို

> ဝင်လာပါ။
> 윈라바
> Please, come in.

포터를 보내 주세요.
ဖိုထောလူး(လ်) ဘိုနယ် ဂျူစယ်ယို

> ပစ္စည်းသယ်ဖို့ လူလွှတ်လိုက်ပါ။
> 삐옛'스이: 때포. 루 흐룻'라익'바
> Please send me a porter, please.

짐을 로비까지 옮겨 주세요.
ချင်း(မ်)မူး(လ်) လိုဘီကာဂျီ အိုး(မ်)(ဂ)ယော ဂျူစယ်ယို

> ပစ္စည်းတွေကို သယ်သွားပြီးတော့ လောဘီ(lobby) မှာချထားပေးပါ။
> 삐옛'스이:뒈고 때따:삐:더. 러비흐마 차.타:뻬:바
> Please carry this to lobby.

방에 물건을 두고 나왔습니다.
ဘန်းယယ် မူး(လ်)ဂေါ(န့်)နူး(လ်) ဒုဂို နာဝက်စု(မ်)နီတာ

> အခန်းထဲမှာ ပစ္စည်းတွေကို ထားပြီးတော့ ထွက်လာခဲ့ပါတယ်။
> 어칸:테:흐마 삐옛'스이:뒈고 타:삐:더. 퇵'라케.바대
> Put the things in the room and come out.

전화 걸기
Making a phone call

전화가 안됩니다.
ကျောနှာဂါ အန်ဒွယ်(မ်)နီတာ
　　တယ်လီဖုန်းက ဆက်လို့ မရဘူး။
　　텔리폰:가. 쎄'러. 매야.부:
　　The telephone is not working.

방에서 외국전화를 걸 수 있습니까?
ဘန်းငယ်စော ဝယ်ဂုကျောနှာ ဂေါ(လ်) စု အစ်စု(မ်)နီကာ
　　အခန်းထဲမှာ နိုင်ငံခြားဖုန်းဆက်လို့ ရမလား။
　　아칸:테:흐마 나인응안자: 폰: 쎌'로.야.맬라:
　　May I make an overseas call from the room?

어떻게 걸죠?
အောသော့ခယ် ဂေါ(လ်)규
　　ဘယ်လို ဆက်ရမလဲ။
　　밸로 쎄'야.맬레:
　　How can I make a call?

외국에 전화 걸 수 있도록 조치 바랍니다.
ဝယ်ဂုဂယ်ကျော(န်)နှာဂေါ(လ်)စုအစ်ဒိုလိုဂျို ချိဘာလာ(မ်)နီတာ
　　နိုင်ငံခြားကို ဆက်လို့ရအောင် လုပ်ပေးပါ။
　　나인응안자:고 쎌'로.야.아운 로웃'뻬:바
　　Please make it to be able to call overses.

외국 전화는 프론트에서 하셔야 됩니다.
ဝယ်ဂု ကျောနွာနွန်း ဖူလုံးထုအယ်စော ဟာရှောယာဒွယ်(မ်)နီတာ

နိုင်ငံခြားဖုန်းကိုတော့ အရှေ့မှာ ဆက်ရမယ်။
나인응안자: 폰:고더. 아씨.흐마 쎄'야.매
You have to make an overseas call at the front.

시내 전화 좀 할 수 있습니까?
ရှိနယ်ကျော(န်)နွာကျိုး(မ်)ဟာ(လ်)စူအစ်စု(မ်)နီတာ

မြို့ထဲကို ဖုန်းဆက်လို့ ရမလား။
묘.테:고 폰:쎌'로. 야.맬라:
May I make a phone call to downtown?

301호에 전화 좀 걸어 주시겠습니까?
စန်း(မ်)ဘက်အီး(လ်)တိုအယ်ကျော(န်)နွာ ကျိုး(မ်)ဂေါလောဂျူရှိဂတ်စု(မ်)နီတာ

အခန်းနံပါတ် ၃၀၁ကို ဖုန်းဆက်ပေးလို့ ရမလား။
아칸:남밧' 똥:야.띡'고 폰:쎄' 뻬:로. 야.맬라:
Could you please phone to room no.301?

시내 전화인가요?
ရှိနယ် ကျော(န်)နွာ အင်းဂါယို

မြို့တွင်းကို ဆက်တာလား။
묘.된:고 쎄'달라:
Is it an inter-city call?

네, 시내입니다.
နယ် ရှိနယ်အီ(မ်)နီတာ

ဟုတ်ကဲ့၊ မြို့တွင်းဖုန်းပါ။
호웃'깨. 묘.된:폰:바
Yes, it is.

아니오, 외국 전화입니다.
အာနိုအို ဝယ်ဂုပျောနွာ အိ(မ်)နီတာ

> နိုင်ငံခြားဖုန်းပါ။
> 힝.잉: 나인응안자: 폰:바
> No, it is an overseas call.

전화요금은 방 값에 포함하세요.
ပျော(န်)နွာ ယိုဂွန်း(မ်)မွန်း ဘန်းဂက်(ပ်)စယ် ဖိုဟန်း(မ်)ဟာစယ်ယို

> တယ်လီဖုန်းခကိုတော့ အခန်းခထဲ ပေါင်းထည့်ပေးပါ။
> 뗄리폰:카.고더. 아칸:카.테. 빠웅:테.뻬:바
> Please add the telephone charges to the room rental charges.

저는 한국에서 온 미스터 백입니다.
ပျောနွန်း ဟန်းဂုဂယ်စော အိုး(န်) မစ္စတာ ဘက်ဂီ(မ်)နီတာ

> ကျွန်တော်ကတော့ ကိုရီးယားကနေ လာတဲ့ မစ္စတာ ဘက်ပါ။
> 쩐노가.더. 꼬리:야:가.네 라데. 미'스따 백'바
> I am Mr. Baeg from Korea.

미스 한니 좀 바꿔 주시기 바랍니다.
မစ္စဟန်နီ ကျူး(မ်) ဘာကူဝေါ် ဂျူရှီဂီ ဘာလာ(မ်)နီတာ

> မစ္စဟန်နီနဲ့ စကားပြောချင်လို့ပါ။
> 미'스 한니네. 세가: 뼈.친로.바
> I would like to speak to Miss Honey.

기다려 주세요.
ဂီဒါလျောဂျူုစယ်ယို

> စောင့်ပေးပါ။
> 싸웃.뻬:바
> Please wait a moment.

네, 기다리겠습니다.
နယ် ဂီတာလီဂက်စူ(မ်)နီတာ

> ဟုတ်ကဲ့၊ စောင့်ပေးပါ့မယ်။
> 호웃'깨. 싸웃.뻬:바.매
> Ok, I will wait.

지금 나가고 없습니다.
ဂျိဂွန်း(မ်) နာဂါဂို အော(ပ်)စု(မ်)နီတာ

> အခု အပြင် သွားနေလို့ မရှိပါဘူး။
> 어쿠. 앗 삔똬:네로. 매시.바부:
> I'm afraid, she is not here. She is out.

언제 들어오죠?
အော(န်)ဂျယ် ဒုရောအိုဂျို

> ဘယ်အချိန်လောက် ပြန်လာမလဲ။
> 배 어챙라웃' 쁜라맬레:
> When will she come back?

미스터 백에게 전화 왔다고 전해 주시겠습니까?
မစ္စတာ ဘက်အယ်ဂယ် ဂျော(န်)နွာ ဝက်တာဂို ဂျော၁နယ် ဂျူရှိဂက်စု(မ်)နီတာ

> မစ္စတာဘက်ဆီကို ဖုန်းလာတယ်လို့ ပြောပေးလို့ ရမလား။
> 미'스터백'스이고 폰:라대로. 뼈:삐:로.야:맬라:
> Please tell Mr. Baeg that somebody had called him.

나중에 다시 걸어 주세요.
နာဂျွန်းငယ် ဒါရှိ ဂေါရော ဂျုစယ်ယို

> နောက်မှ ဖုန်းပြန်ဆက်လိုက်ပါ။
> 나웃'흐마. 폰:뺀쎄'라익'바
> Please make a call later.

| 네, 나중에 다시 걸겠습니다.
နယ် နာဂျွန်းယဲ ဒါရှိ ဂေါ(လ်)ဂတ်စူ(မ်)နီတာ

> ဟုတ်ကဲ့၊ နောက်မှ ဖုန်းပြန်ဆက်လိုက်ပါ့မယ်။
> 호웃'깨. 나웃'흐마. 폰:빤 쎄'라익'바.매
> Ok, I will call back later.

| 미스 한니?
မစ္စ ဟန်နီ

> မဟန်နီလား။
> 맛.한니라:
> Is Miss Honey?

| 만날 수 있나요?
မန်နာ:(လ်) စူအစ်နာယို

> တွေ့လို့ရ မလား။
> 뛔.로. 야.맬라:
> Can I meet with you?

| 약속이 있어 나가지 못합니다.
ယာ့စို့ဂီး အစ်စော နာဂါဂျိ မို့ထာ(မ်)နီတာ

> ချိန်းထားတာ ရှိလို့ အပြင်ထွက်လို့ မရဘူး။
> 챙: 타:다 실.로. 어삔 퇴'로. 매야.부:
> I won't come out as I have an appontment.

| 가능합니다.
ဂါနွန်း ဟာ(မ်)နီတာ

> ဖြစ်နိုင်တယ်။
> 핏'나인대
> That's possible.

기본 회화

언제요?
အော(န်)ဂျယ်ယို
ဘယ်တော့လဲ။
배덜.레:
When?

오늘 오후 9시쯤에 내가 있는 골든힐 타워에서
အိုးနဲ(လ်)အိုဟူအာတို(ပ်)ရှိကျွန်(မ်)မယ်နယ်ဂါအစ်နန်းဂိုး၁င်းဟီး(လ်)ထာဝေ အယ်စော
ဒီနေ့ ညနေ ၉ နာရီလောက် ကျွန်တော်နေတဲ့ ဂုံးဒင်းဟင်းတာဝါမှာ
디네. 냐.네 꼬: 나이라웃' 쩐더 네데. 골:딘:힐: 따와흐마
In this evening at about 9 o'clock at Golden Hill Tower where I'm staying.

그럼 기다리겠습니다.
ဂုရော(မ်) ဂီဒါလီဂက်စူ(မ်)နီတာ
ဒါဆိုရင် စောင့်နေပါ့မယ်။
다소잉 싸웃.네바.매
If so I will be waiting.

지금 전화하시는 분은 누구시죠?
ဂျီဂွန်(မ်) ဂျော(န်)နာဟာရှိနန်း ဘွန်နန်း နုဂုရှိဂျို
အခု ဖုန်းပြောနေတဲ့ လူက ဘယ်သူပါလဲ။
어쿠. 폰:뼈:네 데. 루가. 배두바레:
Who's calling, Please?

성함을 알려 주시겠습니까?
စောင်းဟန်း(မ်)မူး(လ်) အား(လ်)ယော ဂျူရှိဂက်စူ(မ်)နီတာ
နာမည်လေး တဆိတ်လောက် ပြောပြပေးလို့.ရမလား။
남매레: 떼쎄잇'라웃' 뼈: 빠.뻬:로. 야.맬라:
May I have your name, please?

83

누구에게 전화하셨습니까?
နဂုအယ်ဂယ် ဂျော(န်)ွာဟာရှော့စူ(မ်)နီတာ

ဘယ်သူ့ဆီကို ဖုန်းဆက်တာလဲ။
배두.시이고 폰:쎄'달레:
Who are you calling to?

무슨 용건인지 여쭤 봐도 될까요?
မူစွန်း ယုံးဂေါ(န်)နင်းဂျီ ယောဂျော ဘွာဒို ဒွယ်(လ်)ကာယို

ဘာကိစ္စလဲ ဆိုတာကို မေးလို့ရမလား။
바깨잇'사.레: 쏘다고 메:로.야.멜라:
May I ask what's the matter?

전데요.
ဂျော(န်)ဒယ်ယို

ကျွန်တော်ပါ။
쩐더바
It's me.

네, 전화 주셔서 감사합니다.
နယ် ဂျော(န်)ွာ ဂျူးရှောစော ဂန်း(မ်)စာဟာ(မ်)နီတာ

ဖုန်းဆက်ပေးတဲ့ အတွက် ကျေးဇူးတင်ပါတယ်။
폰:쎄'뻬:데. 어뛔' 쩨:쑤:띤바대
Ok. Thank you for calling.

교환입니다. 무엇을 도와드릴까요?
(ဂျ)ယိုဟွား(န်)နီ(မ်)နီတာ။ မူအော့စုံ(လ်) ဒိုဝါ ဒွလီး(လ်)ကာယို

အိတ်ချိန်းရုံးကပါ။ဘာကူညီရမလဲ။
애잇'챙: 용:가.바 / 바꾸니야.멜레:
Directory assistance. May I help you?

수신자 부담 통화를 하고 싶습니다.
စူရှင်းဂျာ ဘူဒန်း(မ်) ထိုးဟွာလူး(လ်) ဟာဂို ရှစ်(ပ်)စူ(မ်)နီတာ

ကောလတ်ကော(collect-call)ခေါ် ချင်လို့ပါ။
꺼랏'꺼: 커친로.바
I'd like to make collect-call, please.

기다려 주시겠습니까?
ဂီတာလျော ဂျူရှီဂက်စူ(မ်)နီကာ

စောင့်ပေးနိုင်မလား။
싸웃.뻬:나인맬라:
Would you hold the line?

수화기를 놓고 계십시오.
စူဟွာဂီလူး(လ်) နိုခို ဂယ်ရှစ်(ပ်)ရှိယို

ဖုန်း ခဏ ကိုင်ထားပေးပါ။
폰:칸나. 까인타:뻬:바
Hang on, please.

끊지 말고 그대로 계십시오.
ကွန်ချီ မား(လ်)ဂို ဂုဒယ်လို ဂယ်ရှစ်(ပ်)ရှိယို

ဖုန်းမချလိုက်ပါနဲ့ နော်။ ဒီအတိုင်း ကိုင်ထားပေးပါ။
폰:매차.라익'바네.너 / 디어따인: 까인타:뻬:바
Hold the line, please Don't hang up.

환전하기
Exchange Money

| **짯 환전하는 곳이 어디입니까?**
ကျပ် ဟွား(န်)ချော(န်)ဟာနွန်း ဂိုရှိ အောဒီ အိ(မ်)နီကာ

> ပိုက်ဆံလဲတဲ့ နေရာက ဘယ်မှာလဲ။
> 빳'싼레:데. 네야가. 배흐 말레:
> Where is the place to exchange currency?

| **저쪽에 가면 있습니다.**
ချောကျို့ ဂယ် ဂါမြော(န်) အစ်စူ(မ်)နီတာ

> ဟိုနေရာကို သွားရင် ရှိပါတယ်။
> 호 네야고 똬:잉 시.바대
> If you go there, you will find it.

| **저기에서 환전할 수 있습니다.**
ချောဂီအယ်စော ဟွား(န်)ချော(န်) ဟား(လ်)စူ အစ်စူ(မ်)နီတာ

> ဟိုနေရာမှာ လဲလို့ ရပါတယ်။
> 호 네야흐마 레:로. 야.바대
> You can exchange it there.

| **짯으로 환전할 수 있습니까?**
ကျပ်စူလို ဟွား(န်)ချော(န်)ဟား(လ်)စူ အစ်စူ(မ်)နီကာ

> ပိုက်ဆံ လဲလို့မလား။
> 빳'싼 레:로. 야.맬라:
> May I change currency?

오늘 환율이 1달러당 얼마죠?
အိုနှန်း(လ်) တွား(န်)ညူးလီး အီး(လ်)ဒါလောဒန်း အော(လ်)မာဂျို

ဒီနေ့ ၁ဒေါ်လာကို ဘယ်ဈေးလဲ။
디네. 데 덜라고 배쎄:레:
Today, how much kyats are in one dollar.

어제는 얼마였죠?
အောဂျယ်နှန်း အော(လ်)မာယော့ဂျို

မနေ့တုန်းက ဘယ်ဈေးလဲ။
매네.동:가. 배쎄:레:
How much kyats were in one dollar yesterday?

100달러 환전해 주세요.
ဘက်ဒါလော် တွား(န်)ဂျော(န်)ဟယ် ဂျူစယ်ယို

ဒေါ် လာ ၁၀၀၀ လဲပေးပါ။
덜라 떼야 레:뻬:바
Please exchange me 100 dollars.

여기 환율은 다른 곳보다 적군요.
ယောဂီ ဟွား(န်)ညူးလီး ဒါလွန်း ဂို့ဘိုဒါ ဂျော့ဂွန်ညို

ဒီနေရာက တစ်ခြားနေရာထက် ဒေါ် လာဈေး နည်းတယ်။
디네야가. 떠차: 네야택' 덜라쎄: 네:대
The dollar's price in this place is lower than others.

다른 곳은 얼마나 하지요?
ဒါလွန်း ဂို့စွန်း အော(လ်)မာနာ ဟာဂျိယို

တစ်ခြား နေရာတွေကရော ဘယ်ဈေးလဲ။
떠차: 네야 뒈가.여: 배쎄:레:
How about the dollar range in the other place?

식사하기
Having a meal

몇 분이시죠?
မျောဘွန်း နိရှိဂျို
ဘယ်နှယောက်လဲ။
배흐네 야옷'레:
How many people?

예약하셨나요?
ယယ်ယတ် ခဲရှော့နာယို
ဘိုကင် လုပ်ထားပါသလား။
보낑 로웃'타:바달라:
Did you make the book in?

이쪽으로 오세요.
အီကျိူ ဂူလို အို စယ်ယို
ဒီဘက်ကို လာပါ။
디백'고 라바
Please come this way.

이 자리 말고 다른 자리 없나요?
အီ ဂျာလီ မား(လ်)ကို ဒါလွန်း ဂျာလီ အော့(ပ်)နာယို
ဒီ နေရာအပြင် တစ်ခြား နေရာမရှိတော့ဘူးလား။
디 네야 어삔 떼차: 네야 매시.더.불:라:
Are there any other places apart form this?

| 이 자리 말고는 없습니다.
အီ ဂျာလီ မား(လ)ဂိုနွန်း အော့(ပ)စု(မ်)နီတာ

ဒီ နေရာအပြင် မရှိတော့ဘူး။
디 네야어쁀 매시.더.부:
No, there are not.

| 다른 자리 있습니다.
ဒါလွန်း ဂျာလီ အစ်စု(မ်)နီတာ

တစ်ခြား နေရာရှိပါတယ်။
떼차: 네야 시.바대
Yes, there are other places.

| 좀 더 넓은 곳으로 옮겨 주시겠습니까?
ကျုံး(မ်) ဒေါ် နော်(လ)ဘွန်းဂို့စူလို အုံး(မ်)(ဂ)ယောဂျူရှိဂတ်စု(မ်)နီကာ

ဒို့ထက် နည်းနည်း ကျယ်တဲ့ အခန်းကို ပြောင်းပေးလို့ရမလား။
디택' 네:네: 쩨데. 어칸:고 뺘웅:뻬:로. 야.맬라:
Could you change a wider room, please?

| 메뉴판을 주세요.
မယ်ညူဖန်းနူး(လ)ဂျူစယ်ယို

မင်နူးပေးပါ။
메뉴 뻬:바
Please give me a menu.

| 사진으로 된 메뉴판 없습니까?
စာဂျင်းနူလို့ဒွင်း မယ်ညူဖန်း အော့(ပ)စု(မ်)နီကာ

ပုံပါတဲ့ မင်နူးမရှိဘူးလား။
뽕빠대. 메뉴: 매시.불:라:
Are there any menu with pictures?

기본 회화

89

미얀마 여행 회화

- 사진으로된 메뉴판을 주세요.
  စာချင်းနဲ့လိုဒွင်း မယ်ညူဖန်းနူး(လ်) ဂျူစယ်ယို
  ပုံပါတဲ့ မင်န္ကို ပေးပါ။
  봉빠데. 메뉴:고 뻬:바
  Please give me a menu with picture.

- 이 음식으로 (하나, 두 개) 주세요.
  အီ အွန်း(မ်)ရှစ်ဂူလို (ဟာနာ၊ ဒူဂယ်) ဂျူစယ်ယို
  ဒီ ဟင်း (တစ်ပွဲ၊ နှစ်ပွဲ) ပေးပါ။
  디힝:(데뵈: / 흐네뵈:) 뻬:바
  Please give this(one dish / two dishes).

- 향신료가 들어가지 않은 음식은 어떤 건가요?
  (ဟ)ယိုင်းရှင်းလျှိုဂါ ဒူရောဂါဂျီ အန်နုန်း အွန်း(မ်)ရှစ်ဂွန်း အောသောန်ဂေါ်(န်)ဂါယို
  အနံ့ပြင်းတဲ့ အရွက်ကို မထည့်တဲ့ ဟင်းက ဘယ်လိုနေလဲ။
  어난. 삥:데. 어유웻'고 매택.데. 힝:가. 밸로네레:
  How about the dish without strong-smelling leaves?

- 음식 만들 때 향신료는 빼주세요.
  အွန်း(မ်)ရှစ် မန်ဒူး(လ်) သယ် (ဟ)ယိုင်းရှင်းလျှိုနွန်း ပယ်ဂျူစယ်ယ
  ဟင်းချက်တဲ့ အခါ အနံ့ပြင်းတဲ့ အရွက်ကို မထည့်ပါနဲ့။
  힝:책'데. 어카 어난.삥:데. 어유웻'고 매택.바네.
  Please don't put in strong-smelling leaves when cooking.

- 외국인이 주로 먹는 음식은 뭔가요?
  ဝယ်ဂူဂင်း(န်)နီ ဂျူရီ မော့ခွန်း အွန်း(မ်)ရှစ်ဂွန်း မော(န်) ဂါယ
  နိုင်ငံခြားသားတွေ အများဆုံး စားတဲ့ ဟင်းက ဘာလဲ။
  나인응안차:데:돼 어먀:쏭: 사:데. 힝:가. 바레:
  What is the dish which the foreigners mostly appetite?

90

| 이 음식으로 하나 더 주세요.
အီ အွန်း(မ်)ရှစ်ဂူလို ဟာနာဒေါ် ဂျူစယ်ယို

> ဒီ ဟင်း နောက်ထပ် တစ်ပွဲပေးပါ။
> 디 힝:나웃'탓' 데뾔: 뻬:바
> Please give me one more dish of this kind.

| 이 음식 이름은 뭔가요?
အီ အွန်း(မ်)ရှစ် အီလွန်း(မ်)မွန်း မော(န်)ဂါယို

> ဒီ ဟင်း နာမည်က ဘယ်လိုခေါ်သလဲ။
> 디 힝: 남매가. 밸로 커댈레:
> How do you call this dish?

| 주문한 음식 중 한 가지가 안 나왔습니다.
ဂျူမွန်းဟန်း အွန်း(မ်)ရှစ်ဂျွန်း ဟန်းဂါဂျီဂါ အန်း နာဝက်စူ(မ်)နီတ

> ဟင်းတစ်ပွဲ ကျန်သေးတယ်။
> 힝:데뾔 짠데:대
> One dish is left.

| 소금을 좀 갖다 주시겠어요?
စိုဂွန်း(မ်) ကျူး(မ်) ဂတ်တာ ဂျူရှိဂတ်စောယို

> ဆား ယူလာပေးလို့ရမလား။
> 싸: 율라 뻬:로. 야.멜라:
> Could I have some salt, please?

| 물 한 잔 주세요.
မူး(လ်) ဟန်း ဂျန်း ဂျူစယ်ယို

> ရေ တစ်ခွက် ပေးပါ။
> 예 떼쾌' 뻬:바
> I'd like a glass of water, please.

공깃밥 추가로 부탁합니다.
ဂုံးဂီဘတ်(ပ်) ချူဂါလို့ ဘူထတ်ခါ(မ်)နီတာ

လိုက်ပွဲ တစ်ပွဲ ပေးပါ။
라익'뾔: 데뾔: 뻬:바
I'd like to order some more rice.

주문을 받아도 될까요?
ဂျူမွန်းနူး(လ်) ဘတ်ဒါဒို ဒွယ်(လ်)ကာယို

မှာဖို့ အဆင်သင့်ဖြစ်ပြီလား။
흐마포. 어스인띤. 핏'빌라:
Are you ready to order?

다른 주문은 없습니까?
ဒါလွန်း ဂျူမွန်းနွန်း အော့(ပ်)စူ(မ်)နီကာ

ဘာ မှာဦးမလဲ။
바흐마 온:맬레:
Anything else?

맵게 해 드릴까요?
မက်(ပ်)ကယ် ဟယ် ဒူလီး(လ်)ကာယို

စပ်စပ်လေး လုပ်ပေးရမလား။
삿.삿.레: 로웃.뻬:야.맬라:
Please make it spicy.

고추와 마늘도 주세요.
ဂိချူ ဝါ မာနူး(လ်)ဒို ဂျူစယ်ယို

ငရုတ်သီးနဲ့ ကြက်သွန်ဖြူပါ ပေးပါ။
응애욧'띠:네. 쩨'뚠퓨바 뻬:바
Please give me pepper and garlic.

| 디저트 있나요?
ဒီဂျော့ထု အစ်နာယို

> အချိုပွဲ ကျွေးလား။
> 어초봬: 쫴:라:
> How about for desserts?

| 디저트는 별도 계산하나요?
ဒီဂျော့ထုနန်း ဗျော(လ်)ဒို ဂယ်စန်းဟာနာယို

> အချိုပွဲအတွက် ပိုက်ဆံပေးရလား။
> 어초봬: 어뛔' 빳'싼 뻬:야.라:
> Do I have to pay for the desserts?

| 디저트는 뭐가 있나요?
ဒီဂျော့ထုနန်း မော်ဂါ အစ်နာယို

> အချိုပွဲက ဘာတွေလဲ။
> 어초봬:가. 바뒈레:
> What are the desserts?

| 그럼 (커피, 녹차, 과일) 주세요.
ဂူလော(မ်) (ခေါ်ဖီ ။ နို့ချာ ။ ဂွာအီးလ်) ဂျူစယ်ယို

> ဒါဆိုရင် (ကော်ဖီ ။ လက်ဖက်ရည်ကြမ်း ။ အသီး) ပေးပါ။
> 다소잉(커피 / 레'페'예잔: / 어띠:)뻬:바
> If so give me (coffee / plain tea / fruit), please.

| 영수증 주세요.
ယောင်းစူဂျုန်း ဂျူစယ်ယို

> ဘောက်ချာပေးပါ။
> 바옷'차 뻬:바
> Please give me the bill.

쇼핑 하기
Shopping

미얀마 여행 회화

| 쇼핑센터는 어디에 있습니까?
ရှိဖင်းစယ်(န်)ထောနွန်း အောဒီအယ် အစ်စူ(မ်)နီကာ

> စူပါမာကတ်က ဘယ်မှာ ရှိပါသလဲ။
> 수빠마깟'가. 배흐마 시.바델레:
> Where's shopping mall?

| 쇼핑 지역은 어디에 있습니까?
ရှိဖင်း ဂျိယောဂ့်ဂွန်း အောဒီအယ် အစ်စူ(မ်)နီကာ

> စူပါမာကတ်က ဘယ်မြို့နယ်မှာ ရှိပါသလဲ။
> 수빠마.깟'가. 배 묘.내흐마 시.바델레:
> Where is the shopping area?

| 몇 시에 문을 엽니까?
မျော့ရှိအယ် မွန်းနူး(လ်) ယော(မ်)နီကာ

> ဘယ်နှစ်နာရီမှာ ဖွင့်မှာလဲ။
> 배흐네 나이흐마 퓌.흐마레:
> What time do they open?

| 몇 시까지 합니까?
မျော့ ရှိကာဂျီ ဟာ(မ်)နီကာ

> ဘယ်နှစ်နာရီထိ ဖွင့်မှာလဲ။
> 배흐네 나이티. 퓌.흐마레:
> What time do they close?

94

무얼 찾으십니까?
မူအော(လ်) ချဒ၂ဂျ။ရှိ(မ်)နီကာ

ဘာကို ရှာနေပါသလဲ။
바고 샤네바댈레:
May I help you?

필요한 것이 있으면 말씀하십시오.
ဖီး(လ်)ယိုဟန်း ဂေ့ရှိ အစ်စုမျော(န်) မား(လ်)ဆွန်း(မ်) ဟာရှဝ်(ပ်)ရှိယို

လိုအပ်တာ ရှိရင် ပြောပါ။
로앗'다시.인 뼈:바
If you need any help, let me know.

저것을 보여 주세요.
ဂျောဂေ့စူး(လ်) ဘိုယော ဂျူစယ်ယို

ဟိုဟာကို ပြပါ။
호하고 뺘.바
Please show me that.

이것과 같은 것은 있습니까?
အီဂေ့ဂွာ ဂတ်ထွန်း ဂေ့စွန်း အစ်စူ(မ်)နီကာ

ဒီဟာနဲ့ တူတဲ့ ဟာ ရှိပါသလား။
디하네. 뚜데. 하 시.바댈라:
Do you have any more like this?

좀 더 좋은 것을 보여 주세요.
ကျူံး ဒေါ နာအွန်း ဂေ့စူး(လ်) ဘိုယောဂျူစယ်ယို

ဒီထက် ပို ကောင်းတဲ့ ဟာကို ပြပေးပါ။
디택' 보 까웅:데. 하고 뺘.뻬:바
Please show me a better one.

다른 것을 보여 주시겠어요?
ဒါလွန်း ဂျေ့စူး(လ်) ဘိုယော ဂျူရှိုက်စောယို

တစ်ခြား ဟာရော ပြပေးလို့ရမလား။
떼차: 하여: 뺘.뻬:로. 야.맬라:
Can you show me another one?

이 물건 있습니까?
အီ မူး(လ်)ဂေါ်(န့်) အစ်စူ(မ်)နီကာ

ဒီ ပစ္စည်းရှိပါသလား။
디 삣옛'스이: 시. 바댈라:
Do you have this in stock?

어떤 사이즈를 찾으십니까?
အောသော(န့်) စာအိဂျူလူး(လ်) ချာဂျူ ရှိ(မ်)နီကာ

ဘယ် အရွယ်ကို လိုချင်ပါသလဲ။
배 어유웨고 로친바댈레:
What size are you looking for?

더 큰 것은 있습니까?
ဒေါ ခွန်း ဂေါ့စွန်း အစ်စူ(မ်)နီကာ

ဒီ့ထက် ကြီးတဲ့ ဟာရှိပါသလား။
디.택' 찌:데. 하 시.바댈라:
Do you have a bigger one?

더 작은 것은 있습니까?
ဒေါ ဂျတ်ဂွန်း ဂေါ့စွန်း အစ်စူ(မ်)နီကာ

ဒီ့ထက် သေးတဲ့ ဟာရှိပါသလား။
디.택' 떼:데. 하 시바댈라:
Do you have a smaller one?

다른 디자인은 있습니까?
ဒါလွန်း ဒီဂျာအင်းနွန်း အစ်စု(မ်)နီကာ

တစ်ခြား ဒီဇိုင်းရော ရှိပါသလား။
떼차: 데싸인:여: 시.바댈라:
Do you have any other designs?

이걸로 하겠습니다.
အီဂေါ(လ်)လို ဟာဂတ်စု(မ်)နီတာ

ဒါပဲ ယူမယ်။
다베: 유매
I'll take this.

영수증 주세요.
ယောင်းစူဂျွန်း ကျူး(မ်) ကွန်းနော ဂျုစယ်ယို

ဘောက်ချာ ရေးပေးပါ။
바웃'차 예:뻬:바
Let me have a receipt. please.

이걸 교환해 주시겠어요?
အီဂေါ(လ်) (ဂ)ယိုဟွား(န်)ဟယ် ဂျုရှိဂတ်စောယို

ဒါလေးကို လဲပေးလို့ရမလား။
다레:고 레:뻬:로. 야.맬라:
Can I change this?

어제 샀습니다.
အောဂျယ် စတ်စု(မ်)နီတာ

မနေ့က ဝယ်တာပါ။
매네.가. 왜라바
I bought it yesterday.

| 환불해 주시겠어요?
ဟွွား(န်)ဘူး(လ်)ဟယ် ဂျူရှိဂတ်စောယို

> ပြန်အမ်းပေးလို့ရမလား။
> 빤안:뻬:로. 야.맬라:
> Can I have a refund?

| 바나나 한 다발에 얼마예요?
ဘာနာနာ ဟန်း ဒါဘား လယ် အော(လ်)မာအယ်ယို

> ငှက်ပျောသီး တစ်ဖီးကို ဘယ်လောက်လဲ။
> 응애'뼈:띠: 떼피:고 밸라웃'레:
> How much is a brunch of bananas?

| 사과 하나에 얼마예요?
စာဂွာ ဟာနာအယ် အော(လ်)မာအယ်ယို

> ပန်းသီး တစ်လုံးကို ဘယ်လောက်လဲ။
> 빤:띠: 뗄롱:고 밸라웃'레:
> How much is an apple?

| 배 / 수박 / 포도 / 오렌지 / 망고 / 두리안
ဘယ် | စုဘတ် | ဖိုဒို | အိုလိန်ဂျီ | မန်းဂို | ဒုလိအန်

> သစ်တော်သီး / ဖရဲသီး / စပျစ်သီး / လိမ္မော်သီး / သရက်သီး / ဒူးရင်းသီး
> 띠'떠디: / 페예:디: / 쎄빗'디: / 램머디: / 떼옛'디: / 두:인:디:
> Pear / Water melon / Grapes / Orange / Mango / Durian.

| 하나에 200짯입니다.
ဟာနာအယ် အီဘက်ကျပ် အီ(မ်)နီတာ

> တစ်ခုကို ၂၀၀ကျပ်ပါ။
> 떼쿠.고 흐네야짯'바
> It is 200 kyats for one item.

| 100쨧 / 200쨧 / 300쨧 / 400쨧 / 500쨧
ဘက်ကျပ်၊အီဘက်ကျပ်၊စန်း(မ်)ဘက်ကျပ်၊စာဘက်ကျပ်၊အိုဘက်ကျပ်

တစ်ရာကျပ်၊ နှစ်ရာကျပ်၊ သုံးရာကျပ်၊ လေးရာကျပ်၊ ငါးရာကျပ်
떼야쨧' / 흐네야쨧' / 똥ː야쨧' / 레ː야쨧' / 응아ː야쨧'
100 kyats / 200 kyats / 300 kyats / 400 kyats / 500 kyats

| 저거 보여 주세요.
ဂျောဂေါ် ဘိုယော ဂျူးစယ်ယို

အဲဒါကို ပြပေးပါ။
에ː다고 빠.뻬ː바
Please show me that.

| 저건 얼마예요?
ဂျောဂေါ်(န်) အော(လ်)မာယယ်ယို

အဲဒါ ဘယ်လောက်လဲ။
에ː다 뱰라웃'레ː
How much is that?

| 이건 얼마예요?
အီဂေါ်(န်) အော(လ်)မာယယ်ယို

ဒီဟာက ဘယ်လောက်လဲ
디하가. 뱰라웃'레
How much is this?

| 미안합니다. 다음에 올게요.
မီအန်းဟာ(မ်)နီတာ ဒါအွန်းမယ် အိုး(လ်) ကယ်ယို

တောင်းပန်ပါတယ်။ နောက်တစ်ခေါက်မှ လာမယ်။
따웅ː반 바대 / 나웃' 떼카웃'흐마. 라매
I am sorry. I will come next time.

계산서 주세요.
ဂယ်စန်းစော ဂျူစယ်ယို

> ဘောက်ချာစာရွက် ပေးပါ။
> 바웃'차 사유웻' 뻬:바
> Please give me the voucher.

10개만 주세요.
ယော(လ်)ဂယ်မန်း ဂျူစယ်ယို

> ၁၀ခုပဲ ပေးပါ။
> 쎄쿠.베: 뻬:바
> Please give me only ten items.

너무 비싸요.
နော့မူ ဘီဆာယို

> အရမ်း ဈေးကြီးတယ်။
> 아얀: 쎄:찌:대
> It is too expensive.

깎아 주세요.
ကတ်ကာဂျူစယ်ယို

> လျှော့ပေးပါ။
> 셧.뻬:바
> Please reduce the price.

깎아 주면 살께요.
ကတ်ကာဂျူမြော(န့်) စား(လ်)ကယ်ယို

> လျှော့ပေးရင် ဝယ်မယ်။
> 셧.뻬:잉 왜매
> I will buy if you reduce the price.

미용 안마
Massage

머리 깎아 주세요.
မောလီ ကတ်ကာ ဂျူးစယ်ယို

ဆံပင် ညှပ်ပေးပါ။
쎄빙 흐낙'뻬:바
I would like to have my hair cut.

어떻게 깎아 드릴까요?
အောသော့ခယ် ကတ်ကာ ဒဲရီး(လ်) ကာယို

ဘယ်လို ညှပ်ပေးရမလဲ။
밸로 흐냣'뻬: 야.맬레:
How do you want your hair cut?

짧게 깎아 주세요.
ကျုပ်(လ်)ကယ် ကတ်ကာ ဂျူးစယ်ယို

တိုတို ညှပ်ပေးပါ။
또또 흐냣'뻬:바
Short cut, please.

다듬어 주세요.
ဒါဒွန်း(မ်)မော် ဂျူးစယ်ယို

ဆံပင်ကို ပုံသွင်းပေးပါ။
쎄빙고 뽕뛴:뻬:바
Please style my hair.

머리 감겨 드릴까요?
မောလီလူး(လ်) ဂမ်း(မ်)(ဂ)ယော ဒူလီး(လ်)ကာယို

> ခေါင်းကို လျှော်ပေးရမလား။
> 가웅:고 쎠뻬: 야.말라:
> May I wash your hair?

네, 머리를 감겨 주세요.
နယ် မောလီလူး(လ်) ဂမ်း(ဂ)ယော ဂျူစယ်ယို

> ဟုတ်ကဲ့၊ ခေါင်းကို လျှော်ပေးပါ။
> 호웃'깨. 가웅:고 쎠뻬:바
> Yes, please wash my hair.

얼굴 마사지도 가능한가요?
အော(လ်)ဂူး(လ်) မာစာဂျီဒို ဂါနွန်း ဟန်းဂါယို

> မျက်နှာရော နှိပ်ပေးလား။
> 몟'흐나여 흐넥' 뻬:라:
> Do you have facial massage service?

네, 마사지도 부탁합니다.
နယ် မာစာဂျီ ဒို ဘူထတ်ခါ(မ်)နီတာ

> ဟုတ်ကဲ့၊ နှိပ်ပေးပါ။
> 호웃'깨. 흐넥'뻬:바
> Yes, please massage.

몇 분이시죠?
မျော့ ဘွန်း နီရှိဂျို

> ဘယ်နှယောက်လဲ။
> 배흐네야웃'레:
> How many people?

1명입니다.
ဟန်းမြောင်း ငါ(မ်)နီတာ
> တစ်ယောက်တည်းပါ။
> 떼야웃'떼:바
> Only one.

2명 / 3명 / 4명 / 5명
ဒူမြောင်း၊ စယ်မြောင်း၊ နယ်မြောင်း၊ ဒါစော့မြောင်း
> ၂ယောက်၊ ၃ယောက်၊ ၄ယောက်၊ ၅ယောက်
> 네야웃' / 똥:야웃' / 레:야웃' / 응아:야웃'
> Two people / Three people / Four people / Five people

발 마사지 부탁합니다.
ဘား(လ်) မာစာဂျီ ဘူထတ်ခါ(မ်)နီတာ
> ခြေထောက်ကို နှိပ်ပေးပါ။
> 체타웃'고 흐넥' 뻬:바
> Please, massage my feet.

머리 마사지와 발 마사지 부탁합니다.
မောလီ မာစာဂျီဝါ ဘား(လ်) မာစာဂျီ ဘူထက်ခါ(မ်)နီတာ
> ခေါင်းနဲ့ ခြေထောက် နှိပ်ပေးပါ။
> 가웅:네. 체타욱흐' 냅'뻬:바
> Please, massage my head and feet.

온몸 마사지 부탁합니다.
အုံး(န်) မုံး(မ်) မာစာဂျီ ဘူထတ်ခါ(မ်)နီတာ
> တစ်ကိုယ်လုံးကို နှိပ်ပေးပါ။
> 데골롱:고 흐넥'뻬:바
> Please massage the whole body.

기본 회화

103

| 약하게 해주세요.
ယတ်ခါဟယ် ဟယ်ဂျူးစယ်ယို

> ဖွဖွလေး လုပ်ပေးပါ။
> 퐈.퐈.레: 로웃'뻬:바
> Please do it lightly.

| 강하게 해주세요.
ဂန်းဠာဟယ် ဟယ် ဂျူးစယ်ယို

> ပြင်းပြင်းလေး လုပ်ပေးပါ။
> 삔:삔:레: 로웃'뻬:바
> Please do it strongly.

| 몸은 약하게 하고 발은 강하게 해주세요.
မုန်း(မ်)မွန်း ယတ်ခါဟယ် ဟာကို ဘား(လ်)လွန်း ဂန်းဟာဟယ် ဟယ်ဂျူးစယ်ယို

> ခန္ဓာကိုယ်ကို ဖွဖွလေးနှိပ်ပြီးတော့ ခြေထောက်ကို ပြင်းပြင်းလေးနှိပ်ပေးပါ။
> 칸다꼬고 퐈.퐈.레: 흐넥'삐:더. 체타웃'고 삔:삔:레: 흐넥'뻬바
> Please massage the body lightly and the feet strongly.

| 이 정도면 괜찮은가요?
အီဂျောင်းဒို့မြော(န်) ဂွယ်ချန်းနွန်းဂါယို

> ဒီလောက်ဆိုရင် ရပြီလား။
> 디라웃'소잉 야.빌라:
> Is it all right just as now?

| 좀 아프군요.
ကျူး(မ်) အာဖွန်ညို

> နည်းနည်း နာတယ်။
> 네:네: 나대
> It is a little bit painful.

| 시원하군요.
ရှိဝေါ(န်)ဟာဂွန်းညို

> နေသာထိုင်သာ ရှိသွားတာပဲ။
> 네따 타인다 시.똬: 다배:
> I feel comfortable.

| 좀 더 강하게 해주세요.
ကျိုး(မ်) ဒေါ ဂန်းငှာဂယ် ဟယ် ဂျူစယ်ယို

> နည်းနည်း ပြင်းပြင်းလေး လုပ်ပေးပါ။
> 네:네: 삔:삔:레: 로웃'뻬:바
> Please do it a little stronger.

| 어깨 부분만 계속 마사지 해주세요.
အောကယ် ဘူဘွန်းမန်း ဂယ်စို့ မာစာဂျီဟယ် ဂျူစယ်ယို

> ပခုံးကိုပဲ ဆက်တိုက် နှိပ်ပေးပါ။
> 빠콩:고베: 쎄'다익' 흐넥'뻬:바
> Please massage the shoulders continuously.

| 허리 부분만 / 다리 부분만 / 팔 부분만
ဟောလီ ဘူဘွန်းမန်း / ဒါလီဘူဘွန်းမန်း / ဖား(လ်)ဘူဘွန်းမန်း

> ခါးကိုပဲ / ခြေထောက်ကိုပဲ / လက်မောင်းကိုပဲ
> 카.고베: / 체타웃'고베: / 레'마웅:고베:
> Jest the waist / Just the feet / Just the arms.

| 음료수 뭐 드시겠습니까?
အွန်း(မ်)လျိုစူ မော ဒ္ဒရှိဂွတ်စူ(မ်)နီကာ

> ဘာ အအေး သုံးဆောင်မလဲ။
> 바어에: 똥:싸운맬레:
> What cold drink would you like to have?

물 주세요.
မုံး(လ်) ဂျူစယ်ယို

> ရေပေးပါ။
> 예뻬:바
> Please give me water.

커피 / 주스 / 차
ခေါ်ဖီ / ဂျူစု / ချာ

> ကော်ဖီ / ဖျော်ရည် / လက်ဖက်ရည်ကြမ်း
> 커피 / 퍄예 / 레팩'예잔:
> Coffee / Juice / Plain tea

그 정도면 됐습니다.
ဂူဂျောင်းဒိုမြော(န်) ဒွက်စူ(မ်)နီတာ

> ဒီလောက်ဆိုရင် ရပါတယ်။
> 딜라웃'소이잉 야.바대
> It is all right just now.

면도는 하시겠어요?
မျော(န်)ဒိုနွန်း ဟာရှီဂွက်စောယို

> မုတ်ဆိတ်မွေးရိတ်မလား။
> 못'쌔잇' 흐퉤:옛'맬라:
> Would you like a shave?

면도 해주세요.
မျော(န်)ဒိုလူး(လ်) ဟယ်ဂျူစယ်ယို

> မုတ်ဆိတ်မွေးရိတ်ပေးပါ။
> 못'쌔잇' 흐퉤:옛'뻬:바
> Give me a shave, please

차 빌리기
Hiring a car

차 빌릴 수 있나요?
ချာ ဘီလီး(လ်) စု အစ်နာယို

ကား ငှားလို့ ရမလား။
까:흥아:로. 야.맬라:
Can I hire a car?

네, 빌릴 수 있습니다.
နယ် ဘီလီး(လ်) စုအစ်စု(မ်)နီတာ

ဟုတ်ကဲ့၊ ငှားလို့ရပါတယ်။
호웃'깨. 흥아:로. 야.바대
Yes, you can hire.

어디 가실 거죠?
အောဒီ ဂါရှိ(လ်) ဂေါဂျို

ဘယ်ကို သွားမှာလဲ။
배고 똬:흐마레:
Where will you go?

양곤 시내 운행할 겁니다.
ယန်းဂုန် ရှိနယ် အွန်းနိန်းဟား(လ်) ဂေါ(မ်)နီတာ

ရန်ကုန် မြို့ထဲကို သွားမယ်။
양곤 묘.테:고 똬:매
I will go to Yangon downtown.

만달레이에 갈 겁니다.
မန္တလေးအယ် ဂါ(လ်) ဂေါ(မ်)နီတာ

မန္တလေးကို သွားမယ်။
만:델레:고 똬:매
I'll go to Mandalay.

바고 / 바간 / 헤호
ဘာဂိုး / ဘာဂံ / ဟဲဟိုး

ပဲခူး / ပုဂံ / ဟဲဟိုး
바고: / 바간 / 헤:호:
Bago / Bagan / He'Ho

왕복 요금이 얼마인가요?
ဝိုင်းဘို့ ယိုဂွန်း(မ်)မီ အော(လ်)မာ အင်းဂါယို

အသွားအပြန်ခ ဘယ်လောက်လဲ။
앗똬: 아빤카. 밸라웃'레:
How much will it be cost for two ways?

며칠이나 빌릴 건가요?
မြော့ချီုး(လ်)လီနာ ဘီလီး(လ်) ဂေါ(န်)ဂါယို

ဘယ်နှရက်လောက် ငှားမလဲ။
배 흐네옐'라웃' 흥아:맬레:
How many days will you hire?

이틀이면 됩니다.
အီထူး(လ်)လီမြော(န်) ဒွယ်(မ်)နီတာ

နှစ်ရက်လောက်ဆိုရင် ရပါတယ်။
흐네옐'라웃' 쏘잉 야.바대
I will hire for about two days.

| 하루면 / 삼일이면 / 사일이면
ဟာလူမြော(န့်) ၊ စန်းမီး(လ်)လီမြော(န့်) ၊ စာအီး(လ်)လီမြော(န့်)
၁ရက်လောက်ဆိုရင် ၊ ၃ရက်လောက်ဆိုရင် ၊ ၄ရက်လောက်ဆိုရင်
떼옐'라웃' 쏘잉 / 똥옐'라웃' 쏘잉 / 레'옐'라웃' 쏘잉
for about one day / for about three days / for about four days

| 만달레이 말고 다른 지역도 갈 건가요?
မန္တလေးမား(လ်)ဂို တာလွန်း ဂျီယော့ဒို ဂါး(လ်)ဂေါ(န့်) ဂါယို
မန္တလေးအပြင် တခြား နေရာရော သွားဦးမှာလား။
만:델레 아삔 떼차: 네야여 똬:옹 흐말라:
Will you go somewhere else apart from Mandalay?

| 네, 다른 지역도 갈 겁니다.
နယ် တာလွန်း ဂျီယော့ဒို ဂါ(လ်) ဂေါ(မ်)နီတာ
ဟုတ်ကဲ့၊ တခြား နေရာလည်း သွားမယ်။
호우'깨. 떼차: 네야레: 똬:매
Yes, I'll go to other places.

| 만달레이에서 하루, 혜호에서 하루 정도 있을 겁니다.
မန္တလေးအယ်စော ဟာလူဂျောင်းဒို ဟယ်ဟိုးအယ်စော ဟာလူ ဂျောင်းဒို အစ်စူး(လ်) ဂေါ(မ်)နီတာ
မန္တလေးမှာ တစ်ရက်လောက် နေပြီးတော့ ဟဲဟိုးမှာ တစ်ရက်လောက် နေမယ်။
만:델레:흐마 떼옐'라웃' 네삐:더 헤:호:흐마 떼옛'라웃' 네매
I'll stay in Mandaly for aday and then in Heho for a day.

| 몇 명이나 타시죠?
မြော့ မြောင်းဇီနာ ထာရှိဂျို
ဘယ်နှစ်ယောက်လောက် စီးမှာလဲ။
배네야웃'라웃' 스이:흐말레:
How many people will ride?

109

| 4명입니다.
န်ယ်မြောင်းင်(မ်)နီတာ
> လေးယောက်ပါ။
> 레:야웃'바
> Four people.

| 차가 무슨 차인가요?
ချာဂါ မူစွန်း ချာ အင်းဂါယို
> ကားက ဘယ်လို ကားမျိုးလဲ။
> 까:가. 벨로 까:묘:레:
> What kind of car is it?

| 승용차입니다.
စွန်း(င)ယုံးချာ အီ(မ်)နီတာ
> စလွန်းကားပါ။
> 셀롱:까:바
> It's a saloon car.

| 봉고차입니다.
ဘုံးဂိုချာ အီ(မ်)နီတာ
> ဗင်ကားပါ။
> 밴.까:바
> It is a Van car.

| 에어컨 잘 나오나요?
အယ်အောခေါ်(န်) ဂျား(လ်) နာအိုနာယို
> အဲယားကွန်းက ကောင်းလား။
> 에:야:꼰:가. 까웅:라:
> Is the air-conditioner good?

110

| 에어컨이 잘 나와야 합니다.
အဲယားခွန်း(န်)နီ ဂျား(လ်) နာဝါယာ ဒွယ်(မ်)နီတာ

အဲယားခွန်းက ကောင်းမှ ရမယ်။
에:야:꾼:가. 까웅:흐마. 야.매
The air conditioner must be good.

| 하루에 얼마예요?
ဟာလူအယ် အော(လ်)မာယယ်ယို

တစ်နေ့ကို ဘယ်လောက်လဲ။
떼네.고 밸라웃'레:
How much ig it for a day?

| 이틀에 / 삼일에 / 사일에 / 오일에
အီထူးလယ် ၊ စန်း(မ်)မီးလယ် ၊ စာအီးလယ် ၊ အိုအီးလယ်

နှစ်ရက် ၊ သုံးရက် ၊ လေးရက် ၊ ငါးရက်
흐네옛' / 똥:옛' / 레:옛' / 응아:옛'
Two days / Three days / Four days / Five days

| 한 시간에 요금이 얼마예요?
ဟန်း ရှီဂန်းနယ် ယိုဂွန်း(မ်)မီး အော(လ်)မာယယ်ယို

တစ်နာရီကို ကားခ ဘယ်လောက်လဲ။
떼나이고 까:카. 밸라웃'레:
How much is the fare for an hour?

| 두 시간에 / 세 시간에 / 네 시간에
ဒူရှီဂန်းနယ် ၊ စယ်ရှီဂန်းနယ် ၊ နယ်ရှီဂန်းနယ်

နှစ်နာရီကို ၊ သုံးနာရီကို ၊ လေးနာရီကို
흐네나이고 / 똥:나이고 / 레:나이고
For two hours / For three hours / For four hours

다섯 시간에 / 열 시간에
ဒါစော့ ရှိဂန်းနယ် ၊ ယော(လ)ရှိဂန်းနယ်

ငါးနာရီကို ၊ ဆယ်နာရီကို
응아:나이고 / 쎄나이고
For five hours / For ten hours.

9시까지 골든 힐 타워로 오세요.
အာဟို(ပ်)ရှိကာဂျို ဂိုး(လ)ဒင်းဟင်(လ)တာဝါလို့ အိုစယ်ယို့

ကိုးနာရီတိ ဂိုး(လ)ဒင်းဟင်းတာဝါကို လာခဲ့ပါ။
꼬:나이티. 골:딘:힐: 따와고 라케.바
Please come to 'Golden Hill Tower' at 9 o'clock.

시내로 갑시다.
ရှီနယ်လို ဂပ်(ပ်)ရှိတာ

မြို့ထဲကို သွားကြစို့။
묘.테:고 똬:자.소.
Let's go to the downtown.

쉐다공 파고다로 / 한국식당으로 / 보족 마켓으로
ရွှေဒါဂုံ ဖာဂိုးဒါးလို့ ၊ ဟန်းဂုစ်တန်းငုလို့ ၊ ဗိုလ်ချုပ်မာခတ်စုလို့

ရွှေတိဂုံဘုရားကို ၊ ကိုးရီးယားစားသောက်ဆိုင်ကို ၊ ဗိုလ်ချုပ်ဈေးကို
쉐데공 페야:고 / 꼬리:야: 사:따웃'싸인고 / 보족'쎄:고
To the Shwe Dagon Pagoda/To Korean Restaurant/To the Bogyoke Market.

여기에서 잠시 기다릴 수 있나요?
ယောဂီအယ်စော ဂျမ်း(မ်)ရှီ ဂီဒါလီး(လ) စု အစ်နာယို့

ဒီနေရာမှာ ခဏ စောင့်ပေးနိုင်မလား။
디 네야흐마 케나. 싸운.뻬:나인 말라:
Can you wait here for a moment?

얼마 동안 기다려야만 합니까?
အောက်မှာ ဒုံးငန်း ဂီဒါလျောယာမန်း ဟာမ်နီတာ

ဘယ်လောက်ကြာကြာ စောင့်ရမလဲ။
밸라웃' 짜짜 싸운.야.맬레:
How long I have to wait?

30분 기다리세요.
စန်း(မ်)ရှစ်ဘွန်း ဂီဒါလီစယ်ယို

သုံးဆယ်မိနစ် စောင့်ပါ။
똥:쎄 미'닉' 싸운.바
Wait for 30 minutes.

1시간 후에 올게요.
ဟန်းရှီဂန်း ဟူအယ် အိုး(လ်)ကယ်ယို

တစ်နာရီ လောက်ကြာမှ လာခဲ့မယ်။
떼 나이 라웃'짜흐마. 라 케.메
I will come after 1 hour later.

2시 / 3시 / 4시 / 5시 / 6시
ဒုရှီ / ဆယ်ရှီ / နယ်ရှီ / ဒါစော့ရှီ/ ယောစော့ရှီ

၂နာရီ/ ၃နာရီ/ ၄နာရီ/ ၅နာရီ/ ၆နာရီ
흐네나이 / 똥:나이 / 레:나이 / 응아:나이 / 차웃'나이
2 o'clock / 3 o'clock / 4 o'clock / 5 o'clock / 6 o'clock

여기에서 잠깐 멈추세요.
ယောဂီအယ်စော ချမ်း(မ်)ကန်း မော(မ်)ချူစယ်ယို

ဒီနေရာမှာ ခဏလောက် ရပ်ပေးပါ။
디네야마 카나.라웃' 얏'뻬:바
Please stop here for a moment.

113

직원 채용
Employment

처음 뵙겠습니다.
ချောအွန်း(မ်)ဘွက်(ပ်)ဂတ်စု(မ်)နီတာ

> တွေ့ရတာ ဝမ်းသာပါတယ်။
> 뛔.야.다 원:따 바대
> Nice to meet you.

저는 미스터 백입니다.
ချောနွန်း မစ္စတာ ဘက် အီ(မ်)နီတာ

> ကျွန်တော်ကတော့ မစ္စတာ ဘက်ပါ။
> 쩐더가.더. 미스타 백'바
> I'm Mr. Baeg.

들어 오세요.
ဒူရောအို စယ်ယို

> ဝင်ခဲ့ပါ။
> 윈케.바
> Please come in.

이리 오세요.
အီလီ အိုစယ်ယို

> ဒီကို လာပါ။
> 디고 라바
> Come here.

| 여기 앉으세요.
ယောဂီ အန်ဂျူစယ်ယို
> ဒီမှာ ထိုင်ပါ။
> 디흐마 타인바
> Pleas take a seat here.

| 편히 하세요.
ဖျော(န့်)နီ ဟာစယ်ယို
> နေတတ်သလို နေပါ။
> 네땃'달로 네바
> Stay as you please.

| 당신의 이름이 무엇입니까?
ဒန်းရှင်းနယ် အီလွန်း(မ်)မီ မူအော့ရှိ(မ်)နီကာ
> ခင်ဗျားနာမည် ဘယ်လို ခေါ်ပါသလဲ။
> 캰먀: 남매 밸로 커바댈레:
> What is your name?

| 제 이름은 툰툰이라고 합니다.
ဂျယ် အီလွန်း(မ်)မွန်း ထွန်းထွန်းရာဂို ဟာ(မ်)နီတာ
> ကျွန်တော့ နာမည် ထွန်းထွန်းလို့ ခေါ်ပါတယ်။
> 쩐더. 남매 툰툰로. 커바대
> My name is Htun Htun.

| 나이는 몇 살이에요?
နာအီနွန်း မြော့ စားလီအယ်ယို
> အသက် ဘယ်နနှစ်လဲ။
> 아땍' 배 네흐닉'레:
> How old are you?

기본 회화

제 나이는 20살입니다.
ဂျယ် နာအီနွှန်း စုမူး(လ်)စား(လ်)လီ(မ်)နီတာ

> ကျွန်တော့ အသက်ကတော့ ၂၀နှစ်ပါ။
> 쩐노. 아땎'가.더. 네세흐닉'바
> I'm 20 years old.

급여는 월 얼마입니까?
ဂွတ်ဖျောနွှန်း ဝေါ်(လ်) အော(လ်)မာ အီ(မ်)နီကာ

> လခက တစ်လကို ဘယ်လောက်လဲ။
> 라.카.가. 뗄라.고 밸라웃'레:
> How much is the salary per month?

급여는 월 50,000짯 드리겠습니다.
ဂွတ်ဖျောနွှန်း ဝေါ်(လ်) အိုမန်းကျပ် ဒူလီဂတ်စု(မ်)နီတာ

> လခကတော့ တစ်လကို ၅၀၀၀၀ကျပ်ပါ။
> 라.카.가.더. 뗄라.고 응아:따웅:짯'바
> The salary is 50,000 kyats per month.

급여는 월 100,000짯 드리겠습니다.
ဂွတ်ဖျောနွှန်း ဝေါ်(လ်) ရှစ်(မ်)မန်းကျပ် ဒူလီဂတ်စု(မ်)နီတာ

> လခကတော့ တစ်လကို ၁၀၀၀၀၀ကျပ် ပေးမယ်။
> 라.카.가.더. 뗄라.고 떼땡:짯'뻬:매
> The salary is 100,000 kyats per month.

열심히 하면 올려 드리겠습니다.
ယော(လ်)ရှင်း(မ်)မီ ဟာမြော(န်) အိုလျော ဒူလီဂတ်စု(မ်)နီတာ

> ကြိုးကြိုးစားစား လုပ်ရင် လခကို တိုးပေးပါ့မယ်။
> 쪼:쪼:사:사 로웃'잉 라.카.고 또:뻬: 바.매
> The salary will be raised if you work hard.

가정부 및 기사와 대화
Deal with housemaid and driver

기본 회화

한국 음식 만들어 봤나요?
ဟန်းဂုအွန်း(မ်)ရှစ် မန်ဒွေရောဘွက်နာယို

ကိုရီးယားအစားအစာကို ချက်ဖူးလား။

꼬리:야: 아사:아사고 책'푸:라:

Have you cooked Korea food?

네! 그전에 일한 곳에서 해봤습니다.
နယ် ဂူကျောန်နယ် အီး(လ်)ဟန်း ဂို့စယ်စော ဟယ်ဘွက်စူ(မ်)နီတာ

ဟုတ်ကဲ့။ အရင်က အလုပ်လုပ်ခဲ့တဲ့ နေရာမှာ ချက်ကြည့်ဖူးပါတယ်။

호웃'깨. 아잉가. 엘로웃' 로웃'케.데. 네야흐마 책'찍.푸:바대

Yes, I have at my previous job.

몇 가지는 할 수 있습니다.
မျော့ကာဂျိနွန်း ဟား(လ်) စူအစ်စူ(မ်)နီတာ

ဟင်း သုံးလေးမျိုးလောက် ချက်ဖူးပါတယ်။

힐: 똥:레묘: 라웃' 책'푸:바대

I used to cook three of four kinds curry.

어떤 음식을 할 수 있나요?
အောသော(န်) အွန်း(မ်)ရှစ် ဟား(လ်)စူအစ်နာယို

ဘယ်လို ဟင်းမျိုးကို ချက်တတ်လဲ။

밸로 힝:묘:고 책'땃'레:

What kind of curry can you cook?

우리 집에서 식사 준비와 빨래 등 여러가지 해야 합니다.

အူလီ ဂျစ်ဘယ်စော ရှစ်စာ ရွှန်းဘီဝါ ပါး(လ်)လယ် ဒွန်း ယောရောဂါရွီ ဟယ်ယာ ဒွယ်(မ်)နီတာ

ကျွန်တော်(မ့)တို့ အိမ်မှာတော့ ထမင်းပြင်တာ၊ အဝတ်လျှော်တာ ပြီးတော့ တောက်တိုမယ်ရ လုပ်ရမယ်။

쩐노(마.)도. 앵흐마더. 테밍:삔다 아윗'셔다 삐:더. 따웃'또매야. 로웃'야.매

At my home, preparing meal, washing and then other chores you have to do.

일 하시겠습니까?
အီး(လ်) ဟာရှီဂတ်စူ(မ်)နီကာ

အလုပ်လုပ်မလား။

엘로웃' 로웃'맬라:

Will you work?

아침 식사는 7시에 할 수 있도록 해주세요.
အာချင်း(မ်) ရှစ်စာနွန်း အီး(လ်)ဂို့(ပ်)အယ် ဟား(လ်)စူအစ် ဒိုရို့ ဟယ်ဂျူစယ်ယို

မနက်စာကိုတော့ ၇ နာရီမှာ အပြီး ပြင်ဆင်ပါ။

매네'사고더. 쿠네 나이흐마 아삐: 삔스인바

You have to prepare breakfast at 7 o'clock.

점심은 12시에 할 수 있도록 해주세요.
ချော(မ်)ရှင်း(မ်)မွန်း ယော(လ်) ဒုရှီအယ် ဟား(လ်)စူအစ် ဒိုရို့ဟယ်ဂျူစယ်ယို

နေ့လည်စာကို ၁၂နာရီမှာ အပြီး ပြင်ဆင်ပါ။

네.레사고 셋.네 나이흐마 아삐: 삔스인바

You have to prepare lunch at noon(12 o'clock).

저녁 식사는 준비해 놓고 말하면 주세요.
ချောညော့ရှစ်စာနွန်း ရွှန်းဘီ ဟယ်နိုခို မား(လ်)ဟာမျော(န်) ဂျူစယ်ယို

ညနေစာကို အဆင်သင့် ပြင်ထားပြီး ဝါ,တို့ စားမယ်ဆိုမှ ခုးပေးပါ။

냐'네사고 아스인띤. 쁘인타:삐: 응아도. 사:매소흐마. 쿠:뻬:바

Prepare dinner for ready if we'll eat.

| 고기 파는 시장 다녀오세요.
ဂိုဂီ ဖါနွန်း ရှီဂျန်း ဒါညောအိုဃ်ယို

အသားရောင်းတဲ့ ဈေးကို သွားပြီး ပြန်လာပါ။
아다: 야웅:데. 쎄:고 똬:삐: 쁜라바
Go to the bazaar and come back.

| 택시 타고 다녀오세요.
ထက်ရှီ ထာဂို ဒါညော အိုဃ်ယို

တက်စီ စီးပြီး ပြန်လာပါ။
떽'시이 스이:삐: 쁜라바
Come back by taking taxi.

| 빨리 다녀오세요.
ပါ(လ်)လီ ဒါညောအိုဃ်ယို

မြန်မြန် သွားပြီး ပြန်လာပါ။
먄먄 똬:삐: 쁜라바
Go quickly and come back.

| 국 끓일 소고기 2비스 사오세요.
ဂု ကူလီး(လ်) စိုဂိုဂီ အီ ဘီစု စာအိုဃ်ယို

စွပ်ပြုတ် လုပ်မယ့် အမဲသား နှစ်ပိဿာ ဝယ်လာပါ။
숫'뵤웃' 로웃'매. 아메:다 흐네배잇'다 왜라바
Buy two viss of beef to make soup.

| 소고기 갈비 부분으로 3비스 사오세요.
စိုဂိုဂီ ဂါး(လ်)ဘီ ဘူဘွန်းနူလို စမ်း(မ်)ဘီစု စာအိုဃ်ယို

အမဲနံရိုး သုံးပိဿာ ဝယ်လာပါ။
아메:난요: 똥:배잇'다 왜라바
Buy three viss of beef-rib.

기본 회화

| 돼지고기 목 부분으로 4비스 사오세요.
ဒွယ်ဂျိဂိုဂီ မို့ ဘူဘွန်းနူလို စာဘီစု စာအိုစယ်ယို

ဝက်ရဲ့ လည်ပင်းသားကို လေးပိဿာ ဝယ်လာပါ။
왹'옉. 레빙:다고 레:배잇'다 왜라바
Please buy the meat of pork's neck for four viss.

| 돼지고기 배 부분으로 5비스 사오세요.
ဒွယ်ဂျိဂိုဂီ ဘယ် ဘူဘွန်းနူလို အို ဘီစု စာအိုစယ်ယို

ဝက်ရဲ့ ဗိုက်သားကို ငါးပိဿာ ဝယ်လာပါ။
왹'옉. 바잇.다:고 응아:배잇'다 왜라바
Please buy the meat of pork's belly for five viss.

| 닭고기 한 마리 사오세요.
ဒက်ဂိုဂီ ဟန်း မာလီ စာအိုစယ်ယို

ကြက်သား တစ်ကောင် ဝယ်လာခဲ့ပါ။
쩨'다: 데가웅 왜라 케.바
Buy one chicken.

| 두 마리 / 세 마리 / 네 마리 / 다섯 마리
ဒုမာလီ ၊ စယ်မာလီ ၊ နယ်မာလီ ၊ ဒါစော့ မာလီ

နှစ်ကောင် ၊ သုံးကောင် ၊ လေးကောင် ၊ ငါးကောင်
네가운 / 똥:가운 / 레:가운 / 응양:가운
two / three / four / five

| 1비스 / 6비스 / 7비스 / 8비스 / 9비스
အီး(လ်)ဘီစု ၊ ယု ဘီစု ၊ ချိုး(လ်)ဘီစု ၊ ဖါး(လ်)ဘီစု ၊ဂူဘီစု

၁ ပိဿာ၊ ၆ ပိဿာ၊ ၇ ပိဿာ၊ ၈ ပိဿာ၊ ၉ ပိဿာ
데배잇'다 / 차웃'배잇'다 / 쿠네배잇'다 / 싯.배잇'다 / 꼬:배잇'다
one viss / six viss / seven viss / eight viss / nine viss

| 돼지고기 비계 없는 부분으로 2비스 사오세요.
ဒွယ်ဂျိဂိဂိ အီဂယ် အော့(ပ်)နွန်း ဘူဘွန်းနူလို အီ ဘီစု စာအိုစယ်ယို

> အဆီမရှိတဲ့ ဝက်သား ၂ ပိဿာ ဝယ်လာခဲ့ပါ။
> 아스이 매시.데. 왝'따: 흐네배잇'다 왜라케.바
> Buy two viss of oil free pork.

| 소고기 좋은 부분으로 2비스 사오세요.
စိုဂိဂိ ဂျိုဟွန်း ဘူဘွန်းနူလို အီဘီစု စာအိုစယ်ယို

> အမဲသား ကောင်းကောင်းလေး ၂ ပိဿာ ဝယ်လာခဲ့ပါ။
> 아메:다: 까웅: 까웅:레: 네배잇'다 왜라케.바
> Please buy the best beef for two viss.

| 돼지 갈비 5비스 사오세요.
ဒွယ်ဂျိ ဂါး(လ်)ဘီ အို ဘီစု စာအိုစယ်ယို

> ဝက်နံရိုး ၅ ပိဿာ ဝယ်လာခဲ့ပါ။
> 왝'난요: 응아:배잇'다 왜라케.바
> Please buy five viss of pork's rib.

| 가서 (라면) 10개 사오세요.
ဂါစော (လာမျောန်) ယော(လ်)ဂယ် စာအိုစယ်ယို

> သွားပြီးတော့ ခေါက်ဆွဲ ဆယ်ထုပ် ဝယ်လာပါ။
> 똬:비:더. 카웃'쇄: 쎄톳' 왜라바
> And then buy ten packs of noodles.

| 설탕 / 멸치 액젓 / 소주 / 밀가루 / 멸치 다시다
စော(လ်)ထန်း/မျော(လ်)ချိ အက်ဂျော်/စိုဂျူ/မျော(လ်)ချိဒါရှိတာ

> သကြား၊ ပျော့ရည၊ အရက်၊ ဂါးအမှုန့်
> 데자: / 응안빠예 / 어옛' / 조흐목 / 응아:흐목
> Sugar / Sauce / Soju / Powder of fish

튀김가루 / 당면 / 소고기 다시다 / 미원 / 참기름
ထိုငင်း(မ်)ဂါလု/ဒန်းမျောန်/စိုငုဂိဒါရှိဒါ/မီဝေါန်/ချမ်း(မ်)ဂီလွန်း(မ်)

အကြော်မှုန့်၊ ကြာဇံ၊ အမဲသားအမှုန့်၊ အချို့မှုန့်၊ နှမ်းဆီ
아쩨흐목. / 짜싼 / 아메:다:아흐목. / 아초흐목. / 흐난:스이
Fried powder/Vermicelli/Beef powder/Seasoning/Seasame oil

1개 / 2개 / 3개 / 4개 / 5개 / 6개
ဟန်းဂယ်၊ ဒူဂယ်၊ စယ်ဂယ်၊ နယ်ဂယ်၊ ဒါစော့ဂယ်၊ ယောစော့ဂယ်

၁ခု၊ ၂ခု၊ ၃ခု၊ ၄ခု၊ ၅ခု၊ ၆ခု
떼쿠. / 흐네쿠. / 똥:쿠. / 레:쿠. / 응아:쿠. / 차웃'쿠.
one / two / three / four / five / six

채소 파는 시장 다녀오세요.
ချယ်စို ဖါနွန့်း ရှိဂျန်း ဒါညောအိုစယ်ယို

ဟင်းသီးဟင်းရွက် ရောင်းတဲ့ ဈေးကို သွားပြီး ပြန်လာပါ။
힝:디:힝:유웻' 야웅:데. 쎄:고 똬:비: 쁘란라바
Please go to the bazaar and then come back.

(배추)(무우) 각각 3비스 사오세요.
(ဘယ်ချူ)(မူအူ) ဂတ်ဂတ် စန်း(မ်)ဘီစု စာအိုစယ်ယို

(မုန်ညင်း)(မုန်လာဥဖြူ)တွေကို ၃ ပိဿာစီ ဝယ်လာခဲ့ပါ။
(몽흐니:)(몽 라우.퓨)뒈고 똥: 배잇'다스이 왜라케.바
Please buy 3 viss of (cabbage)(radish).

고추 / 파 / 마늘 / 생강 / 양배추
ဂိုချူ၊ ဖါ၊ မာနူး(လ်)၊ စိန့်ဂန်း၊ ယန်းဘယ်ချူ၊

ငရုတ်သီး၊ ကြက်သွန်မိတ်၊ ကြက်သွန်ဖြူ၊ ဂျင်း၊ ဂေါ်ဖီထုပ်
응애욱'디:/ 쩨'둔메잇'/ 쩨'둔퓨/ 징:/ 거비톳'
Chilly / Leek / Garlic / Ginger / Cabbage

오이 / 당근 / 피망 / 부추 / 상추
အို‌အီ | ဒန်းဂွန်း | ဖီမန်း | ဘူချ‌ူ။ | စန်းချူ။

သခွားသီး | မုန်လာဥနီ | ငရုတ်သီးပွ | ကူးဆိုင် | ဆလပ်ရွက်
떼콰:디: / 몽라우.니 / 응애욕'디:빠. / 꾸:싸인 / 쎄랏'유웻'
Cucumber / Carrot / Pepper / Ku sai / Lettuce

밥이나 국끓일 때 생수로 하세요.
ဘတ်(ပ်)ဘီနာ ဂု ခါး(လ်)သယ် စိန်းစူလို ဟာစယ်ယို

ထမင်းဖြစ်ဖြစ် စွပ်ပြုတ်ဖြစ်ဖြစ် ချက်တဲ့ အခါ ရေသန့်နဲ့ လုပ်ပါ။
테밍:핏'핏' 숫'뾰욋' 핏'핏' 책'데. 어카 예단.네. 로웃'바
When cooking rice or soup, yse purified water.

물 5통 가져 오라고 전화하세요.
မူး(လ်) ဒါစော့ ထုံး ဂါဂျိုဂို အိုလာဂို ချော(န်)ဟွာ ဟာစယ်ယို

ရေ ၅ ဘူး ယူလာပါလို့ ဖုန်းဆက်ပြီး ပြောပါ။
예 응아:부: 율라바로.폰: 쎄'비: 뻐바
Please phone and tell to bring five bottles of water.

빨래 했나요?
ပါးလယ် ဟတ်နာယို

အဝတ်လျှော်ပြီးပြီလား။
아웟' 셔삐: 빌라:
Did you finish washing?

빨래를 분리해서 빨아주세요.
ပါ(လ်)လယ်လူး(လ်) ဘွန်းလီဟယ်စော ပါး(လ်)လား ဂျူ။စယ်ယို

လျှော်စရာ အဝတ်တွေကို ခွဲပြီး လျှော်ပေးပါ။
셔셰야 아웟'뒈고 쾨:비: 셔뻬:바
Please, wash the clothes seperately.

| 이 옷을 다리미질 하세요.
 အီ အုံးစူး(လ်) ဒါလီမိဂျိုး(လ်) ဟာစယ်ယို

> ဒီ အကျီ ကို မီးပူတိုက်ပေးပါ
> 디 에인:지고 미:부 따익'뻬바
> Iron this clothe.

| 항상 한 번 더 행구세요.
ဟန်းစန်း ဟန်းဘောန်ဒေါဟိန်းဂူစယ်ယို

> အမြဲတမ်း တစ်ကြိမ်လောက် ထပ် ဆေးပါ။
> 아메:단: 데쟁라웃' 탓' 쎄:바
> Always wash out the clothes one more time.

| 신발을 빨아 주세요.
ရှင်း(န့်)ဘား(လ်)လူး(လ်) ပါ(လ်)လာ ဂျူစယ်ယို

> ဖိနပ်ကို လျှော်ပေးပါ။
> 패낫'고 셔뻬:바
> Please wash the shoes.

| 목욕을 자주 하세요.
မို့(ဂ)ယို့ဂူး(လ်) ဂျာဂျူ ဟာစယ်ယို

> ရေကို ခဏ ခဏ ချိုးပါ။
> 예고 카나. 카나. 초:바
> Have a bath often.

| 항상 손을 깨끗이 하세요.
ဟန်းစန်း ဆုံး(န့်)နူး(လ်) ကယ်ကွတ်ရှီ ဟာစယ်ယို

> အမြဲတမ်း လက်ကို သန့်.သန့်.ရှင်းရှင်း ထားပါ။
> 아메:단: 레'고 딴.딴. 싱:싱 타:바
> Always keep your hands clean.

| 이거 치워 주세요.
အိုငေါ် ချိုငေါ် ဂျူစယ်ယို
> ဒါကို ရှင်းပေးပါ။
> 다고 싱:뻬:바
> Please tidy it.

| 항상 제자리에 두세요.
ဟန်းစန်း ဂျေယ်ဂျာလီအယ် ဒုစယ်ယို
> အမြဲတမ်း ပစ္စည်းတွေကို နေရာတကျ ပြန်ထားပါ။
> 아메:단: 삐옛'스이:뒈고 네야 데자. 뺜 타: 바
> Always put back the thing systematically.

| 물 좀 가져오세요.
မူး(လ်)ကျုံး(မ်) ဂါဂျောအိုစယ်ယို
> ရေ ယူလာခဲ့ပါ။
> 예 율라케.바
> Please take (a glass of) water.

| 커피 (1잔) 가져오세요.
ခေါ်ဖီ (ဟန်းဂျန်း) ဂါဂျောအိုစယ်ယို
> ကော်ဖီ တစ်ခွက် ယူလာခဲ့ပါ။
> 커피 떼퀘' 율라케.바
> Please take a cup of coffee.

| 2잔 / 3잔 / 4잔 / 5잔 / 6잔
ဒူဂျန်း / စယ်ဂျန်း / နယ်ဂျန်း / ဒါစော့ဂျန်း / ယောစော့ဂျန်း
> နှစ်ခွက် / သုံးခွက် / လေးခွက် / ငါးခွက် / ခြောက်ခွက်
> 네퀘' / 똥:퀘' / 레:퀘' / 응아:퀘' / 차웃'퀘'
> two cups / three cups / four cups / five cups / six cups

커피 2잔과 주스 1잔 가져오세요.
ခေါ်ဖီ ဒုဂျန်း ဂွာ ဂျုစု ဟန်း ဂျန်း ဂါဂျောအို စယ်ယို

> ကော်ဖီ နှစ်ခွက်နဲ့ အအေး တစ်ခွက် ယူလာခဲ့ပါ။
> 커피 네퀘'네. 에잇: 떼퀘' 율라케.바
> Please take two cups of coffee and a glass of juice.

여기 (청소)(정리)하세요.
ယောဂီ (ချောင်းစို)(ချောင်းနီ) ဟာစယ်ယို

> ဒီနေရာကို (သန့်ရှင်းရေးလုပ်)(ရှင်း)ပါ
> 디 네야고 (딴.싱:예:로웃`) (싱:)바
> Clean and tidy this place.

어디 아프세요?
အောဒီ အာဖုစယ်ယို

> ဘယ် နေရာက နာနေလဲ။
> 배 네야가. 나네레:
> Which part is pain?

네, (머리)(배)가 아픕니다.
နယ်၊ (မောလီ) (ဘယ်) ဂါ အာဖု(မ်)နီတာ

> ဟုတ်ကဲ့ (ခေါင်း) (ဗိုက်) က နာတယ်။
> 호웃`깨.(가웅:)(바익`)가. 나내
> Yes, headache / stomachache.

이 약 먹으세요.
အီ ယတ် မော့ဂုစယ်ယို

> ဒီ ဆေးကို သောက်ပါ။
> 디 쎄:고 따웃`바
> Take that medicine.

일하기 어렵지 않나요?
အီး(လ်) ဟာဂီ အောလျော့(ပ်)ဂျီ အန်နာယို

> အလုပ်လုပ်ရတာ အခက်အခဲရှိလား။
> 아로웃' 로웃'야.다 아 캐' 아케: 실.라:
> Do you have any problem with this work?

수고했어요.
စုဂိုဟက်စောယို

> တာဝန်ကျေပါတယ်။
> 따윈 쩨바대
> You are dutiful

전화 왔었나요?
ချော(န်)နာ ဝက်စော့နာယို

> တယ်လီဖုန်းလာသေးလား။
> 뗄리폰: 라데:라:
> Anybody made the phone call?

누구 찾았나요?
နူဂူ ချတ်ဂျတ်နာယို

> ဘယ်သူ့ကို တွေ့ခဲ့လဲ။
> 배두.고 뭬.케.레:
> Whome did you meet?

전화 오면 적어두세요.
ချော(န်)နာ အိုမျော(န်) ချောဂေါ် ဒုစယ်ယို

> တယ်လီဖုန်းလာရင် ရေးထားပေးပါ။
> 뗄리폰: 라잉 예:타:뻬:바
> Please note down if the phone rings.

기본 회화

전화 오면 적어두세요.
ကျော်(န်)နာ အိမျော(န်) ကျော်ဂေါ် ဒွစယ်ယို

> တယ်လီဖုန်းလာရင် ရေးထားပေးပါ။
> 뗄리폰: 라잉 예:타:뻬:바
> Please note down if the phone rings.

아이 좀 데리고 오세요.
အာအီ ကျုံး(မ်) ဒယ်လီဂို အိစယ်ယို

> ကလေးတွေကို ခေါ် လာခဲ့ပါ။
> 클레:뒈고 컬라케.바
> Please pick the children up.

아이 데리고 머리 깎고 오세요.
အာအီ ဒယ်လီဂို မောလီ ကတ်ကို အိစယ်ယို

> ကလေးတွေကို ခေါ် သွားပြီးတော့ ဆံပင်သွားညှပ်ပါ။
> 클레:뒈고 커똬:삐:더. 쎄빙 똬:흐냣'바
> Please take the children and have their hair cut.

무슨 문제 있나요?
မုစွန်း မွန်းဂျယ် အစ်နာယို

> ဘာပြဿနာရှိလို့လဲ။
> 바 뿟'떼나 실.로.레:
> Are there any problem?

차 고치고 오세요.
ချာ ဂိုချိဂို အိစယ်ယို

> ကားပြင်ပြီး လာပါ။
> 까: 삐인삐: 라바
> Fit the car and come.

| 에어콘 세게 켜주세요.
အယ်အာခွန်း(န်) စယ်ဂယ် (ခ)ယောဂျူစယ်ယို

> အဲယားကွန်းကို အေးအေးလေး ဖွင့်ပေးပါ။
> 에:야:꾼:고 에:에:레: 퓡.뻬:바
> Please open the air-con strongly.

| (천천히), (빨리) 가세요.
(ချောန်ချောန်နီ) (ပါလ်လီ) ဂါစယ်ယို

> (ဖြေးဖြေးလေး) (မြန်မြန်လေး) သွားပါ။
> (페:페:레:) (먄먄레:) 똬:바
> Go (quicklyu / slowly).

| (하나로식당)(으)로 가세요.
(ဟာနာလို ရှစ်တန်း) (အု)လို ဂါစယ်ယို

> (ဟာနာလိုစားသောက်ဆိုင်)ကို သွားပါ။
> (하나로 사:따웃'싸인)고 똬:바
> Go to the Hanalo Restaurant.

| 유자나 프라자 / 오션 마트 / 골프 연습장
ယုဇနပလာဇာ ၊ အိုရှင်းမတ် ၊ ဂိုး(လ်)ဖ ယောန်စွပ်(ပ်)ဂျန်း

> ယုဇနပလာဇာ ၊ အိုရှင်းမတ် ၊ ဂေါက်ရိုက်ကွင်း
> 유.쎄나. 뻴라싸 ၊ 오:싱:맡' / 가웃'야익'궝:
> Yuzana Plaza / Oean mart / Golf resource

| (세도나)갔다가 (대사관)갈 겁니다.
(စယ်ဒိုနာ)ဂတ်တာဂါ (ဒယ်စာဂွားန်)ဂါ(လ်) ဂေါ(မ်)နီတာ

> စီဒိုနားကို သွားပြီးတော့ သံရုံးကို သွားမယ်။
> 세도:나:고 똬:삐:더 땅옹:고 똬:매
> Go to Sedona and then to the Embassy.

129

미얀마 여행 회화

| 여기에서 (30분) 기다려 주세요.
ယောဂီအယ်စော (စန်းမ် ရှစ်ပ် ဘွန်း)ဂိဒါလျော ဂျူစယ်ယို

> ဒီနေရာမှာ (သုံးဆယ်မိနစ်) စောင့်ပေးပါ။
> 디 네야흐마(똥:쎄 미'닛)사운. 뻬:바
> Please wait here for 30 minutes.

| 잠깐 / 1시간 / 2시간 / 3시간
ဂျန်း(မ်)တန်း ၊ ဟန်းရှိဂန်း ၊ ဒုရှိဂန်း ၊ စယ်ရှိဂန်း

> ခဏလောက် ၊ ၁နာရီ ၊ ၂နာရီ ၊ ၃နာရီ
> 켄나.라웃' / 떼나이 / 흐나이 / 똥:나이
> a moment / one hour / two hour / three hour

| (1시간)후에 여기로 오세요.
(ဟန်းရှိဂန်း) ဟူအယ် ယောဂီလို အိုစယ်ယို

> တစ်နာရီလောက်နေမှ ဒီကို လာခဲ့ပါ။
> 떼 나이라웃' 네흐마. 디고 라케.바
> Please stay one hour and then come here.

| 식사하고 오세요.
ရှစ်စာဟာဂို အိုစယ်ယို

> ထမင်းစားပြီးတော့ လာခဲ့ပါ။
> 테밍: 사:삐:더. 라케.바
> Please come after having the meal.

| (골프용품) 살 수 있는 곳으로 가세요.
(ဂိုးလ်ဖုယုံးဖွန်းမ်) စား(လ်)စူအစ်နွန်း ဂို့စူလို ဂါစယ်ယို

> ဂေါက်ရိုက်ပစ္စည်း ရောင်းတဲ့ ဆိုင်ကို သွား:ပါ။
> 가웃'야익' 삐옛'스이: 야웅:데. 싸인고 똬:바
> Please go to the Golf accesories shop.

내일 아침 (6시)에 오세요.
နယ်အီး(လ်) အာချင်း(မ်) (ယောစေ့ရှိ)အယ် အိုစယ်ယို

> မနက်ဖြန် မနက် ၆နာရီမှာ လာခဲ့ပါ။
> 매네'퓬 매네' 차웃'나이흐마 라케.바
> Please come tomorrow morning at 6 o'clock.

7시 / 8시 / 9시 / 10시
အီး(လ်)ဂို(ပ်)ရှီ ၊ ယောဒေါ(လ်)ရှီ ၊ အာဟို(ပ်)ရှီ ၊ ယော(လ်)ရှီ

> ၇ နာရီ ၊ ၈ နာရီ ၊ ၉ နာရီ ၊ ၁၀ နာရီ
> 쿤네나이 / 싯'나이 / 꼬:나이 / 쎄나이
> 7 o'clock / 8 o'clock / 9 o'clock / 10 o'clock

내일은 쉬세요.
နယ်အီး(လ်)လွန်း ရှီစယ်ယို

> မနက်ဖြန်တော့ နားလိုက်ပါ။
> 매네'퓬더. 나:라익'바
> Take your holiday tomorrow.

세차하고 오세요.
စယ်ချာ ဟာဂို အိုစယ်ယို

> ကားသွားဆေးပြီး လာခဲ့ပါ။
> 까:똬: 쎄:삐: 라케.바
> Please come after washing the car.

항상 깨끗하게 해주세요.
ဟန်းစန်း ကယ်ကွတ်ထာဂယ် ဟယ်ဂျူစယ်ယို

> အမြဲတမ်း သန့်သန့်ရှင်းရှင်း လုပ်ပေးပါ။
> 아 미예:단: 딴.딴.싱:싱: 로웃'뻬바
> Please always do cleanly.

미얀마 여행 회화

| 손님 (세도나 호텔에) 모셔다 드리고 오세요.
　စုံနင်း(မ်) (စယ် ဒိုနားဟိုထယ်လယ်) မိုရှော်ဒါ ဒူလိဂို အိုစယ်ယို

　　ဧည့်သည်ကို (စီဒိုးနားဟိုတယ်ကို) လိုက်ပို့ပြီး ပြန်လာပါ။
　　에.데고 (세도나: 호텔고) 라익'보.삐: 빤라바
　　Please drive the visitor to Sedona Hotel and come back.

| (골든 힐 타워)가서 손님 모시고 오세요.
　(ဂိုးလ်ဒွန်းဟင်း(လ်)ထာဝေါ) ဂါစော စုံနင်း(မ်) မိုရှိဂို အိုစယ်ယို

　　ဂိုး(လ်)ဒင်းဟင်းတာဝါကို သွားပြီးတော့ ဧည့်သည်တွေကို ခေါ် လာခဲ့ပါ။
　　골:든:힐: 따와고 똬:비:더. 에.데뒈고 컬라케.바
　　Please go to Golden Hill Tower and pick the visitors up.

| 학교에 가서 아이들 데리고 오세요.
　ဟတ်(ဂ)ယိုအယ်ဂါစော အာအီ ဒူး(လ်) ဒယ်လီဂို အိုစယ်ယို

　　ကျောင်းကို သွားပြီးတော့ ကလေးတွေကို ခေါ် လာခဲ့ပါ။
　　짜웅:고 똬:비:더. 클레:뒈고 컬라케.바
　　Please go to the school and pick the chidren up.

| 학교에 가서서 이것 갖다 주세요.
　ဟတ်(ဂ)ယိုအယ် ဂါရှောစော အီဂေါ ဂတ်တာ ဂျူစယ်ယို

　　ကျောင်းကို သွားပြီးတော့ အဲ့ဒါကို သွားပေးပေးပါ။
　　짜운:고 똬:비:더. 에.다고 똬:뻬: 뻬:바
　　Please go to school and then give it.

| 고치는 데 오래 걸리나요?
　ဂိုချိနွန်းဒယ် အိုလယ် ဂေါ(လ်)လီနာယို

　　ပြင်တာ ကြာဦးမလား။
　　삐인다 짜옹: 맬라:
　　Will it take a long time to fix?

일상 대화
Dialogue

미얀마 어 배우셨나요?
မြန်မာအော ဘယ်အူရှော့နာယို

မြန်မာစာကို သင်ဖူးလား။
미얀마사고 띤풀:라:
Have you ever learn Myanmar Language?

저는 미얀마 어를 공부하는 중입니다.
ကျော့နွန်း မြန်မာအောလူး(လ်) ဂုံဘူးဟာနွန်း ဂျုန်းဦး(မ်)နီတာ

ကျွန်တော်ကတော့ မြန်မာစကားကို လေ့လာနေတုန်းပါ။
쩐노.더. 미얀마쎄가:고 렛.라.네 동:바
I have been learning Myanmar Language.

언제 미얀마에 오셨습니까?
အော(န်)ဂျယ် မြန်မာအယ် အိုရှော့စူ(မ်)နီကာ

ဘယ်အချိန်တုန်းက မြန်မာနိုင်ငံကို ရောက်နေတာလဲ။
배 아챈동:가. 미얀마나인응앙고 야웃'네다레:
When did you arrive Myanmar?

미얀마 온 지 한 달 됐습니다.
မြန်မာ အိုး(န်)ဂျီ ဟန်းဒါး(လ်) ဒွက်စူ(မ်)နီတာ

မြန်မာနိုင်ငံကို ရောက်တာ တစ်လရှိသွားပြီ။
미얀마나인응앙고 야웃'다 뗄라. 시.돠:비
I have been in Myanmar for a month.

미얀마 온 지 1년 됐습니다.
မြန်မာ အိုး(န်)ဂို အီး(လ်)လျော(န်) ဒွက်စူ(မ်)နီတာ

မြန်မာနိုင်ငံကို ရောက်တာ ၁နှစ်ရှိသွားပြီ။
미얀마나인응앙고 야욷'다 떼흐닉' 시.퐈:비
I have been in Myanmar for a year.

미얀마 어 한 가지 알려 주시겠습니까?
မြန်မာအော ဟန်းဂါဂို အာလျော ဂျူရှိုဂုတ်စူ(မ်)နီတာ

မြန်မာစကား တစ်ခွန်းလောက် ပြောပြလို့ ရမလား။
미얀마쎄가: 떼쿤:라욷' 뼈:퍄.로. 야.맬라:
Can you say one sentence in Myanmar?

무엇을 알려 드릴까요?
မူအော့စူး(လ်) အာလျော ဒူလီး(လ်)까요

ဘာကို ပြောပြရမလဲ။
바고 뼈:퍄.야. 말레:
What should I say?

따라하기 쉬운 것으로 알려주세요.
따라하기 쉬운 거스로 알려주세요.
타라하기 쉬운 거스로 알려주세요.

လိုက်ဆိုဖို့ လွယ်တဲ့ ဟာကို ပြောပြပါ။
라익'소포. 뢰데.하고 뼈:퍄.바
Please tell me one sentence which is easy to pronounce.

알려주셔서 감사합니다.
အာ(လ်)လျော ဂျူရှော်စော ဂမ်း(မ်)စာဟာ(မ်)နီတာ

ပြောပြတဲ့ အတွက် ကျေးဇူးတင်ပါတယ်။
뼈:퍄.데.아똭' 쩨:수: 띤바대
Tankyou very much for telling it for me.

| 매우 어렵군요.
မယ်အူ အောလျော့(ပ်)ဂွန်ညို

> အရမ်းခက်တာပဲနော်။
> 아얀: 캐'다베:너
> It is very difficult.

| 무슨 말인지 모르겠군요.
မုစွန်း မား(လ်)လင်းဂျီ မိုလုဂတ်ဂွန်ညို

> ဘာပြောတာမှန်း မသိဘူး။
> 바뼈:다흐만: 매띠.부:
> I don't know what you say.

| 천천히 다시 한 번 말해 주시겠습니까?
ချော(န်)ချော(န်)နီ ဒါရှီ ဟန်းဘော(န်) မား(လ်) ရယ်ဂျူရှိဂတ်စူ(မ်)နီကာ

> ဖြေးဖြေးလေးနဲ့ နောက်တစ်ခေါက်လောက် ပြန်ပြောပြပေးနိုင်မလား။
> 피예:피예:레:네, 나욱' 떼카웃'라웃' 뺜 뼈:뺘. 뻬:나인맬라:
> Could you please tell it again slowly?

| 아직 잘 알아듣지 못합니다.
အာဂျီ ဂျား(လ်) အာလာ ဒွပ်ဂျီ မို့ထာ(မ်)နီတာ

> အခုထိ သိပ် နားမလည်သေးဘူး။
> 아쿠.티. 때잇' 나:맬래 때:부:
> Until now, I don't understand it well.

| 그렇습니다.
ဂုရော့စူ(မ်)နီတာ

> ဟုတ်ပါတယ်။
> 호웃'바대
> Yes, that' right.

| 그렇지 않습니다.
ဂုရော့ချီ အန်စု(မ်)နီတာ

> မဟုတ်ပါဘူး။
> 매호웃'바부:
> No, that's not alright.

| 당신은요?(남성)
ဒန်းရှင်းနဲ့ညို

> ခင်ဗျားကော။
> 캬먀:거:
> What about you?

| 저도 잘 지냅니다.(남성)
ဂျောဒို ဂျား(လ်) ဂျိနယ်(မ်)နီတာ

> ကျွန်တော်လည်း နေကောင်းပါတယ်။
> 쩐더레: 네까웅:바대
> I'm fine too.

| 저도 잘 지냅니다.(여성)
ဂျောဒို ဂျား(လ်) ဂျိနယ်(မ်)နီတာ

> ကျွန်မလည်း နေကောင်းပါတယ်။
> 쩐마.레: 네까웅:바대
> I'm fine, too.

| 또 만나요.
သို မန်နာယို

> ဆုံကြသေးတာပေါ့။
> 쏭자. 데:다뻣.
> Let's meet again.

잘 지냅니까?
ျပား(လ်) ဂ်ိနယ္(မ္)နီတာ

> နေကောင်းရဲ့လား။
> 네까웅: 옐.라:
> How are you?

잘 지냅니다.
ျပား(လ်) ဂ်ိနယ္(မ္)နီတာ

> နေကောင်းပါတယ်။
> 네까웅:바대
> I am fine.

또 만나요.
သို မန္နာယို

> ထပ်တွေ့ကြတာပေ့ါ။
> 탓' 뛔.자.다뻣.
> See you again.

좋아요.
ဂ်ိုဟာယို

> ကောင်းပါပြီ။
> 까웅:바비
> OK.

정말이에요?
ချောင္းမား(လ္)လီအယ္ယို

> တကယ်လား။
> 데겔라:
> Really?

미얀마 여행 회화

알겠습니까?
အာလတ်စူ(မ်)နီကာ

သိပြီလား။
띠.빌라:
You got it?

네, 알겠습니다.
နယ် အားလတ်စူ(မ်)နီကာ

ဟုတ်ကဲ့၊ သိပါပြီ။
호훗'깨. / 띠.바비
Yes, I got it.

아니오, 모르겠습니다.
အာနီအို မိုလုက်စူ(မ်)နီကာ

ဟင့်အင်း၊ မသိပါဘူး။
힝.잉: 매띠.바부:
No, I don't know.

그것을 압니까?
ဂုဂေါ့စူး(လ်) အာ(မ်)နီကာ

အဲဒါကို သိပါသလား။
에.다고 띠.바댈라:
Do you know that?

그것을 알고 있습니다.
ဂုဂေါ့စူး(လ်) အား(လ်)ဂို အစ်စူ(မ်)နီကာ

အဲဒါကို သိနေပါတယ်။
에.다고 띠.네바대
I have already known this.

이것을 좋아합니까?
အီဂေဲစူး(လ်) ဂျို့ဟာ ဟာ(မ်)နီကာ

ဒါကို ကြိုက်ပါသလား။
다고 짜익'바댈라:
Do you like this?

네, 좋아해요.
နယ် ၊ ဂျို့ဟာဟယ်ယို

ဟုတ်ကဲ့ ၊ ကြိုက်ပါတယ်။
호웃'깨. 짜익'바대
Yes, I like.

좋아하지 않습니다.
ဂျို့ဟာဟာဂျီ အန်စူ(မ်)နီတာ

မကြိုက်ပါဘူး။
매짜익'바부:
No, I don't like.

맞습니다.
မတ်စူ(မ်)နီတာ

မှန်ပါတယ်။
흐만바대
That's right.

틀립니다.
ထူလိ(မ်)နီတာ

မှားပါတယ်။
흐마:바대
That's wrong.

가능합니다.
ဂါန္နံးငယ်ယို

> ဖြစ်နိုင်ပါတယ်။
> 핏'나인바대
> That's possible.

괜찮습니다.
ဂွယ်ချန်းစူ(မ်)နီတာ

> ရပါတယ်။
> 야.바대
> It doesn't matter.

알았습니까?
အာလတ်စူ(မ်)နီကာ

> သိပြီလား။
> 띠.빌라:
> Do you know?

들어오세요.
ဒူရောအိုစယ်ယို

> ဝင်ခဲ့ပါ။
> 윈케.바
> Please come in.

조심하세요.
ဂျိုရှင်း(မ်)ဟာစယ်ယို

> ဂရုစိုက်ပါ။
> 게유.사익'바
> Please take care.

도와 드릴까요?
ဒို၀ါ ဒူရီး(လ်) ကာယို

ကူညီပေးရမလား။
꾸니뻬:야.멜라:
May I help you?

이것을 미얀마 어로 어떻게 부릅니까?
အီဂေါ့စူး(လ်) မြန်မာအောလို အောသော့ခယ် ဘူရှု(ပ်)နီကာ

ဒါကို မြန်မာလို ဘယ်လို ခေါ်ပါသလဲ။
다고 미얀마로 뱰로 커바댈레:
How do you call it in Myanmar?

그것은 뭐에요?
ဂုဂေါ့စွန်း မောအယ်ယို

အဲဒါက ဘာလဲ။
에.다가. 발레:
What's that?

언제요?
အော(န်)ဂျယ်ယို

ဘယ်တုန်းကလဲ။
배동:갈.레:
When?

왜요?
ဝယ်ယို

ဘာဖြစ်လို့လဲ။
바핏'롤.레:
Why?

어떻게?
အောသော့ခယ်

> ဘယ်လိုလဲ။
> 밸로레:
> How?

얼마나요?
အော(လ်)မာနာယို

> ဘယ်လောက်လဲ။
> 밸라웃'레:
> How much?

얼마나 멀어요?
အော(လ်)မာနာ မောရောယို

> ဘယ်လောက် ကြာမလဲ။
> 밸라웃'짜맬레:
> How long will it take?

무슨 일이에요?
무쓴 애:(ㄹ)리:얘이요

> ဘာ ကိစ္စလဲ။
> 바 깨잇'살.레:
> What is the matter?

뭐라고요?
မောရာဂိုယို

> ဘာပြောတာလဲ။
> 바뼈:달레:
> What did you say?

| 무엇을 원하세요?
 မူအော့စူး(လ်) ဝေါ(န်)နာစဘယ်ယို

> ဘာ လိုချင်ပါသလဲ။
> 바로진바댈레:
> What do you want?

| 화장실은 어디예요?
 ဟွာဂျန်းရှီး(လ်)လွန်း အောဒီယဲယို

> အိမ်သာ ဘယ်မှာလဲ။
> 앵다 배흐마레:
> Where is toilet?

| 늦지 마세요.
 နုဂျီမာစဘယ်ယို

> နောက်မကျပါနဲ့။
> 나웃' 매짜.바네.
> Don't be late.

| 잊지 마세요.
 အစ်ဂျီ မာစဘယ်ယို

> မမေ့ပါနဲ့။
> 맨메잇.바네.
> Please don't forget.

| 빨리 빨리 해!
 ပါ(လ်)လိပါ(လ်)လိဟယ်

> မြန်မြန် လုပ်။
> 먄먄 로웃'
> Hurry up!

기본 회화

천천히 말하세요.
ချော(န်)ချော(န်)နီ မား(လ်) ဟာစယ်ယိူ
> ဖြေးဖြေး ပြောပါ။
> 피:피: 뻐:바
> Please tell me slowly.

문을 닫으세요.
မွန်းနူး(လ်) ဒတ် ဒုစယ်ယိူ
> တံခါး ပိတ်ပါ။
> 데가: 뻬잇'바
> Please close the door.

문을 여세요.
မွန်းနူး(လ်) ယောစယ်ယိူ
> တံခါး ဖွင့်ပါ။
> 다가: 푸잉.바
> Please poen the door.

정말 아름다워!
ကျောင်းမား(လ်) အာလွန်း(မ်)ဒါဝေါ
> တကယ် လှတယ်။
> 데개 흐라.대
> It's so beautiful!

정말 멋있어!
ကျောင်းမား(လ်) မော့ရှစ်စော
> အရမ်း စတိုင်ကျတာပဲ။
> 아얀: 스따인 짜.다베:
> You are very stylish.

| 배불러요.
ဗယ်ဘူ(လ်)လောယို

> ဗိုက်ဝပါပြီ။
> 바익'와.바비
> I am full.

| 충분해요.
ချုန်းဘွန်းနယ်ယို

> လုံလောက်ပါတယ်။
> 론라웃'바대
> That's enough.

| 아주 더워요.
အာဂျူး ဒေါ်ဝေါ်ယို

> အရမ်း ပူတယ်။
> 아얀:부대
> It's too hot.

| 있어요.
အစ်စောယို

> ရှိတယ်။
> 시.대
> I have.

| 없어요.
အော့(ပ်)စောယို

> မရှိဘူး။
> 매시.부:
> I haven't.

기본 회화

| 매우 즐거웠습니다.
မယ်အူ ဂျူး(လ်)ဂေါဝေ့စူ(မ်)နီတာ

> အရမ်း ပျော်ပါတယ်။
> 아얀: 뼈바대
> I am very happy.

| 다음에 또 만나고 싶군요.
ဒါအွန်းမယ် သို မန်နာဂို ရှစ်(ပ်)ဂွန်ညို

> နောက်လဲ ထပ်တွေ့ချင်ပါတယ်။
> 나웃'래: 탓' 뛔.진바대
> I whis I could meet you again.

| 언제 돌아가세요?
အောန်ဂျယ် ဒိုရာဂါစယ်ယို

> ဘယ်တော့ ပြန်လာမလဲ။
> 배더. 빤라맬레:
> When will you come back?

| 모레 돌아갈 거에요.
မိုလယ် ဒိုလာ ဂါ(လ်) ဂေါယယ်ယို

> သန်ဘက်ခါ ပြန်လာမယ်။
> 데백'카 빤라매
> I will come back on the day after tomorrow.

| 내일 / 삼일 뒤에 / 사일 뒤에 / 오일 뒤에
နယ်အီး(လ်)စမ်းမီး(လ်)ဒွီအယ်၊စာအီး(လ်) ဒွီအယ်၊အိုအီး(လ်)ဒွီအယ်

> မနက်ဖြန်၊နောက်သုံးရက်နေမှ၊နောက်လေးရက်နေမှ၊နောက်ငါးရက်နေမှ
> 매네'판 / 나욱' 똥:옛' 네흐마. / 나욱' 레:옛' 네흐마. / 나욱' 응아:옛' 네흐마.
> Tomorrow / After three days / After four days / After five days

머리가 아파요.
မောလီဂါ အာဖါယို

> ခေါင်းကိုက်တယ်။
> 가웅: 까익'대
> I have a headache.

다리가 / 배가 / 눈이 / 목이 / 가슴이 / 이가
ဒါလီဂါ၊ဘယ်ဂါ၊နွန်းနီး၊မို့ဂီး၊ဂါစွန်း(မ်)မီး၊အီပါး(လ်)လီး

> ခြေထောက်က၊ဗိုက်က၊မျက်လုံးက၊လည်ပင်းက၊ရင်ဘတ်က၊သွားက
> 체다웃'가. / 바익'가. / 몟'로이가. / 레빙:가 / 인박:가. / 똬:가
> I think is something wrong with(legs, stomach, eyes, nec. chest, teeth

설사하고 있어요.
စော(လ်)စာ ဟာဂို အစ်စောယို

> ဝမ်းလျှောနေတယ်။
> 완:셔:네대
> I hve a diarloa,

가슴을 진찰해 볼게요.
ဂါစွန်းမူး(လ်) ဂျင်းချား(လ်)ဟယ် ဘို(လ်)ကယ်ယို

> ရင်ဘတ်ကို စမ်းကြည့်မယ်နော်။
> 인밧' 고 싼:찌.매너
> Would you min if I check your chest?

상의를 벗으세요.
စန်းအီှလူး(လ်) ဘော့စုစယ်ယို

> အကျီ ချွတ်ပါ။
> 예인:지 츳' 바
> Please take off your clothes.

누워요.
နူးဝေယို့

> လဲပါ။
> 흐레:바
> Please lie down.

열은 있어요?
ယောလွန်း အစ်စောယို့

> အဖျားရှိသလား။
> 아퍄: 시.댈라:
> Have you got a fever?

열은 없어요.
ယောလွန်း အော့(ပ်)စောယို့

> အဖျား မရှိပါဘူး။
> 아퍄: 매시.바부:
> No, I don't have a fever.

이리 와!
အီလီဝါ

> ဒီကို လာ။
> 디골라
> Come here.

저리 가!
ဂျောလီဝါ

> ဟိုကို သွား။
> 호고똬:
> Go there!

| 비켜!
ဘိံ(ခ)ယော

> ဖယ်ပေး။
> 패뻬:
> Please go aside.

| 보고 싶으니?
ဘိုဂို ရှစ်ဖုနီ

> ကြည့်ချင်ပါသလား။
> 찌.진바댈라:
> Do you want to watch(look)?

| 오고 싶습니다.
အိုဂို ရှစ်(ပ်)စု(မ်)နီတာ

> လာချင်ပါတယ်။
> 라진바대
> I want to come.

| 오고 싶으니?
အိုဂို ရှစ်ဖုနီ

> လာချင်ပါသလား။
> 라진 바댈라:
> Do you want to come?

기본 회화

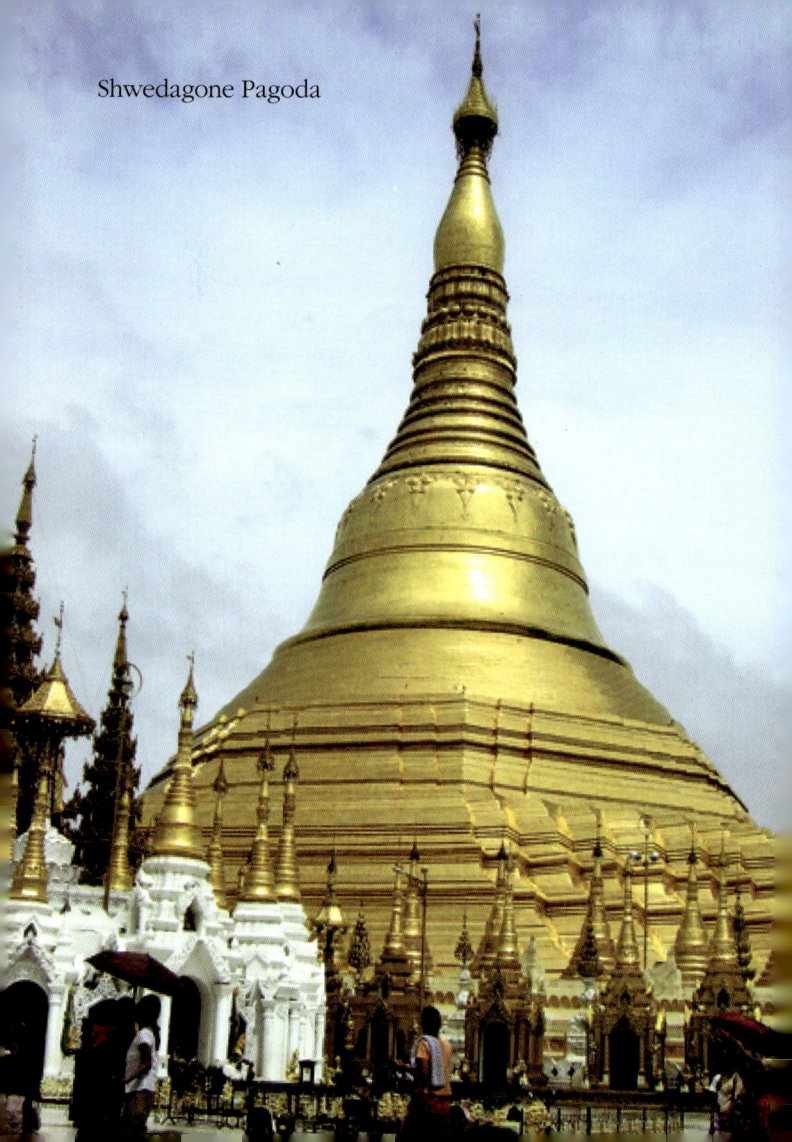

Shwedagone Pagoda

생활 필수 문장·단어 모음
Combination of Everyday Usage and words

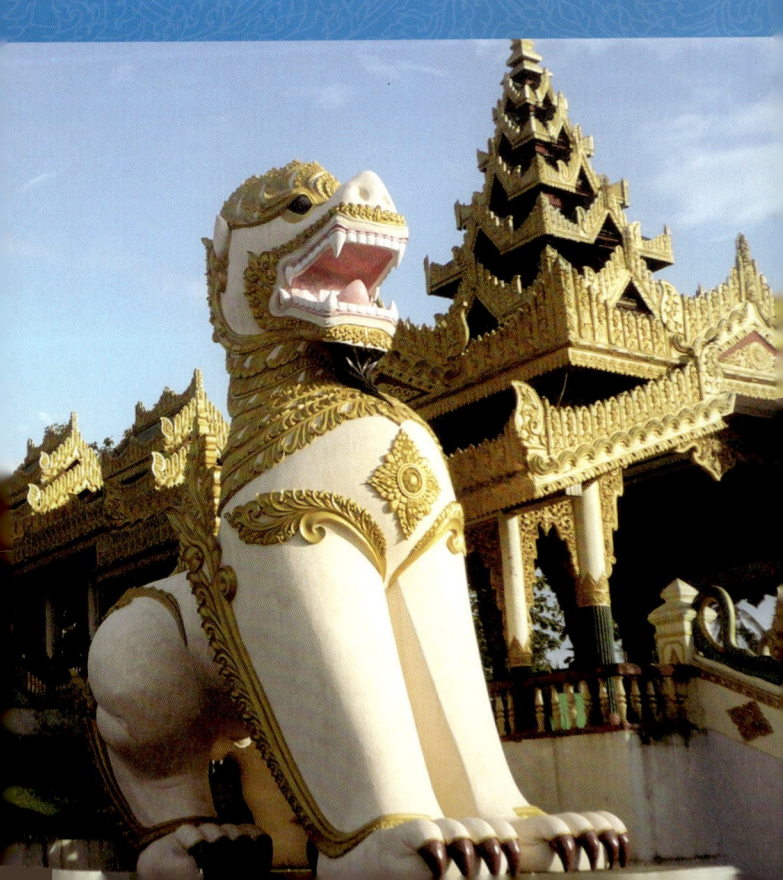

요일, 계절을 나타내는 말
Week & Season

| 1월
အီး(လ်)ရော(လ်)
- ဇန်နဝါရီ
  장네 와리
  January

| 2월
အီဝါ(လ်)
- ဖေဖော်ဝါရီ
  페포 와리
  February

| 3월
စမ်း(မ်)ဝါ(လ်)
- မတ်
  맛'
  March

| 4월
စာဝါ(လ်)
- ဧပြီ
  에삐
  April

| 5월
အိုဝါ(လ်)
- မေ
  메
  May

| 6월
ယူဝါ(လ်)
- ဇွန်
  준
  June

| 7월
ချိုး(လ်)ရော(လ်)
- ဇူလိုင်
  준라인
  July

| 8월
ဖား(လ်)ရော(လ်)
- ဩဂုတ်
  어:고웃'
  August

9월
ဂူဝေါ(လ်)
> စက်တင်ဘာ
> 셋'띤바
> September

10월
ရှီဝေါ(လ်)
> အောက်တိုဘာ
> 아웃'또바
> October

11월
ရှစ်ဘီး(လ်)ရော(လ်)
> နိုဝင်ဘာ
> 노원바
> November

12월
ရှစ်ဘီဝေါ(လ်)
> ဒီဇင်ဘာ
> 디쓴바
> December

일요일
အီး(လ်)လျိုအီး(လ်)
> တနင်္ဂနွေနေ့.
> 떠닝: 그눼네.
> Sunday

월요일
ဝေါ(လ်)လျိုအီး(လ်)
> တနင်္လာနေ့.
> 뗀닝: 라네.
> Monday

화요일
ဟွာယိုအီး(လ်)
> အင်္ဂါနေ့.
> 인가네.
> Tuesday

수요일
ဈူယိုအီး(လ်)
> ဗုဒ္ဓဟူးနေ့.
> 보'데후:네.
> Wednesday

목요일
မို့(ဂ)ယိုအီး(လ်)
> ကြာသပတေးနေ့.
> 짜따 뻬떼:네.
> Thursday

금요일
ဂ္ဂန်း(မ်)မျိုအီး(လ်)
> သောကြာနေ့.
> 따웃'짜네.
> Friday

미얀마 여행 회화

토요일
ထိုယိုအီး(လ်)
　စနေနေ့
　세네네.
　Saturday

봄
ဘုံး(မ်)
　နွေဦး
　눼우:
　spring

여름
ယောလွှန်း(မ်)
　နွေ
　눼
　summer

가을
ဂါအူး(လ်)
　ဆောင်းဦး
　싸운:우:
　fall

겨울
(ဂ)ယောအူး(လ်)
　ဆောင်း
　싸운:
　winter

내일
နယ်အီး(လ်)
　မနက်ဖြန်
　매네'퍈
　tomorrow

다음 주
ဒါအွန်း(မ်)ဂျူ
　နောက်အပတ်
　나웃'아빳'
　next week

매달
မယ်ဒါး(လ်)
　လတိုင်း
　라.다인:
　every month

매일
မယ်အီး
　နေ့တိုင်း
　니.다인:
　every day

매주
မယ်ဂျူ
　အပတ်တိုင်း
　어빳'다인
　every week

생활필수 문장 · 단어 모음

| 밤
ဘန်း(မ်)
ည
냐.
night

| 어제
အောဂျယ်
မနေ့က
매네.가.
yesterday

| 언제나
အော(န်)ဂျယ်နာ
အမြဲတမ်း
어미예:단:
always

| 오늘
အိုနူး(လ်)
ဒီနေ့
디네.
today

| 오전
အိုဂျော(န်)
မနက်ပိုင်း
매네'바인:
in the moring

| 오후
အိုဟူ
ညနေပိုင်း
냐네바인:
in the afternoon

| 이번 주
အီဘော(န်)ဂျူ
ဒီအပတ်
디어빳'
this week

| 저녁
ဂျောညော့
ညနေ
냐네
evening

| 주말
ဂျူမား(လ်)
စနေ၊တနင်္ဂနွေနေ့
산네 뗀닌:근눼네.
weekend

| 하루 종일
ဟာလူ ဂျုံးဒီး(လ်)
တစ်နေကုန်
떼네곤
all day

수식 및 수를 나타내는 말
Mathematic Symbol & Numbers

| −
ပယ်ဂီ
> အနုတ်(−)
> 에흐놋'
> substraction

| +
ဒေါဟာဂီ
> အပေါင်း(+)
> 아빠웅:
> addition

| =
နှန်း
> ညီမျှချင်း(=)
> 니흐마.친:
> equal to

| ×
ဂုံ(ပ)ဂီ
> အမြှောက်(×)
> 아먀웃'
> muliplication

| ÷
နာႏူဂီ
> အစား(÷)
> 어사:
> division

| 0
ဂုံး
> ၀
> 똥냐.
> zero

| 1
ဟာနာ
> ၁
> 띳'
> one

| 2
ဒုႏ(လ်)
> ၂
> 흐닛'
> two

| 3
စုံ
၃
똥:
three

| 4
နုံ
၄
레:
four

| 5
ဒါစော့
၅
응아:
five

| 6
ယောစော့
၆
차웃'
six

| 7
အီး(လ်)ဂွံ(ပ်)
၇
쿠닛'
seven

| 8
ယောဒေါ(လ်)
၈
싯'
eight

| 9
အာဂုံ(ပ်)
၉
꼬:
nine

| 10
ယော(လ်)
၁၀
떼쎄
ten

| 11
ယော(လ်)ဟာနာ
၁၁
세.띳'
eleven

| 12
ယော(လ်)ဒို
၁၂
세.눗'
twelve

생활필수 문장·단어 모음

157

20
စူးမုး(လ်)
၂၀
네세
twenty

21
စူးမုး(လ်)ဟာနာ
၂၁
네셋.띳'
twenty-one

30
စောလွန်း
၃၀
똥:쎄
thirty

40
မာဟွန်း
၄၀
레:쎄
forty

100
ဘွဲ့
၁၀၀
떼야:
one-hundred

1,000
ချောင်(န်)
၁၀၀၀
떼타운
one-thousand

10,000
မန်း
၁၀၀၀၀
떼따운:
ten-thousand

100,000
ရှင်း(မ်)မန်း
၁၀၀၀၀၀
떼때인:
hundred thousand

1,000,000
ဘွဲ့မန်း
၁၀၀၀၀၀၀
떼딴:
million

1초
အီး(လ်)ချို
၁ စက္ကန့်
떼 세'깐
one second

1분
အီး(လ်)ဘွန်း
> ၁ မိနစ်
> 떼 미.눗'
> one minute

1시
ဟန်းရှီ
> ၁ နာရီ
> 떼 나이
> one o'clock

1시 반
ဟန်းရှီဘန်း
> ၁ နာရီ ခွဲ
> 떼 나이 쾨:
> one and half hour

2시
ဒူရှီ
> ၂ နာရီ
> 흐네 나이
> two o'clock

1일
အီးလီး(လ်)
> တစ်ရက်နေ့
> 떼 옛'네
> first day

2일
အီအီး(လ်)
> နှစ်ရက်နေ့
> 흐네 옛'네
> second day

3일
စန်း(မ်)မီး(လ်)
> သုံးရက်နေ့.
> 똥·옛'네.
> third day

의약품
Medical Words

가루약
ဂါလူယက်
- ဆေးအမှုန့်
- 쎄:아흐못'
- powdered medicine

기침약
ဂီချင်း(မ်)ယက်
- ချောင်းဆိုးပျောက်ဆေး
- 차운:쏘:빠웃'쎄:
- cough medicine

반창고
ဘန်းချန်းဂို
- ပလာစတာ
- 뻴라세따
- band-aid

비타민
ဘီထာမင်(န့်)
- ဗီတာမင်
- 비따민
- vitamin

감기약
ဂန်း(မ်)ဂီယက်
- အအေးမိပျောက်ဆေး
- 아에:미.빠웃'쎄:
- cold medicine

두통약
ဒူထုံးယက်
- ခေါင်းကိုက်ပျောက်ဆေး
- 가웅:까익'빠웃'쎄:
- headache mediucine

붕대
ဘွန်းဒယ်
- ပတ်တီး
- 빳'띠:
- bandage

소화제
စိုဟွာဂျယ်
- အစာကြေဆေး
- 어사쩨쎄:
- digestant

| 위장약
ဝမ်ဂျန်းယတ်

> အစာအိမ်ဆေး
> 어사앵쌔:
> vitamin

| 항생제
ဟန်းစိန်းဂျယ်

> ပိုးသတ်ဆေး
> 뽀:땃'쌔:
> antibiotics

| 설사약
စော(လ်)စာယတ်

> ဝမ်းကိုက်ပျောက်ဆေး
> 완:까익'빠웃'쌔:
> diarrhea

| 모기약
မိဂိယတ်

> ခြင်ဆေး
> 친쌔:
> repellent

| 소독약
စိုဒိုယတ်

> အရက်ပြန်
> 어옛'뺜
> spirit

| 진통제
ဂျင်း(န့်)ထုံးဂျယ်

> အကိုက်အခဲပျောက်ဆေး
> 어까익' 어케:빠웃'쌔:
> digestant

| 해열제
ဟယ်ယော(လ်)ဂျယ်

> ကိုယ်ပူကျဆေး
> 꼬부짜.쌔:
> medicine for high fever

| 수면제
စုမျော(န့်)ဂျယ်

> အိပ်ဆေး
> 애잇'쌔:
> sleeping pill

| 연고
ယော(န့်)ဂို

> ဖယောင်းချက်
> 페야운:책'
> ointment

| 안약
အန်းယတ်

> မျက်စဉ်းဆေး
> 몟'스인:쌔:
> eyedrops

한국어	미얀마어	발음	영어
~가 가	က 까.		be.
가능합니까? 가능한 하(마)니따	ဖြစ်နိုင်လား	핏' 나인라:	Is it possible?
가능합니다. 가능한 하(마)니따	ဖြစ်နိုင်တယ်	핏' 나인대	It's possible.
가세요. 가세이요	သွားပါ	똬.바	Please go.
가실 겁니까? 가리: (레)가이(마)니따	သွားမလား	똬:맬라:	Will you go.
갑니다. 가(마)니따	သွားတယ်	똬:대	Go
갔나요? 갓나이요	သွားပြီလား	똬.빌라:	Have you gone?
갔습니다. 갓수(마)니따	သွားပြီ	똬:비	Have gone.
걸리나요? 게이(레)리나이요	ကြာမလား	짜맬라:	Is it long?
~것 같아요. 게이갓타이요	ဖြစ်လိမ့်မယ်	핏' 래잇.매	It will be.

한국어	미얀마어	발음	영어
~계세요. / ဂယ်စယ်ယို	ရှိပါတယ်	시.바대	Ther is
~고 싶어요. / ဂို ရှစ်(ပ်)ဖေါယို	ဖြစ်ချင်တယ်	핏' 친대	Wish
~고 싶어요? / ဂို ရှစ်(ပ်)ဖေါယို	ဖြစ်ချင်လား	핏' 친라:	Do you wish?
~고 싶지 않아요? / ဂို ရှစ်(ပ်)ဂျီ အန်နာယို	မဖြစ်ချင်ဘူးလား	매핏'친불:라	Don't you wish?
~고 싶지 않아요. / ဂို ရှစ်(ပ်)ဂျီ အန်နာယို	မဖြစ်ချင်ဘူး	매핏'친부	I don't want.
~과 / ဂွာ	နဲ့	네.	with
~기다려야 합니다. / ဂိဒါလျောယာ ဟာ(မ်)နီတာ	စောင့်ရမယ်	싸웃.야.매	must wait
~기다리겠습니까? / ဂိဒါလီဂက်စူ(မ်)နီတာ	စောင့်မလား	싸웃.맬라:	Shall I wait?
~기다리세요. / ဂိဒါလီစယ်ယို	စောင့်ပါ	싸운.바	Please wait
~께서 / ကယ်စော	က	까.	be

생활필수 문장 · 단어 모음

그가	သူက	he
구가	뚜가.	

그것	အဲဒါ	that
구게이	에.다	

그것은	အဲဒါကတော့	that is
구게이순	에:다가.더.	

그것을	အဲဒါကို	that
구게이수:(레)	에:다고	

그것의	အဲဒါရဲ့	that
구게이세	에:다애.	

그것이	အဲဒါက	that is
구게이시	에.다가.	

그녀가	သူမက	she
구뇨가	뚜마가.	

그녀는	သူမကတော့	she is
구뇨슌	뚜마.가.더.	

그녀를	သူမကို	her
구뇨루:(레)	뚜마.고	

그녀의	သူမရဲ့	her
구뇨아에	뚜마.애.	

그녀의 것	သူမရဲ့ ဟာ	his
구뇨아엘게이	뚜마.애.하	

그는	သူကတော့	he is
구는	뚜가.더	

그들은	သူတို့တွေကတော့	they are
구드룬	뚜도. 뛔가.더.	

그들을	သူတို့ကို	them
구드르(ㄹ)	뚜도.고	

그들의	သူတို့ရဲ့	their
구드레	뚜도.예.	

그들의 것	သူတို့ရဲ့ ဟာ	theirs
구드레 게이	뚜도.예.하	

그들이	သူတို့က	they
구드리	뚜도.가.	

그래서	ဒါကြောင့်	so
구래세오	다자웃.	

그러나	ဒါပေမယ့်	but
구로나	다배멧.	

그를	သူ့ကို	him
구르(ㄹ)	뚜.고	

그리고	ပြီးတော့	and then
ဂူလိဂို	삐:더.	

그의	သူ့ရဲ့	his
ဂူအယ်	뚜.옉.	

그의 것	သူ့ရဲ့ဟာ	his
ဂူအယ် ဂွေါ်	뚜.옉.하	

~나오나요?	ထွက်လာပြီလား	Is it out?
နာအိုနာယို	퉷'라빌라:	

~나오지 않습니다.	မထွက်လာဘူး	It isn't out
နာအိုဂျီ အန်စု(မ်)နီတာ	매퉷'라부	

~나옵니다.	ထွက်လာတယ်	It's out
နာအို(မ်)နီတာ	퉷'라대	

~놔 두세요.	ထားထားပါ	leave it
နွာဒုစယ်ယို	타:타:바	

~는	ကတော့	~ing
နွန်း	까.더.	

나는	ငါကတော့	I
နာနွန်း	응아가.더.	

나를	ငါ့ကို	me
နာလူး(လ်)	응아.고	

| 나의 | ငါ့ရဲ့ | my |
나아의	응앗.애.	
나의 것	ငါ့ရဲ့ဟာ	mine
나아의궤	응아.애.하	
내가, 제가 (남)	ကျွန်တော်က	he
냬이가 l 쟤이가	쩐노.가.	
내가, 제가 (여)	ကျွန်မက	she
냬이가 l 쟤이가	쩐마.가.	
너는	နင်ကတော့	you
너오는	닌가.더.	
~를	ကို	
루:(ㄹ)	고	
~를 가지고	ကို ယူပြီးတော့	by taking
루:(ㄹ) 가지고	고 유삐:더.	
~만	ပဲ	also
만느	베:	
~모릅니까?	မသိဘူးလား	Don't you know?
모리루(ㅁ)니카	매띠.불:라:	
~모릅니다.	မသိဘူး	Don't know.
모리루(ㅁ)니다	매띠.부:	

한국어	미얀마어	발음	영어
~못하겠습니다. မို့ထာဂတ်စူ(မ်)နီတာ	မလုပ်နိုင်တော့ဘူး	맬로웃' 나인더.부:	can't keep on doing
~못합니다. မို့ထာ(မ်)နီတာ	မလုပ်နိုင်ဘူး	맬로웃'나인부:	can't do
~뭐지요? မောဂျိယို	ဘာလဲ	바레:	what
무엇을 မူအော့စူး(လ်)	ဘာကို	바고	what
~받으세요. ဘတ်ဒုစယ်ယို	လက်ခံပါ	레'칸바	please accept
~받으시겠습니까? ဘတ်ဒုရှိဂတ်စူ(မ်)နီတာ	သင်မလား	레'칸 맬라:	Will you accept?
~배우셨나요? ဘယ်အူရှော့နာယို	သင်ပြီးပြီလား	띤 삐:빌라:	Have you learnt?
~배우시겠습니까? ဘယ်အူ ရှိဂတ်စူ(မ်)နီတာ	သင်မလား	띤맬라:	Will you learn?
~배우지 않겠습니다. ဘယ်အူဂျီ အန်ဂတ်စူ(မ်)နီတာ	မသင်တော့ဘူး	매 띤더.부:	won't learn
~배우지 않았습니다. ဘယ်အူဂျီ အန်နတ်စူ(မ်)နီတာ	မသင်ခဲ့ဘူး	매띤케.부:	haven't learnt

한국어	버마어	한글 발음	English
~배웠습니다. ဘယ်ဂေ့စူ(မ်)နီတာ	သင်ခဲ့တယ်	띤케.대	I have learnt
~보다 ဘိုတာ	ထက်	택'	than
~보이지요? ဘိုအီဂျိုယို	မြင်တယ်မဟုတ်လား	민닌대 마호웃'라:	Do you see?
아! အာ	အြော်	어	Aww!
~아니다. အာနီတာ	မဟုတ်ဘူး	마호웃'부	No
~아닙니다. အာနီ(မ်)နီတာ	မဟုတ်ဘူး	마호웃'부:	No
~아래에 အာလယ်အယ်	အောက်မှာ	아웃'흐마	under
~안되죠? အန်ဒွယ်ဂျို	မရဘူးမဟုတ်လား	매야.부: 마호웃'라:	Can't it be?
~안됩니다. အန်ဒွယ်(မ်)နီတာ	မရဘူး	매야.부:	It can't be
~안에 အန်နယ်	ထဲမှာ	테흐마	in the

미얀마 여행 회화

한국어	미얀마어	발음	영어
야!	ဟဲ့	헷.	Hey!
ယာ			
~어디죠?	ဘယ်နေရာလဲ	배네야레:	where?
အောဒီဂျိုံ			
~어요.	တယ်	때.	
အောယို			
~어요?	လား	라:	
အောယို			
~얼마입니까?	ဘယ်လောက်လဲ	배라웃'레:	How much?
အော(လ်)မာအီ(မ်)နီကာ			
~입니다.	ပါ	빠	
အီ(မ်)နီတာ			
~에	မှာ	흐마	at
အယ်			
~에게	ဆီကို	스이고	toward / to
အယ်ဂယ်			
~에서	မှာ	흐마	at
အယ်စော			
~오세요.	လာပါ	라바	Please come
အုံစယ်ယို			

한국어	미얀마어	발음	영어
~오셔야 합니다. 아이 쇼야 하(미)니타	လာရမယ်	라야.매	must come
~오셨나요? 아이 쇼.나요	လာပြီလား	라빌라:	Do you come?
~오셨습니까? 아이 쇼.슈(미)니카	လာပြီလား	라빌라:	Do you come?
~오시겠습니까? 아이 싯카.슈(미)니카	လာမလား	라맬라:	Will you come?
~와 와	နဲ့	넷	with
~와 함께 와 함께(미)카요	နဲ့ အတူတူ	넷. 어뚜두	together with
~왔습니다. 왓슈(미)니타	လာခဲ့တယ်	라케.대	came
~위에 위에	အပေါ်မှာ	어뻐마	on
~으로 으로	နဲ့	넷.	with
~은 은:	ကတော့	까.더.	

한국어	미얀마어	영어
~을 아ː(레)	ကို 고	
~의 애	ရဲ့ 애.	with
~이 이	က 까.	
~이다 이ː따	ဖြစ်တယ် 핏'대	am, is, are
~이랑 이란ː	နဲ့ 넷.	with
~이었다. 이예ː또따	ဖြစ်ခဲ့တယ် 핏' 케.대	was, were
~인가요? 앙ː가요	လား 라ː	
~입니까? 이(ㅁ)니까	လား 라ː	
~입니다. 이(ㅁ)니따	တယ် 대	
~있나요? 잇나요	ရှိလား 실.라ː	is there?

한국어	미얀마어	영어
있습니다. 앗수(므)니다	ရှိပါတယ် 시.바대	there is
어디서 아디서	ဘယ်မှာ 배흐마	where?
어떻게 아또ㅎ게	ဘယ်လို 밸로	how
언제 아안제	ဘယ်တော့ 배더.	when
얼마나 아(ㄹ)마나	ဘယ်လောက် 배라웃'	how much?/how may?
여기 여기	ဒီမှာ 디마	here
왜냐하면 왜냐하마연(ㄴ)	ဘာဖြစ်လို့လဲဆိုတော့ 바핏'롯.레:소더.	because
우리가 우리가	ငါတို့က 응아독.가.	we
우리는 우리는느	ငါတို့ကတော့ 응아독.가.더	we
우리의 우리드을얘	ငါတို့ရဲ့ 응아독.애.	our

생활필수 문장·단어 모음

한국어	미얀마어	발음	영어
우리들의 것 အူလီဒူလယ်ဂွေ	ငါတို့ရဲ့ ဟာ	응아독.애.하	ours
우리를 အူလီလူး(လ်)	ငါတို့ကို	응아독.고	us
우리의 အူလီအယ်	ငါတို့ရဲ့	응아도애.	ours
이것 အီဂွေ	ဒီဟာ	디하	here
이곳 အီဂို့	ဒီနေရာ	디네야	this place
~주나요? ဂျူနာယို	ပေးလား	뻬:라:	Do you give?
~주세요. ဂျူစယ်ယို	ပေးပါ	뻬:바	please give
~주실래요? ဂျူရီး(လ်)လယ်ယို	ပေးမှာလား	뻬:흐마라:	Will you give?
저것 ဂျောဂွေ	ဟိုဟာ	호하	that
저곳 ဂျောဂို့	ဟိုနေရာ	호네야	that place

저기	ဟိုမှာ	there
ချောဂို	호마	

~처럼	လို	like that
ချောလော(မ်)	로	

~하겠다면서?	လုပ်မယ်ဆို	you do?
ဟာတ်ဒါမျော(န့်)စော	로웃'매소	

~하겠습니까?	လုပ်မလား	Will you do?
ဟာတ်စူ(မ်)နီတာ	로웃'맬라:	

~하겠습니다.	လုပ်မယ်	I'll do
ဟာတ်စူ(မ်)နီတာ	로웃'매	

~하고	လုပ်ပြီးတော့	
ဟာဂို	로웃'삐:더.	

~하고 싶으면	လုပ်ချင်တယ်ဆိုရင်	if you want to do
ဟာဂိုရှစ်ဖုမျော(န့်)	로웃'친대소잉	

~하면	လုပ်ရင်	if you do
ဟာမျော(န့်)	로웃'잉	

~하세요.	လုပ်ပါ	do it
ဟာစယ်ယို	로웃'바	

~하셔야 합니다.	လုပ်ရမယ်	must do
ဟာရှော်ယာ ဟာ(မ်)နီတာ	로웃'야.매	

한국어	미얀마어	발음	영어
~하셨습니까?	လုပ်ပြီးပြီလား	로웃뻬: 빌라:	Have you done?
ဟာရှော့ခဲ့စု(မ်)နီကာ			
~하자(두 사람)	လုပ်စို့	로웃소.	let's do
ဟာဂျာ			
~하자(여러 사람)	လုပ်ကြစို့	로웃자.소.	let's do
ဟာဂျာ			
~하지 않겠습니다.	မလုပ်တော့ဘူး	맬로웃'더.부:	won't do
ဟာဂျီ အန်ဂတ်စု(မ်)နီတာ			
~하지 않는다.	မလုပ်ဘူး	맬로웃'부	don't do
ဟာဂျီ အန်နွန်းဒါ			
~하지 않았다면서?	မလုပ်ခဲ့ဘူးဆို	맬로웃'케.부:소	didn't do?
ဟာဂျီ အန်နတ်ဒါမျော(န်)စော			
~하지 않았습니다.	မလုပ်ခဲ့ဘူး	맬로웃'케.부:	didn't do
ဟာဂျီ အန်နတ်စု(မ်)နီတာ			
~하지 마라.	မလုပ်နဲ့	맬로웃'넷.	don't do
ဟာဂျီမာလာ			
~하지 마세요.	မလုပ်ပါနဲ့	맬로웃'바네.	please don't do
ဟာဂျီမာစယ်ယို			
~하지 않아요.	မလုပ်ဘူး	맬로웃'부:	don't do
ဟာဂျီ အန်နာယို			

한국어	버마어	영어
~한다. ဟန်ဒါ	လုပ်တယ် 로웃'대	do
~한다니까. ဟန်ဒါနီကာ	လုပ်ခဲ့ပါတယ်ဆို 로웃'케.바대소	I say 'I do'
~한다면서? ဟန်ဒါမျောင်(န့်)စော	လုပ်ခဲ့တယ်ဆို 로웃'케.대소	Did you do?
~할 겁니다. ဟား(လ်)ဂေါ်(မ်)နီကာ	လုပ်မယ် 로웃'매	will do
~할까요? ဟား(လ်) ကာယို	လုပ်ရမလား 로웃'야.말라:	shall I do?
~할 수 없다. ဟား(လ်)စူအော့(ပ်)တာ	မလုပ်နိုင်ဘူး 맬로웃'나인부:	can't do
~할 수 있다. ဟား(လ်)စူအစ်တာ	လုပ်နိုင်တယ် 로웃'나인대	can do
~할 수 있습니까? ဟား(လ်)စူအစ်စူ(မ်)နီကာ	လုပ်နိုင်လား 로웃'나인라:	can you do?
~함께 ဟမ်း(မ်)ကယ်	နဲ့ အတူတူ 네.어뚜뚜	together
~합니까? ဟာ(မ်)နီကာ	လုပ်လား 로웃'라:	do you do?

~합시다. (두사람) ဟပ်(ပ်)ရှိတာ	လုပ်စို့ 로웃'소		let's do
~합시다. (여러사람) ဟပ်(ပ်)ရှိတာ	လုပ်ကြစို့ 로웃'자.소.		let's do
~했습니까? ဟတ်စှူ(မ်)နီတာ	လုပ်ခဲ့လား 로웃'케.라:		Did you do?
~했습니다. ဟတ်စှူ(မ်)နီတာ	လုပ်ခဲ့တယ် 로웃'케.대		I did

한글 자음별 단어 모음
Words of Korean consonant

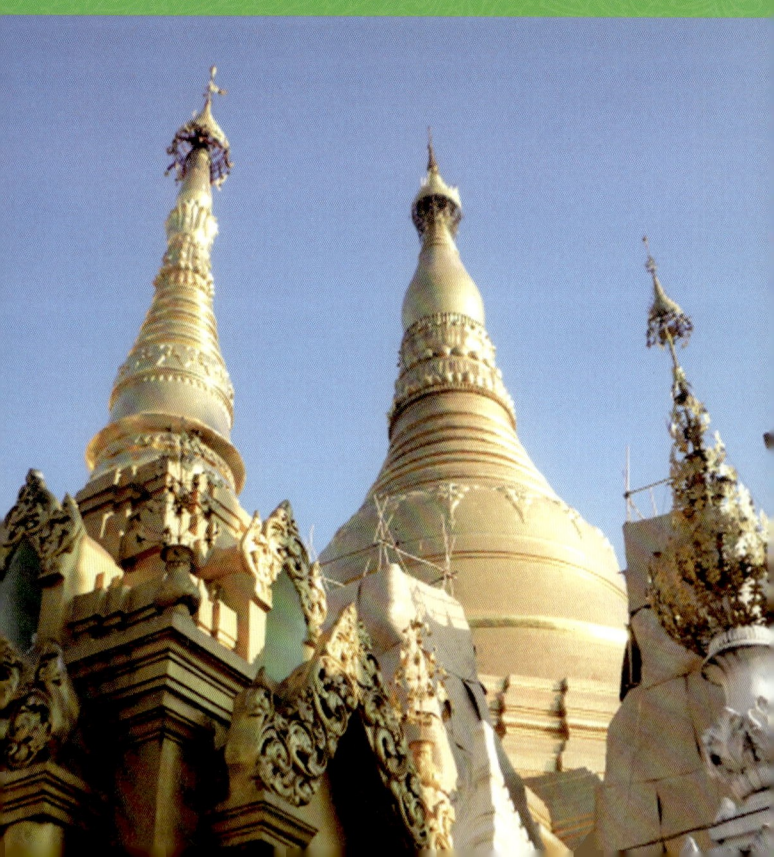

ㄱ

한국어	미얀마어	영어
가게 / 가에	ဆိုင် / 싸인	shop
가격 / 가(ㄱ)요ㅈ	ဈေးနှုန်း / 세:흐농:	price
가구 / 가구	ပရိဘောဂ / 뻴리.버가.	furniture
가까이에 / 가까아이앋	အနီးအနား / 어니:어나:	near
가끔 / 가꾼:(메)	တစ်ခါတစ်ရံ / 떼카 떼얀:	occasionally
가난하다 / 가난:하다이	ဆင်းရဲသည် / 승:예:떠	poor
가다 / 가다	သွားသည် / 똬.디	go
가득 찬 / 가득 챤:	ပြည့်သော / 삐옛.떠	full
가라 / 가라	သွား / 똬:	go
가렵다 / 가렵ㅈ(ㅂ)다	ယားသည် / 야:디	itchy

미얀마 여행회화

180

한국어	미얀마어	English
가로 가로	အလျား 알레야:	width
가로등 가로등	လမ်းဘေးမီးတိုင် 람:베: 미:다인	streetlight
가르쳤다 가르쳤다	သင်ခဲ့သည် 띤케.디	taught
가르치다 가르치다	သင်ပေးသည် 띤뻬:디	teach
가리키다 가리키다	ညွှန်ပြသည် 흐농빠.디	point
가방 가방	လွယ်အိတ် 뢰애잇'	bag
가방 가게 가방 가게	လွယ်အိတ်ဆိုင် 뢰애잇'싸인	bag shop
가벼운 가벼운	ပေါ့သော 뻐.더	light
가볍다 가볍다	ပေါ့သည် 뻐.디	be light
가수 가수	အဆိုတော် 앗소더	singer

181

ㄱ

한국어	미얀마어	영어
가스 / 가스	ဂတ်(စ်) / 게스'	gas
가스통 / 가스통	ဂတ်(စ်)ဘူး / 게'스부:	gas tube
가슴 / 가슴느(므)	ရင်ဘတ် / 잉백'	breast
가엾다 / 가요ㄱ(ㅂ)다	သနားဖို့ကောင်းသည် / 따나:포. 까웅:디	be pitiful
가옥 / 가이ㅇ	အိမ် / 애잉	house
가운데 / 가아운:대얻	အလယ် / 알레	middle
가위 / 가위	ကတ်ကြေး / 깟'지	scissors
가을 / 가우:(ㄹ)	ဆောင်းဦး / 싸웅:우:	fall
가이드 / 가아이드	ညွှန်လမ်းညွှန် / 엑 렌:효	tourist guide
가자 / 가갸	သွားစို့ / 똬:조.	let's go

미얀마 여행 회화

182

가장	အိမ်ထောင်ဦးစီး	head of a family
ဂါဂျန်း	အဲပင် ဒါဗွင် ဦး:ဂျီ	
가졌다	ပိုင်ဆိုင်ခဲ့သည်	possessed
ဂါဂျေ့တာ	ပိုင် ဆိုင်ကေ.ဒီ	
가족	မိသားစု	family
ဂါဂျုံ.	မိ.သား:စု.	
가죽	သားရေ	leather / animal skin
ဂါဂျူ	ဒယေ	
가지다	ပိုင်ဆိုင်သည်	possess
ဂါဂျီတာ	ပိုင်ဆိုင်ဒီ	
가짜	အတု	imitation
ဂါကျာ	အတု.	
간	အသည်း	liver
ဂန်း	အသ်ဒေး:	
간단한	လွယ်ကူသော	simple, easy
ဂန်းဒန်းဟန်း	ရွယ်ကူဒေါ်	
간장	ပဲငံပြာရည်	soy sauce
ဂန်းဂျန်း	ပဲ:ငံဗျာယီ	
간청하다	တောင်းဆိုသည်	ask for
ဂန်းချောင်းငှာဒါ	တောင်း:ဆိုဒီ	

183

ㄱ

| 간편하다 | လွယ်ကူရှင်းလင်းသော | clear |
| 간ㅡ퍼야(ㄴ)하다 | 뢔꾸 싱:링:떠 | |

| 간호사 | သူနာပြု | nurse |
| 간ㅡ노사 | 뚜나뷰. | |

| 갈색 | အညိုရောင် | brown |
| 가(ㄹ)섹 | 안뇨야운 | |

| 갈 수 있니? | သွားနိုင်လား | Can you go? |
| 가:(ㄹ)쑤앗시니 | 똬:나인라: | |

| 감 | တည်သီး | persimmon |
| 감:(ㅁ) | 떼디: | |

| 감기들다 | အအေးမိသည် | get cold |
| 감:(ㅁ)기두:(ㄹ)다 | 앗에: 미.디 | |

| 감독하다 | ကြီးကြပ်သည် | supervise |
| 감:(ㅁ)도'카다 | 찌:짯'띠 | |

| 감자 | အာလူး | potato |
| 감:(ㅁ)자 | 알루: | |

| 감자튀김 | အာလူးကြော် | potato fries |
| 감:(ㅁ)자튀김:(ㅁ) | 알루:조 | |

| 값비싼 | ဈေးကြီးသော | expensive |
| 갓(ㅂ)비싼: | 쎄:찌:떠 | |

값이 싼 갑(ㅂ)씨싼	ဈေးပေါသော 쎄:뻐떼	cheap
갔어요 갓써요	သွားခဲ့တယ် 똬:게.대	have gone
갔었다 갓썻다	သွားဖူးတယ် 똬:푸:대	have aleray gone
강 강	မြစ် 미잇'	river
강도 강도	ဓားပြ 데먀.	robber
강아지 강아지	ခွေးပေါက်စ 퀘:빠욱'사.	puppy
강하다 강하다	ပြင်းထန်သည် 삥:탄디	be strong
강한, 튼튼한 강한ㅣ튼튼한	တောင့်တင်းသော 따웅.띤:떠	strong
강한 색 강한색	အရောင်ရင့် 아야운잇.	dark color
같다 갓따	တူသည် 뚜디	be same / look like

185

ㄱ

한국어	미얀마어	English
같이 / ဂတ်ချီ	အတူတူ / 앗뚜뚜	together
개 / ဂယ်	ခွေး / 퀘:	dog
개구리 / ဂယ်ဂူလီ	ဖား / 파:	frog
개미 / ဂယ်မီ	ပုရွက်ဆိတ် / 빼유웨'세잇'	ant
개방하다 / ဂယ်ဘန်းငှာဒါ	ဖွင့်လှစ်သည် / 푸힝.흘릿'디	open
개선하다 / ဂယ်စော(န့်)ဟာဒါ	ကောင်းစွာ ပြုပြင်သည် / 까웅:좌 뷰.삥디	make improve
개성 / ဂယ်စောင်း	ကိုယ်ပိုင်စရိုက် / 꼬바잉 스타인	individual character
개시하다 / ဂယ်ရှိဟာဒါ	စတင်သည် / 싸.띵디	begin / start
개인사업자 / ဂယ်အင်းစာအော(ပ်)ဂျာ	စီးပွားရေးသမား / 스이:봐:예: 뎀마:	business man
개최하다 / ဂယ်ချွယ်ဟာတာ	ဖွင့်လှစ်သည် / 푸잉.흘릿'디	hold a meeting

개학	ကျောင်းစဖွင့်ခြင်း	start school
ဂယ်ဟတ်	ချိဤင်း:ဆာ. ဖွင်ဂျိ:	

거기	ဟိုမှာ	there
ဂေဂိ	ဟိုမာ	

거꾸로	ပြောင်းပြန်	upside down
ဂေကူလို	ဗျောင်း:ဗျန်	

거닐다	လမ်းလျှောက်သည်	walk
ဂေနီး(လ်)ဒါ	လဲန်: ရှာ့ဥက်'ဒိ	

거대하다	ကြီးမားသည်	enormous
ဂေဒယ်ဟာဒါ	ချီ:မာ:ဒိ	

거래하다	အရောင်းအဝယ်လုပ်သည်	transactions
ဂေလယ်ဟာဒါ	အယျောင်:အဝဲ လုပ်'ဒိ	

거리	အကွာအဝေး	distance
ဂေလီ	အတ်ခွာ အဝဲ:	

거리 표지판	လမ်းညွှန်ဆိုင်းဘုတ်	road sign
ဂေလီဖျိုဂျိဖန်း	လဲန်:ညွှန် ဆိုင်:ဘုပ်'	

거미	ပင့်ကူ	spider
ဂေမီ	ပဈ်.ခူ	

거실	ဧည့်ခန်း	living room
ဂေရှီး(လ်)	ဧည်.ခန်း:	

ㄱ

| 거울 | မှန် | mirror |
| 고어울(르) | 흐만 | |

| 거절하다 | ငြင်းပယ်သည် | refuse |
| 고져(르)하다 | 닝:뻬디 | |

| 거짓말 | လိမ်ညာစကား | lie |
| 고졋마:(르) | 렝냐 셋가: | |

| 걱정하는 | စိုးရိမ်သော | worried |
| 게교징느ㄴ | 소:예잉떠 | |

| 걱정하다 | စိုးရိမ်သည် | worry, concern |
| 게교징하다 | 쏘:예잉디 | |

| 건강 | ကျန်းမာရေး | health |
| 고(ㄴ)간 | 짠:마예: | |

| 건강한 | ကျန်းမာသော | healthy |
| 고(ㄴ)간한 | 짠:마더 | |

| 건물 | အဆောက်အအုံ | building |
| 고(ㄴ)무(르) | 앗싸웃' 앗옹 | |

| 건전지 | ဓာတ်ခဲ | battery |
| 고(ㄴ)져(ㄴ)지 | 댁케: | |

| 건축 | ဆောက်လုပ်ရေး | construction |
| 고(ㄴ)추 | 사욱'록'예: | |

| 건포도 | စပျစ်သီးခြောက် | raisin |
| ၀ေါ(န့)ဖိုဒို | 세빗'띠:차욱' | |

| 걷다 | လမ်းလျှောက်သည် | go on foot / walk |
| ၀ေဲ့ဒါ | 랭:샤욱'디 | |

| 걸다 | ချိတ်သည် | walk |
| ၀ေါ(လ်)တာ | 채잇'디 | |

| 걸레 | ဖုန်သုတ်ဝတ် | a dustcloth |
| ၀ေါလယ် | 퐁똣'웟' | |

| 검사하다 | စုံစမ်းသည် | inspect / inquire |
| ၀ေါ(မ်)စာဟာဒါ | 송싼:디 | |

| 검은색 | အမဲရောင် | black |
| ၀ေါ(မ်)ဂျောင်းစက် | 아매:야웅 | |

| 겁쟁이 | သရဲဘောကြောင်သူ | a coward |
| ၀ေဲ့(ပ်)ချွန်းဢီ | 때예:버 짜웅두 | |

| 게 | ဂဏန်း | crab |
| ၀ယ် | 갓난: | |

| 게시판 | ကြော်ငြာသင်ပုန်း | bulletin board |
| ၀ယ်ရှီဖန်း | 쪼냐 띵봉: | |

| 게으르다 | ပျင်းသည် | lazy |
| ၀ယ်အူလူဒါ | 삐엔:디 | |

ㄱ

한국어	미얀마어	영어
게임 갤아인:(ㅁ)	ဂိမ်း 게임:	game
겨울 (ㄱ)요아우:(ㄹ)	ဆောင်း 싸웅:	winter
격려하다 (ㄱ)요아뇨하다	နှစ်သိမ့်သည် 흐닉' 떼잉.디	encourange
견본 (ㄱ)요아(ㄴ)봄:(ㄴ)	နမူနာပုံစံ 넘무나 봉산	sample
견학 (ㄱ)요아(ㄴ)학	ကွင်းဆင်း လေ့လာသည် 꿩:스잉: 레.라디	observe
결과 (ㄱ)요아(ㄹ)과	ရလဒ် 얄.넷'	result
결론 (ㄱ)요아(ㄹ)론:	နိဂုံး 니.공:	conclusion
결정하다 (ㄱ)요아(ㄹ)졍:하다	ဆုံးဖြတ်သည် 쏭:퓻'디	decide
결혼식 (ㄱ)요아롱:식	လက်ထပ်ပွဲ 럇'탓'보외:	wedding ceremony
결혼하다 (ㄱ)요아롱:하다	လက်ထပ်သည် 럇'탓'디	get marry

경고하다	소တိပေးသည်	give warning
(ဂ)ယောင်းဂိုဟာတာ	더디.뻬:디	
경계선	နယ်နိမိတ်	boundary
(ဂ)ယောင်းဂယ်စော(န်)	네낭메익'	
경기	ပြိုင်ပွဲ	match / competation
(ဂ)ယောင်းဂီ	빠잉붸	
경기장	အားကစားရုံ	stadium
(ဂ)ယောင်းဂီဂျန်း	아:그자:용	
경비	လုံခြုံရေး	guard / security
(ဂ)ယောင်းဘီ	롱종예:	
경비(돈)	ကုန်ကျစရိတ်	expense
(ဂ)ယောင်းဘီ(ဒုံး)	꽁짜. 세옛'	
경사지다	စောင်းသည်	incline
(ဂ)ယောင်းစာဂျိတာ	싸웅:디	
경영하다	စီမံခန့်ခွဲသည်	manage business
(ဂ)ယောင်း(င)ယောင်းဟာတာ	스이만 칸.퀘:디	
경유하다	ဖြတ်သန်းသည်	go through / across
(ဂ)ယောင်း(င)ယူဟာတာ	피얏'딴:디	
경쟁하다	ယှဉ်ပြိုင်သည်	complete
(ဂ)ယောင်းဂျိန်းဒုတာ	싱빠잉디	

ㄱ

한국어	미얀마어	English
경제 (ㄱ)영웅게얻	စီးပွားရေး 스이:봐:예:	economics
경찰 (ㄱ)영웅쟈(ㄹ)	ရဲ 예:	police / cop
경찰서 (ㄱ)영웅쟈(ㄹ)써	ရဲစခန်း 예:싸캉:	police station
경찰차 (ㄱ)영웅쟈(ㄹ)쟈	ရဲကား 예:까:	police car
경축하다 (ㄱ)영웅쮸캬타	ဂုဏ်ပြုပွဲလုပ်ပေးသည် 공쀼:쀄 록'뻬:디	celebrate
경치 (ㄱ)영웅쮸	ရှုခင်း 슈.킹:	scenery
경험 (ㄱ)영웅허(ㅁ)	အတွေ့အကြုံ 앗뙈. 어쭘	experience
계곡 갤고	တောင်ကြား 따웅쟈:	valley
계급 갤급(ㅂ)	ရာထူး 야두:	rank
계단 갤단	လှေကား 흘레가:	stairs / ladder

미얀마 여행 회화

한국어	미얀마어	English
계란 개란	ကြက်ဥ 짹'우	chicken egg
계란후라이 개란후라이	ကြက်ဥကြော် 짹'우,저	fired chicken egg
계산기 개산기	ဂကန်းပေါင်းစက် 가난: 빠웅:쎅'	calculator
계속 개속	ဆက်တိုက် 쎅'다잇'	continously
계약금 개약금(먼)	စရံငွေ 쎄양우웨	contract amount
계약서 개약서	စာချုပ် 싸조욱'	a contract document
계약하다 개약하다	စာချုပ်ချုပ်သည် 싸족' 촉'디	contract
계절 개겨(절)	ရာသီဥတု 야디웃.뚜.	season / weather
계획안 개획안	စီမံကိန်း 쓰이만갱:	schedule
계획 개획	အစီအစဉ် 앗 씨이 앗 스잉	plan

ㄱ

한국어	미얀마어	English
고객 고객	ဈေးဝယ်သူ 쎄:왜뚜	customer
고구마 고구마	ကန်စွန်းဥ 게쑹:욱.	sweet potato
고궁 고궁	နန်းတော် 난:더	an old(ancient) palace
고기 고기	အသား 앗따:	meat
고단하다 고단하다	ပင်ပန်းသည် 삥반:디	tired
고등학교 고등학교	အထက်တန်းကျောင်း 앗택'딴: 자웅:	high school
고래 고래	ဝေလငါး 왤락.응아:	whale
고맙다 고맙다	ကျေးဇူးတင်ပါသည် 째:쥬: 띤바디	thanks
고모, 이모 고모 l 이모	အဒေါ် 앗더	aunt
고생하다 고생하다	ဒုက္ခရောက်သည် 독카. 야욱'디	be in trouble

고속도로	အဝေးပြေးလမ်းမ	a super-highway
고양이	ကြောင်	cat
고용하다	အလုပ်ခန့်သည်	employ
고장나다	ပျက်သည်	out of order
고추	ငရုတ်သီး	chili
고춧가루	ငရုတ်သီးမှုန့်	red chili powder
고치다	ပြင်သည်	repair
고통스럽다	နာကျင်သည်	pain / hurt
고향	မွေးရပ်မြေ	one's hometown
고혈압	သွေးတိုးရောဂါ	high-blood pressure

한국어	미얀마어	영어
골동품 고(ㄹ)동풉(ㅁ)	ရှေးဟောင်းပစ္စည်း 시:하웅: 삐'쓰이	antique
골목 고(ㄹ)목	လမ်းကြား 랜:쟈	alley
골절되다 고(ㄹ)쩔(ㄹ)둬(ㄹ)다	အရိုးကျိုးသည် 아요: 쬬:디	have broken a bone
골프장 고(ㄹ)프장	ဂေါက်ရိုက်ကွင်း 가욱'야잇'퀸:	a golf course
공 공	ဘောလုံး 버롱:	ball
공급하다 공그퓨(ㄹ)파다	ပေးသည် 뻬:디	supply
공기 공기	လေထု 레두.	atmosphere
공무원 공무워(ㄴ)	ရုံးဝန်ထမ်း 용:원단:	office staff
공부하다 공부하다	လေ့လာသည် 레.라디	study
공사하다 공사하다	ဆောက်လုပ်သည် 싸욱'로웃'디	construct

공연하다	ဖျော်ဖြေသည်	perform
곤(ㅇ)요(ㄴ)나타	퍼 비예디	
공원	ပန်းခြံ	park
곤웨(ㄴ)	빤:잔	
공작	ဒေါင်း	peacock
곤자	쎄잉웅:	
공장	စက်ရုံ	factory / industry
곤잔	색'용	
공장근로자	စက်ရုံအလုပ်သမား	factory worker
곤잔군노리자	쎄잉'용 얼로웃' 땜마:	
공중전화	အများပြည်သူသုံး တယ်လီဖုန်း	a public telephone
곤중전화	아먀: 삐두똥: 텔리퐁:	
공책	မှတ်စုစာအုပ်	notebook
곤책	흐맛'수 싸옥'	
과거	အတိတ်	past
과거	앗 떼잇'	
과목	ခေါင်းစဉ်	title
과목	가웅:스잉	
과일	အသီး	fruit
과이(ㄹ)	앗띠:	

ㄱ

ㄱ

한국어	미얀마어	영어
과일상점 꽈아리(ㄹ)쌍쎄꼬(ㅁ)	အသီးဆိုင် 앗띠:자잉	fruit shop
과자 꽈자	ဘီစကွတ် 비스쿳'	biscuit
과장 꽈쟌ː	ဥက္ကဌ 옷'까타	the head / principle
과즙 꽈즙(ㅂ)	အသီးဖျော်ရည် 앗띠: 퍄예	fruit juice
과학 꽈학	သိပ္ပံ 때잇'빤	science
과학자 꽈학자	သိပ္ပံပညာရှင် 때잇'빤 빤냐싱	scientist
관객 꽈ː(ㄴ)각	ပရိသတ် 뻘래익'땃'	spectators / audience
관계하다 꽈ː(ㄴ)개하다	ပတ်သက်သည် 빳'딱'띠	relate
관광하다 꽘꽝하다	လှည့်လည်သည် 홀레.레디	go around
관람하다 꽘람하다	ကြည့်ရှုသည် 찌.슈.디	watch

198

관심이 있다	စိတ်ဝင်စားတယ်	concern
과미쉬니미앗타	셋'윙 자:디	

광고	ကြော်ငြာ	an advertisement
과므고	쪼냐	

괜찮다	ရပါတယ်	it does't matter
괘찬타	야.바데	

괴롭다	ဒုက္ခရောက်သည်	be troubled
괘로(ㅂ)타	독'카. 야욱'디	

굉장히	အလွန်အကျွံ	be imposing
궝쟁이	알룬 앗쭝	

교과서	ဖတ်စာအုပ်	text book
(ㄱ)요꽈서	팟'싸옥'	

교사	ဆရာ ၊ ဆရာမ	teacher
(ㄱ)요사	세야(남) / 세야마(여)	

교수	တက္ကသိုလ်ဆရာ(မ)	faculty / tutor
(ㄱ)요수	땃'갓또 세야 / -마(여)	

교실	စာသင်ခန်း	classroom
(ㄱ)요시리(ㄹ)	싸띵칸:	

교역하다	ကူးသန်းရောင်းဝယ်ရေးလုပ်သည်	trade
(ㄱ)요여카다	꾸:딴: 야웅:왜예: 로웃'디	

ㄱ

교육 (ㄱ)뇨:유	ပညာရေး 뼁냐예:	education

교통 (ㄱ)뇨:통	ယာဉ်ကြော 잉저	traffic / line

교통비 (ㄱ)뇨:통:비	ယာဉ်စီးခ 잉시이:카.	fare

교환하다 (ㄱ)뇨:환하다	လဲလှယ်သည် 렐:레디	exchange

교회 (ㄱ)뇨:회	ခရစ်ယာန် ဘုရားကျောင်း 크리'얀 패야:자웅:	church

구급약 (ㄱ)구:급(ㅂ)약	အရေးပေါ်ဆေး 아예: 버쎄:	first-aid medicine

구급차 (ㄱ)구:급(ㅂ)차	လူနာတင်ယာဉ် 루나 띵잉	ambulance

구독하다 (ㄱ)구도카다	ပုံမှန် ဝယ်ဖတ်သည် 뽕흐만 왜 팟'디	subscribe

구두 (ㄱ)구두	ရှူးဖိနပ် 슈:퍼낫'	shoes

구르다 (ㄱ)구루다	လိမ့်သည် 래잉.디	roll

한국어	미얀마어	영어
구름 / 구룸(ㅁ)	တိမ် / 때잉	cloud
구멍을 파다 / 구멍응울(ㄹ) 파타	တူးသည် / 뚜:디	dig
구명복 / 구몽벅	အသက်ကယ်အင်္ကျီ / 앗땃'께에 인:지	life jacket
구부리다 / 구부리타	ကွေးသည် / 꿰:디	bend
구슬 / 구술(ㄹ)	ပုလဲ / 뿔래:	pearl
구정 / 구정	နှစ်သစ်ကူး / 흐닛'띳'꾸:	the lunar new year
구토하다 / 구토하타	အော့အန်သည် / 이.안디	vomit
국 / 국	စွပ်ပြုတ် / 숫'뵤웃'	soup
국가 / 국가	တိုင်းပြည် / 따잉:비	country
국경일 / 국(ㄱ)경잉(ㄹ)	အမျိုးသားနေ့ / 어묘:따:넷	national day

ㄱ

한국어	미얀마어	영어
국내 / 군네	မြို့ထဲ / 묘.돼:	downtown
국민 / 군민(ㄴ)	ပြည်သူ / 삐두	people / public
국수 / 국쑤	ခေါက်ဆွဲပြုတ် / 카웃'쇄:뾰웃'	noodles
국외 / 구괴	ပြည်ပ / 삐빠	oversea
국자 / 국짜	ဟင်းခတ်ဇွန်း / 힝:캇'쑨:	a (soup) ladle
국적 / 국쩍	လူမျိုး / 르묘:	nationality
국제 / 국쩨	နိုင်ငံတကာနှင့်ဆိုင်သော / 나잉응얀 타카흐닛' 싸인더	international
군대 / 군대	စစ်တပ် / 스잇'땟'	an army / military
군인 / 구닌	စစ်သား / 스잇'따:	soldier
굽다 / 굽(ㅂ)따	ဖုတ်သည် / 포욱'디	roast / bake

미얀마 여행 회화

| 권리 | အခွင့်အရေး | right / opprtunity |
| (ㄱ)ㅞ(ㄹ)리 | အော့ဂွံ. အရေး: | |

| 권투하다 | လက်ဝှေ့ထိုးသည် | boxing / match |
| (ㄱ)ㅞ(ㄴ)투하다 | ဟ္လာ'ဂွေ. တို:ဒိ | |

| 귀 | နား | ear |
| ㄱ귀 | နာ: | |

| 귀 기울여 듣다 | နားစိုက်ထောင်သည် | listen |
| 귀 기အူလျော 드타 | နာ:ဆိုင့် တောင်ဒိ | |

| 귀걸이 | နားကပ် | earrings |
| 귀거리 | နဲဂပ် | |

| 귀금속 | အဖိုးတန် သတ္တု | the precious metal |
| 귀군:(ㅁ)속 | အဖို:တန် တ'တု | |

| 귀신 | သရဲ | ghost |
| 귀ရှင်: | ထေ:ရဲ | |

| 규정하다 | သတ်မှတ်သည် | prescribe / define |
| (ㄱ)ယုျောင်း하다 | တတ်ဟ်မတ်'ဒိ | |

| 귤 | လိမ္မော်သီး | orange |
| (ㄱ)ယူ:(ㄹ) | ရေင်မာဒိ: | |

| 그 | သူ | he |
| ကု | တု | |

ㄱ

한국어	미얀마어	English
그곳 / ဂူဂို	အဲဒီနေရာမှာ / 에:디. 네야흐마	there
그날 / ဂူနား(လ်)	အဲဒီနေ့ / 에.디.네	that day
그네 / ဂူနယ်	ဒုန်း / 단:	swing
그녀 / ဂူညော	သူမ / 뚜마.	she
그릇 / ဂူလွတ်	ပန်းကန်လုံး / 베간론:	bowl
그림 / ဂူလင်း(မ်)	ပုံ / 뽕	picture
그림붓 / ဂူလင်း(မ်)ဘု	ပုံဆွဲတံ / 뽕수에: 단	paint brush
그저깨 / ဂူဂျောကယ်	တနေ့က / 떠네.가.	the day before yesterday
극장 / ဂုဂျုန်း	ရုပ်ရှင်ရုံ / 욕'싱용	a theater
근교 / ဂွန်း(ဂ)ယို	ဆင်ခြေဖုံး ရပ်ကွက် / 스잉체퐁: 얏'꽥	the suburbs

미얀마 여행 회화

204

근면하다	လုံ့လဝရိယ စိုက်ထုတ်သည်	be diligence
그느면(느)나타	롱.라. 왜리.야. 싸잇'톡'디	

근무시간	အလုပ်ချိန်	office(working) hours
그느므리간느	알로웃'챙	

근무하다	အလုပ်လုပ်သည်	work, do duty
그느므하타	알로웃' 로웃'디	

근심하다	စိုးရိမ်သည်	worry
그느싱느(므)햐타	쏘:예잉디	

근육	ကြွက်သား	muscle
그느뉴	쪼왯'다:	

근처	အနီးအနား	near
그느쩌	안니: 안나:	

글	စာလုံး	alphabet / word
그으(ㄹ)	쌀롱:	

금	ရွှေ	gold
그느(므)	쉐	

금년	ဒီနှစ်	this year
그느(므)뇨느	디흐닛'	

금년, 올해	ဒီနှစ်	this present
그느(므)뇨(느), 이랄	디흐닛'	

ㄱ

한국어	미얀마어	English
금반지	ရွှေလက်စွပ်	gold ring
궁ㄴ:(ㅁ)반:기	쉐렛'쑷'	
금연	ဆေးလိပ်မသောက်ရ	no smoking
궁ㄴ:(ㅁ)뗘(ㄴ)	세:래잇' 메따웃'야	
금요일	သောကြာ	Friday
궁ㄴ:(ㅁ)뮤 아:(ㄹ)	따웃'짜	
금융	ငွေရေးကြေးရေး	finance
궁ㄴ:(ㅁ)뮤:	웨예: 쩨:예:	
금지	တားမြစ်ခြင်း	prohibition
궁ㄴ:(ㅁ)지	따:밋'친:	
급료	လစာ	salary
궁ㄴ:(ㅁ)뇨	라,자	
급유하다	လောင်စာ(ဓာတ်ဆီ) ထည့်သည	supply oil
급(ㅂ)뮤하따	라웅싸 택.디	
급하다	အလျင်စလို လုပ်သည်	urgent
급파따	알링 셀로 록'디	
급행열차	အမြန်ရထား	an express train
급(ㅂ)핸:요(ㄹ)촤	아먄 예'타	
긍정하다	အခိုင်အမာ ပြောဆိုသည်	affirm, agree
궁ㄴ정하따	아카잉 안마 뼈소디	

206

기계 기계	စက် 섹'	a machine
기관 기관	ဌာန 타나.	department
기관지염 기관지염(먼)	လည်ချောင်းနာ 레자웅:나	sore throat
기구 기구	ကိရိယာ တန်ဆာပလာ 끌리.야 데자 빨라	tools
기념품 기념(먼)품(먼)	အမှတ်တရ ပစ္စည်း 앗휴맛'때야. 삐옛'스이:	souvenir
기념하다 기념(먼)하다	အထိမ်းအမှတ်ပွဲကျင်းပသည် 앗태잉: 앗흐맛' 보왜 찐:빠.디	memorialize
기다리다 기다리다	စောင့်သည် 싸웅.디	wait
기다려 기다려	စောင့်ပေး 싸웅.뻬:	wait / please wait
기대하다 기대하다	မျှော်လင့်သည် 흐묘링.디	expect
기도하다 기도하다	ဆုတောင်းသည် 쑤.따웅:디	pray / wish

ㄱ

한국어	미얀마어	English
기독교 기도꾜	ခရစ်ယာန်ဘာသာဝင် 클리얀' 바다윙	christianity
기록 기록	မှတ်တမ်း 흐맛'탄:	record
기름 기름(ㅁ)	ဆီ 스이	oil
기름지다 기름(ㅁ)지다	အဆီတက်သည် 아씨딱'디	oily
기린 기린(ㄴ)	သစ်ကုလားအုပ် 떳'클라옥'	giraffe
기본 기본(ㄴ)	အခြေခံ 앗체간	basic / foundation
기부금 기부금(ㅁ)	အလှူ ငွေ 아흐루응웨	donation money
기분 기분(ㄴ)	စိတ်ခံစားမှု 세이'캉 싸:흐묵.	feeling
기쁘다 기쁘다	ပျော်ရွှင်သည် 뵤쉰디	be glad, happy
기상 기상	ရာသီဥတု 야디 우.뚜.	weather

미얀마 여행 회화

기숙사	အိပ်ဆောင်	dormitory
ဂီစုစာ	အက်'ဆာဝုံ	
기술	နည်းပညာ	technique, skill
ဂီစူး(လ်)	နိ:ပ္ပဉ္ညာ	
기술자	နည်းပညာရှင်	technician
ဂီစူး(လ်)ဂျာ	နိ: ပ္ပဉ္ညာရှင်	
기어오르다	တက်သည်	climb
ဂီအော အိုလုတာ	တ္တက်'ဒိ	
기억하다	သတိရသည်	remember
ဂီအော့ခါတာ	ဒေဒိ. ယာဒိ	
기업가	လုပ်ငန်းရှင်	enterpriser
ဂီအော့(ပ်)ဂါ	လုက်' ဥပ်အန်း:ရှင်	
기온	အပူချိန်	temperature
ဂီအိုး(န်)	အပူချိန်	
기운	ခွန်အား	strength / energy
ဂီအွန်း	ခွန်အား:	
기자	သတင်းထောက်	reporter
ဂီဂျာ	ဒေဒင်း:တောက်'	
기절하다	သတိမေ့သည်	faint / forget
ဂီဂျော(လ်)ဟာတာ	ဒေဒိ' မေ.ဒိ	

209

ㄱ

미얀마 여행 회화

한국어	미얀마어 / 발음	English
기차 / ရီချာ	ရထား / 예'타:	train
기차역 / ရီချာယော့	ဘူတာရုံ / 부다용	railway station
기초 / ရီချို	အခြေခံ / 아채칸	base / foundation
기침 / ရီချင်း(မ်)	ချောင်းဆိုးခြင်း / 차웅: 소:친:	cough
기침약 / ရီချင်း(မ်)ယာ့	ချောင်းဆိုးပျောက်ဆေး / 차웅:소:뺘욱'세	a cough medicine
기타(등등) / ရီထာ	အခြေခံ / 싸.따피인'	and so on
기타(악기) / ရီထာ	ဂီတာ / 기타	guitar
기한 / ရီဟန်း	အချိန်အကန့်အသတ် / 어챙 어깐 어땍'	time limit
기혼 / ရီဟုံး	လက်ထပ်ခြင်း / 랙'탁'친:	marriage
기회 / ရီဟွယ်	အခွင့်အရေး / 아쿠.웨: 어예:	right / opportunity

210

| 기획하다 | စီစဉ်သည် | plan |
| ဂီဟွက်ခါတာ | ဆျိဂျေန်ဒိ | |

| 기후 | ရာသီဥတု | weather |
| ဂီဟူ | ယာဒိ အုဴဒုခ်. | |

| 긴 | ရှည်သော | long |
| ဂင်း | ဆျိအေတ္တာ | |

| 긴급하다 | အရေးကြီးသည် | being important |
| ဂင်းဂွတ်(ပ်)ဖာတာ | အောယေး: ဆျိ:ဒိ | |

| 긴장하다 | စိတ်လှုပ်ရှားသည် | excite |
| ဂင်းဂျန်းဟာတာ | ဆဲအိတ်' ဟလုဂ်ဆျာ:ဒိ | |

| 길 | လမ်း | road |
| ဂီး(လ်) | ရာန်: | |

| 길다 | ရှည်သည် | be long |
| ဂီး(လ်)တာ | ရွှဲဒိ | |

| 길 안내하다 | လမ်းညွှန်သည် | guide / direct |
| ဂီး(လ်)အန်နယ်ဟာတာ | ရာန်:ဟ.နျုန်ဒိ | |

| 김 | ရေခိုးရေငွေ့ | vapour |
| ဂင်း(မ်) | ယေကော: ယေအုင်ဝဲ. | |

| 김치 | ဂင်း(မ်)ချီ | kimchi |
| ဂင်း(မ်)ချီ | ဂင်မ်ချိ | |

211

한국어	미얀마어 / 발음	영어
깃발 갓바:(레)	အလံ 얼란	flag
깃털 갓톄:(레)	အမွေး 아흐무웨:	feather
깊다 갓(피)따	နက်သည် 냇'디	deep
깊이 갓피	အနက် 어'넥.	depth
까다롭다(규칙) 까타로'(피)따	တင်းကြပ်သည် 띤:짯'디	strict
까다롭다(성미) 까타로'(피)따	ဇီဇာကြောင်သည် 씨자 짜운디	be fussy
까닭 까다'	အကြောင်းအရင်း 어짜웅: 어잉:	reason
까마귀 까마고'	ကျီးကန်း 찌:간:	crow
까지 까기'	ထိ 티.	to
깨끗하다 깨꾸타타	သန့်ရှင်းသည် 딴.싱:디	be clean

깨끗한	သန့်ရှင်းသော	clean
ကယ်ကွတ်ထန်း	ဒန်.ဆျ:ဒေ	
깨뜨리다	ခွဲသည်	break
ကယ်တူလီတာ	ကွဲ:ဒိ	
깨어있는	နိုးနေသော	awake
ကယ်အောအစ်နွန်း	နို:နဲဒေ	
깨지다	ကွဲသည်	break
ကယ်ဂျီတာ	ကွဲ:ဒိ	
깨트리다	ခွဲသည်	split / divide
ကယ်ထူလီတာ	ကွဲ:ဒိ	
껌	သေချာပေါက်	chwing gum
ကော(မ်)	ဗျိက္ခ	
꼭	သေချာပေါက်	surely / certainly
ကို့	တယ်ဇာဗောက်.	
꼭 끼는	ကျပ်သော	tight
ကို့ ကီနွန်း	ဆျပ်.ဒေ	
꽃	ပန်း	flower
ကို့	ဗန်း:	
꽃가게	ပန်းဆိုင်	flower shop
ကို့ဂါဂယ်	ဗန်း:ဆိုင်	

한국어	미얀마어	English
꽃무늬 / 꼰무니	ပန်းပုံစံ / 빤:봉싼:	floral design
꽃병 / 꼳뼝	ပန်းအိုး / 빤:오:	vase
꽉 끼다 / 꽉끼다	ကျပ်သည် / 짯'디	tighten
꿈꾸다 / 꿈꾼(ㄴ)꾸다	အိပ်မက်မက်သည် / 애인맥' 멧'디	dream
끄다 / 꾸다	ပိတ်သည် / 빼잇'디	shut / turn off / close
끈 / 꾼:	ကြိုး / 쪼:	string
끌다 / 꾸:(ㄹ)다	ဆွဲသည် / 쇄:디	pull, drag
끓이다 / 꾸:리다	ပြုတ်သည် / 복'디	boil
끝 / 꾿	အဆုံး / 아쏭:	the end
끝마치다 / 꾿마치다	အဆုံးသတ်သည် / 아쏭: 땃'디	finish up

미얀마 여행 회화

나(남) / 저	ကျွန်တော်	I / me
나	쩐더	
나(여) / 저	ကျွန်မ	I / me
나	쩐마.	
나가다	ထွက်သွားသည်	leave
나가데타	특'똬:디	
나누다	ပိုင်းခြားသည်	divide
나누타	빠잉:차:디	
나무	သစ်ပင်	tree
나무	띳'빈	
나뭇잎	သစ်ရွက်	leaf
나문닙(녑)	띳'유웻'	
나비	လိပ်ပြာ	butterfly
나비	래익'빠	
나쁘다	ဆိုးသည်	be bad
나뿌다	쏘:디	
나쁜	ဆိုးသော	bad
나뿐:	쏘:떠	
나이	အသက်	age
나이	아땍'	

ㄴ

한국어	미얀마어	English
나이든 나아이드은	အသက်ကြီးသော 아땍' 찌:떠	old
나이트클럽 나아이트훌쿠레보읍	နိုက်ကလပ် 나익' 끌랍'	night club
나일론 나아이:(ㄹ)론	နိုင်လွန် 나인룬	nylon
나중에 나쥰:에	နောက်မှ 나욱'흐미	later
나타나다 나따나다아	ပေါ်ထွက်သည် 뻐톡'디	appear
낙지 낙찌	ပြည်ကြီးငါး 삐징:응아:	octopus
낙타 낙타	သစ်ကုလားအုပ် 띡' 끌라옥'	camel
낚시하다 낙쉬하타	ငါးမျှားသည် 응아: 흐먀:디	fish
난로 난:로	မီးဖို 미:포	stove
날고기 나:(ㄹ)고기	အသားစိမ်း 아따:생:	raw meat

한국어	미얀마어	English
날다 နား(လ်)တာ	ပျံသန်းသည် 쁜딴:디	fly
날씨 나ː(လ်)ရှိ	ရာသီဥတု 야디 우.뚜.	weather
날씬하다 나ː(လ်)ရှင်းဟာတာ	သွယ်လျသည် 똬럊.디	slender / slim
날아가요 နားလားဂါယို	ပျံသွားတယ် 쁜똬:데	fly-away
날아요 나လာယို	ပျံတယ် 쁜데	fly
날았다 나လတ်တာ	ပျံခဲ့သည် 쁜케.디	flied
날짜 나ː(လ်)ကျာ	နေ့ရက် 네.엣	date
날카롭다 나ː(လ်)ခါလို့(ပ်)တာ	ချွန်ထက်သည် 춘택'디	sharp
남 နမ်း(မ်)	သူများ 뚜먀:	other
남동생(남) နမ်း(မ်)ဒုံးစိန်း	ညီလေး 니레:	younger brother

ㄴ

한국어	미얀마어	영어
남동생(여) နမ်း(မ်)ဒုံးစိန်း	မောင်လေး 마운래:	younger brother
남색 နမ်း(မ်)စက်	အပြာရင့်ရောင် 아빠 잉.야웅	dark blue / idigo
남자 နမ်း(မ်)ဂျာ	ယောက်ျား 야웃'쨔:	man
남자가 잘생긴 နမ်း(မ်)ဂျာဂါ ဂျား(လ်)စိန်းဝင်း	ရုပ်ပြောင့်သော 욧' 퍄운.떠	handsome
남조카 နမ်း(မ်)ဂျုံခါ	တူ 뚜	nephew
남쪽 နမ်း(မ်)ကျိုဲ့	တောင်ဘက် 따웅백'	shouth
남편 နမ်း(မ်)ဖျော(န်)	လင်ယောက်ျား 링 야욱'쨔:	husband
낭비하다 နန်းဘီဟာတာ	ဖြုန်းတီးသည် 퓽:띠:디	waste
낮 နတ်	နေ့လည် 네.레	daytime / afternoon
낮다 နတ်တာ	နိမ့်သည် 넹.디	low

낮은	နိမ့်သော	low
나?츈	넹'떠	

낯선 사람	လူစိမ်း	stranger
낟쎄(네)싸람(메)	루새인:	

낯설다	မျက်နှာစိမ်းသည်	unfamiliar
낟쎄(레)따	먀얏' 흐나 새인:디	

내년	နောက်နှစ်	next year
내녀(네)	나웃'흐닛'	

내려가다	ဆင်းသွားသည်	get down
내려가다	스잉:똬:디	

내려놓다	ချထားသည်	put down
내려노타	차. 타:디	

내려오다	ဆင်းလာသည်	come down
내려오다	스잉: 라 디	

내용	အကြောင်းအရင်း	contents
내용	아짜웅: 어잉:	

내일	မနက်ဖြန်	tomorrow
내이(레)	나매'판	

냄비	ဒယ်အိုး	pan
낸(메)비	대오:	

ㄴ

| 냄새 | အနံ့ | smell |
| နမ်း(မ်)စယ် | 아난. | |

| 냄새맡다 | အနံ့ခံသည် | smell |
| နမ်း(မ်)စယ်မတ်တာ | 아난. 칸디 | |

| 냅킨 | လက်သုတ်ပုဝါ | nepkin |
| နမ်း(မ်)ကျာ | 랫'또웃' 뽀와 | |

| 냉동고 | အအေးခန်း | freezer |
| နိန်းဒုံးဂို | 아에:칸: | |

| 냉방차 | အဲယားကွန်းဘတ်(စ်)ကား | aircon-bus |
| နိန်းဘန်းချာ | 에:야:콘: 버스카: | |

| 냉수 | ရေအေး | cold water |
| နိန်းစု | 예에이: | |

| 냉커피 | ကော်ဖီအေး | ice-coffee |
| နိန်းခေါ်ဖိ | 꺼피에: | |

| 너(남) | ခင်ဗျား | you |
| နော | 캬 먀: | |

| 너(여) | ရှင် | you |
| နော | 싱 | |

| 너 / 당신 | ခင်ဗျား | you |
| နော၊ ဒန်းရှင်း(န်) | 캬 먀: | |

미얀마 회화 포켓북

한국어	미얀마어	발음	영어
너를	နင့်ကို	닌.고	you
네아래:(레)			
너무	အရမ်း	어얀:	too(much)
네아무			
너의	နင့်ရဲ့	닌.옛.	your
네아애			
너의 것	နင့်ရဲ့ဟာ	닌.옛. 하	yours
네아애게			
너희들, 당신들	ခင်ဗျားတို့	캬먀:로.	you(all)
네아휘두:(레), 단:신두:(레)			
넓다	ကျယ်သည်	쩨디	wide
네아(페)타			
넓은	ကျယ်သော	쩨더	wide
네아(레)번			
넓이(부피)	အကျယ်	아쩨	width
네아(레)비			
넘어지다	လဲကျသည်	래: 짜.디	fall / down
네아메아귀타			
네모난	လေးထောင့်ပုံ	래:다웅.뽕	square
네미몬난			

한국어	미얀마어	발음	영어
넥타이 / 낙타아이	နက်ခတိုင်	넷'삭따인	neck tie
년 / 뇨안	နှစ်	흐닛'	year
노동자 / 니돈갸	အလုပ်သမား	아로웃' 떼마:	a worker / labor
노동조합 / 니돈갸하팟(팟)	အလုပ်သမားအဖွဲ့အစည်း	아로웃' 떼마: 어푸엣.어스이:	a labor union
노란색 / 니란색	အဝါရောင်	아와야운	yellow
노랑 / 니란	အဝါ	아와	yellow
노래하다 / 니랼하아타	သီချင်းဆိုသည်	떼친: 소디	sing
노래했다 / 니랼핫타	သီချင်းဆိုခဲ့သည်	떼친: 소 캑.디	sang
노력하다 / 니료찌아타	ကြိုးစားသည်	쪼:사:디	endeavor / try
노인 / 니아인논	သက်ကြီးရွယ်အို	땟'찌: 유웨오	elder

| 노점상 | လမ်းဘေးဈေးဆိုင် | street stalls |
| နို*ဂျောင်း(မ်)စန်း | ရမ်းဘေး ဈေးဆိုင် | |

| 노크하다 | တံခါးခေါက်သည် | knock |
| နိုခုဟာတာ | ဒေဂါးကောက်ဒိ | |

| 노트북 | မှတ်စုစာအုပ် | labtop |
| နိုထုဘု | ဟ်မတ်'သု. သောက်' | |

| 녹색 | အစိမ်းရောင် | green |
| နိုစက် | အဆဲအင်းယောင် | |

| 녹음기 | အသံဖမ်းစက် | recorder |
| နိုဂွန်း(မ်)ဂီ | အတ္တံ. ပန်းဆဲ' | |

| 녹음하다 | အသံဖမ်းသည် | record |
| နိုဂွန်း(မ်)မှာတာ | အတ္တံ ပန်းဒိ | |

| 논문 | စာတမ်းပြုစုခြင်း | making monogrph |
| နုံးမွန်း | သဒန်း ပျု့.သုချင်း | |

| 놀다 | ကစားသည် | play |
| နိုး(လ်)တာ | ကဆား:ဒိ | |

| 놀라다 | လန့်သည် | be fightened |
| နိုလာတာ | လန်.ဒိ | |

| 놀란 | လန့်သော | frightended / scare |
| နိုလန်း | လန်.ဒေါ | |

223

한국어	미얀마어	영어
농구 넝구	ဘတ်စကက်တောဘော 벳'스깟' 버	basketball
농구장 넝구장	ဘတ်စကက်တောဘောကွင်း 벳'스깟'버귕:	basket ball stadium
농담하다 넝담(ㅁ)뮤타	နောက်ပြောင်သည် 나웃' 빠웅디	joking / kidding
농부 넝부	လယ်သမား 레떼마:	farmer
농업 넝어(ㅂ)	လယ်ယာအလုပ် 레야 어롯'	farming
농촌 넝춘(ㄴ)	လယ်ယာစိုက်ပျိုးသောရွာ 레야 사잇'뵤:떠 유와	farming village
높다 높(ㅂ)타	မြင့်သည် 민.디	high / tall
높은 높(ㅂ)픈:	မြင့်သော 민.떠	high
높 높(ㅂ)피	အမြင့် 아밋.	height
높이다 높(ㅂ)피타	မြှင့်သည် 흐민.디	make high / raise

224

Korean	Myanmar	English
놓다 / 노타	တင်သည် / ထင်ဒိ	put, place on
놓아두다 / 노아두타	တင်ထားသည် / ထင်တာ:ဒိ	place on
놓았다 / 노앗타	တင်ခဲ့သည် / ထင်ခဲ.ဒိ	put
놓치다 / 노치타	လွဲချော်သည် / ရွဲ:ချောဒိ	miss
뇌 / 눼	ဦးနှောက် / အုံ:နှနောက်	brain
누구(누가) / 누구	ဘယ်သူ / ဘယ်ဒူ	who
누구것 / 누구겟	ဘယ်သူ့ဟာ / ဘယ်ဒူ.ဟာ	whose
누나 / 언니 / 누나 / 어온니	အမ / အာမာ.	older sister
누르다 / 누루타	နှိပ်သည် / နှနဲတ်ဒိ	press
눈 / 눈 / 눈: / 눈:	နှင်း / မျက်စိ / နှနင်း / မျက်စိ.	snow / eyes

한국어	미얀마어	영어
눈물 눈흐봉흐(ㄹ)	မျက်ရည် 미얏'예	tear
눈썹 눈흐쌔오(ㅂ)	မျက်ခုံး 미얏'콩	eyebrow
뉴스 뉴쓰	သတင်း 더딘	news
뉴욕 뉴쑈	နယူးယော့ 네유:역.	New York
느끼다 느끼타	ခံစားသည် 칸싸:디	feel
느낌 느깅(ㅁ)	ခံစားချက် 칸싸:채'	feeling
느린 느링(ㄴ)	နှေးသော 흐네:떠	slow
늑대 느대	ဝံပုလွေ 원뿔뤠	wolf
늘다 느(ㄹ)타	တိုးသည် 또:디	increase
늦은 느즁	နောက်ကျသည် 나웃' 쨔.디	late

226

다락방	딸방	attic
ဒါလတ်ဘန်း	ထပ်ခိုး	
	တဲ့'ခေါ:	

| 다람쥐 | ရှဉ့် | squirrel |
| ဒါလမ်း(မ်)ရွှီ | ရှင်. | |

| 다른 곳 | တခြားနေရာ | anothe place |
| ဒါလွန်းဂို့ | တခြား: နေယာ | |

| 다리 | ခြေထောက် | leg |
| ဒါလီ | ချေတောက်' | |

| 다리 | တံတား | bridge |
| ဒါလီ | တေဒါ: | |

| 다림질하다 | မီးပူတိုက်သည် | iron clothes |
| ဒါလင်း(မ်)ချိုး(လ်)ဟာတာ | မီ:ပူ တိုက်'ဒိ | |

| 다방 | ကော်ဖီဆိုင် | coffee shop / cafe |
| ဒါဘန်း | ကော်ဖီဆိုင် | |

| 다시 / 더 | ထပ်ပြီး | again / more |
| ဒါရှီ ၊ ဒေါ် | ထပ်'ပြီး: | |

| 다양하다 | အမျိုးမျိုးရှိသည် | vary |
| ဒါယန်းဟာဒါ | အမျိုး:မျိုး: ရှိ.ဒိ | |

| 다음 달 | နောက်လ | next month |
| ဒါအွန်း(မ်)ဒါး(လ်) | နောက်'ရ | |

한국어	미얀마어	발음	영어
다음 주	နောက် အပတ်	나웃' 어빳'	next week
다정하다	ရင်းနှီးသည်	옝:흐니:디	be familiar
다치다	ထိခိုက်သည်	티.카잇'디	get hurt
닦아내다	သုတ်သည်	또옥'디	wipe
단체	အုပ်စု	옷'수	group
닫다	ပိတ်သည်	뺏'디	close / shut
닫았다	ပိတ်ခဲ့သည်	뺏'켓.디	close / shut
닫힌	ပိတ်ထားသော	뺏'타:더	closed
달걀	ဥ	욱.	egg
달다	ချိုသည်	초디	sweet

달려가요	ပြေးသွားတယ်	run
ဒါ(လ်)လျောဂါတာ	ပြေး:သွား:ဒေ	
달력	ပြက္ခဒိန်	calendar
ဒါ(လ်)လျော့	ပြု'ကာဒဲင်	
달렸다	ပြေးခဲ့သည်	ran
ဒါး(လ်)လျော့တာ	ပြီး:ကျော်.ဒိ	
달리다	ပြေးသည်	run
ဂါအို့	ပြေး:ဒိ	
닭	ကြက်	hen / cock
ဒဲါ့	ကျက်	
닭고기	ကြက်သား	chicken
ဒါဂိုဂီ	ကျက်'ဒါး:	
담 / 울타리	ခြံစည်းရိုး	fence
ဒမ်း(မ်)၊ အူး(လ်)ထာလီ	ချမ်းစီး:ရိုး:	
담배	ဆေးလိပ်	tobacco
ဒမ်း(မ်)ဘယ်	စေး:ရဲပ့်	
담배 피우다	ဆေးလိပ်သောက်သည်	smoke
ဒမ်း(မ်)ဘယ်ဖီအူတာ	စေး:ရဲပ့် သောက့်ဒိ	
담보	အပေါင်	mortage
ဒမ်း(မ်)ဘို	အပေါင်	

ㄷ

229

한국어	미얀마어	영어
담요 / ဒမ်း(မ်)မျို	စောင် / 싸웅	blanket
당근 / ဒန်းဂွန်း	မုန်လာဥနီ / 몽.라.욱.니	carrot
당기다 / ဒန်းဂီတာ	ဆွဲသည် / 쇄디	pull
당신 / ဒန်းရှင်း	ခင်ဗျား / 카먀:	you
당신들 / ဒန်းရှင်းဒူး(လ်)	မင်းတို့တွေ / 민:독.되	you
당신은 / ဒန်းရှင်းနွန်း	မင်းကတော့ / 민:가.덕.	you
당신을 / ဒန်းရှင်းနူး(လ်)	မင်းကို / 민:고	you
당신의 / ဒန်းရှင်းနယ်	မင်းရဲ့ / 민:예.	your
당신의 것 / ဒန်းရှင်းအယ် ဂွေါ်	မင်းရဲ့ဟာ / 민:예.하	yours
당신이 / ဒန်းရှင်းနီ	မင်းက / 민:가	you

한국어	버마어	발음	영어
대략(약)	ခန့်	칸.	about / appeoximately
대리점	ကိုယ်စားလှယ်လုပ်ငန်း	꼬세레 록'응앙:	agency
대만	ထိုင်ဝမ်	타이완	Taiwan
대명사	နာမ်စား	난싸:	pronoun
대문	တံခါးပေါက်ကြီး	데게: 빠웃'지	gate
대변	မစင်	마스잉	excrement / faeces
대사	သံအမတ်	따어멧'	ambassador
대사관	သံရုံး	딴용:	an embassy
대신하다	အစားထိုးသည်	아사: 토:디	substitute
대접하다	ညှို့ခံသည်	엣.칸디	entertain

한국어	미얀마어	영어
대표 / 대푀	ကိုယ်စားပြုခြင်း / 꼬사: 쁫.친:	represent
대학교 / 대학/핫(ㄱ)코	တက္ကသိုလ် / 따'깟또	university
대학생 / 대학/핫씨인	တက္ကသိုလ်ကျောင်းသား / 따'깟또 짜웅:따:	a university student
더구나 / 도우나	ဒါ့အပြင် / 다.엇뻬인.	moreover
더러운 / 도레아운	ညစ်ပတ်သော / 늿'빳'더	dirty
더럽다 / 도레(ㅂ)따	ညစ်ပတ်သည် / 늿'빳'디	be dirty
더운 / 도운	ပူသော / 뿌더	hot
더운 물 / 도운물(ㄹ)	ပူသော ရေ / 뿌더 예	hot water
던지다 / 돈지따	ပစ်သည် / 삐잇'디	throw
덥다 / 돕(ㅂ)따	ပူသည် / 뿌디	be hot

도로	လမ်း	road
도리	လမ်း	
	란:	

도로 / ဒိုလို / လမ်း 란: / road

도마 / ဒိုမာ / စဉ်းနီတုံး 스인.흐니동: / chopping board

도마뱀 / ဒိုမာဘယ်(မ်) / အိမ်မြှောင် 앵먀웅 / lizard

도망치다 / ဒိုမန်းချီတာ / ပြေးသည် 삐예:디 / run away

도매 / ဒိုမယ် / လက်ကားဆိုင် 랫'까:사인 / selling wholesale

도박장 / ဒိုဘတ်ဂျန်း / လောင်းကစားနေရာ 라웅:까사: 네야 / gambling house

도박하다 / ဒိုဘတ်ခဲတာ / လောင်းကစားလုပ်သည် 라웅:까사: 록'디 / gambling

도서관 / ဒိုစောဂွမ်(န်) / စာကြည့်တိုက် 사찌.다잇' / library

도시 / ဒိုရှိ / မြို့ကြီး 묘.지: / city

도시락 / ဒိုရှိရက် / ထမင်းချိုင့် 테밍:차잇. / lunch-box

233

ㄷ

한국어	미얀마어	English
도자기 도자기	ကြွေအိုး 쮜오:	ceramix ware
도착하다 도차카다	ရောက်သည် 야욷'디	arrive
독서하다 독써하다	စာဖတ်သည် 사퍁'디	read a book
독일 도길(ㄹ)	ဂျာမနီ 자멘니	Germany
독일(인) 도길(ㄹ)	ဂျာမနီလူမျိုး 자멘니 루묘:	Germany
돈 돈:	ပိုက်ဆံ 빠이' 산	money
돈지갑 돈:지갑(ㅂ)	ပိုက်ဆံအိတ် 빠이'산 애읻'	a purse
돌 돌:(ㄹ)	ကျောက်တုံး 쟈욷'또	stone
돌고래 돌:(ㄹ)고래	ဝေလငါး 웰라. 응아:	dolphin
돌다 돌:(ㄹ)다	လှည့်သည် 흘레.디	turn

돕다	ကူညီသည်	help
도(ㅂ)타	꾸니디	

동력	ပါဝါ	power
도ㅇ녁	빠와	

동물	တိရစ္ဆာန်	animal
도ㅇ물(ㄹ)	떠레잇'산	

동물원	တိရစ္ဆာန်ရုံ	zoo
도ㅇ물(ㄹ)워ㄴ	떠레잇'산 용	

동생	ညီလေး	younger brother
도ㅇ새ㄴ	니레:	

동양	အရှေ့တိုင်း	the orient
도ㅇ(ㅇ)야ㄴ	아셰.따인:	

동쪽	အရှေ့	east
도ㅇ쪼ㄱ	아셰.	

동행하다	အတူတူသွားသည်	going together
도ㅇ행하다	아뚜두 똬:디	

돼지	ဝက်	pig
둬얘지	웻'	

돼지고기	ဝက်သား	pork
둬얘지고기	웻'따:	

한국어	미얀마어	발음	영어
돼지저금통 / 드이지거금통	ဝက်ပုံစံစုဘူး	웻'봉산 수.부:	pig bank
된장 / 드인장	ပဲပိ	뻬:응아삐.	soybean paste
두꺼운 / 드꺼온	ထူသော	투더	thick
두껍다 / 드껩(ㅂ)따	ထူသည်	투디	be thick
두께 / 드께	အထူ	아투	thickness
두렵다 / 드렵(ㅂ)따	ကြောက်သည်	짜욷'디	afraid
두리안 / 드리안	ဒူးရင်းသီး	두인:디:	durian
두마리 / 드마리	၂ ကောင်	흐닛가웅	two
두배 / 드배	နှစ်ဆ	흐네사.	twice
두번 / 드번	နှစ်ကြိမ်	흐네쟁	tow times

| 두부 | ပဲပြား | bean curd |
| ဒူဘူ | 뻬:빠: | |

| 두통 | ခေါင်းကိုက်ခြင်း | headche |
| ဒူထုံး | 가웅:까잇'친: | |

| 둘 | နှစ် | two |
| ဒူး(လ်) | 흐닛' | |

| 둘째 | ဒုတိယ | secon |
| ဒူး(လ်)ကျယ် | 두.띠야. | |

| 둥근 (형) | ဝိုင်းသော | round |
| ဒွန်းဂွန်း | 와인:더 | |

| 뒤쪽 | အနောက် | back |
| ဒွီကျိူ. | 아나웃' | |

| 드라이 크리닝 | အခြောက်လျှော်ခြင်း | dry cleaning |
| ဒူရာအီ ခူလီနင်း | 아차웃' 쎠진: | |

| 드라이기 | အခြောက်စက် | dry machine |
| ဒူရာအီဂီ | 아차웃'샛' | |

| 듣다 | နားထောင်သည် | listen |
| ဒွတ်တာ | 나:타웅디 | |

| 듣다 / 들리다 | နားထောင်သည် | hear |
| ဒုတာ ၊ ဒူ(လ်)လီတာ | 나:타운디 | |

ㄷ

한국어	미얀마어	English
들다	ကိုင်သည်	hold
ဒွဲ(လ်)တာ	ကာဲင်ဒီ	
들어가다	ဝင်သွားသည်	go in
ဒူရောဂါတာ	ဝင်ဆွား:ဒီ	
들어오다	ဝင်လာသည်	come in
ဒူရောအိုတာ	ဝင်လာဒီ	
들어올리다	မ တင်သည်	lift
ဒူရောအို(လ်)လီတာ	မ.တင်ဒီ	
들었다	မခဲ့သည်	lift
ဒူရော့တာ	မ.ခေ.ဒီ	
들판	လယ်ကွင်း	field
ဒွဲး(လ်)ဖန်း	လေကွိုင်း:	
등	ကျောကုံး	back
ဒွန်း	ဇော်ကို:	
등기	မှတ်ပုံတင်ခြင်း	registration
ဒွန်းဂီ	ဟမတ်'ပုံ တိန်ဇင်း:	
등기편지	မှတ်ပုံတင်ပြီးစာ	reigistered mail
ဒွန်းဂီဖျောန်ဂျီ	ဟမတ်'ပုံ တိန်ပီ: သာ	
등록하다	မှတ်ပုံတင်သည်	register
ဒွန်းနို့ခါတာ	ဟမတ်'ပုံ တိန်ဒီ	

한국어	미얀마어	영어
(등에 매는) 가방 ဒွန်းငယ် မယ်န္နန်း ဂါဘန်း	ကျောပိုးအိတ် 쩌보:애잇'	backpack
등허리 ဒွန်းဟောလိ	ခါး 카:	waist
디자인 ဒီဂျာအင်း	ဒီဇိုင်း 디자인:	design
디저트 ဒီဂျောထု	အချိုပွဲ 아초뵈:	dessert
따뜻한 တာတွတ်ထန်း	နွေးထွေးသော 눼:퉤:더	warm
따라하다 တာရာဟာတာ	လိုက်လုပ်သည် 라이'로웃'디	repeat / follow
딱딱하다 တ့တ့ခါတာ	မာသည် 마디	be hard
딱딱한 တ့တ့ခန်း	မာသော 마더	hard
딸 တား(လ်)	သမီး 뗌미:	daughter
딸기 တား(လ်)ဂိ	စတော်ဘယ်ရီ 세떠 벨리	strawberry

한국어	미얀마어	발음	English
땀	ချွေး	쉐:	sweat
	တမ်း(မ်)		
땅콩	မြေပဲ	미예베:	peanut
	တန်းခုံး		
뚜껑	အဖုံး	아퐁:	a lid
	တူကောင်း		
뛰다	ပြေးသည်	삐예:디	run
	တို့တာ		
뜨거운 / 더운	ပူသော	뿌더	hot
	တူဂေါအွန်း ၊ ဒေါအွန်း		
뜨겁다	ပူသည်	뿌디	be hot
	တူကော့(ပ်)တာ		

라디오	ရေဒီယို	radio
라디오	레디오	

라이터	မီးခြစ်	lighter
라아이터	미:짓'	

러시아	ရုရှား	Russia
로러시아	러'시아.	

레몬	သံပုရာသီး	lemon
레몬	딴뻬야디:	

레슬링	နပန်းသတ်ခြင်း	wrestling
레(스)링	나반: 딷'친:	

렌트비	ငှားခ	rental fee
렌트비	흥마:가	

로켓	ဒုံးကျည်	rocket
로켓	동:지	

룸	အခန်း	room
룸	아칸:	

리셉션	ဧည့်ကြိုကောင်တာ	reception
리셉션	엣.쪼 까운따	

한국어	미얀마어	발음	영어
마늘	ကြက်သွန်ဖြူ	쩻'뚠 퓨	garlic
마당	ခြံ	찬	yard
마루	သစ်သားကြမ်းပြင်	띳'따: 쨘:빈	wooden floor
마른	ခြောက်သော	차웃'더	dry
마사지	နှိပ်ခြင်း	흐넷'친:	massage
마셔요	သောက်တယ်	따웃'데	drink
마셨다	သောက်ခဲ့သည်	따웃'케.디	drank
마셨어요	သောက်ခဲ့တယ်	따웃'케.데	drank
마시다	သောက်သည်	따웃'디	drink
마약 중독	ဘိန်းစွဲခြင်း	베잉:쇄:진	narcotics addiction

ㅁ

미얀마 회화 포켓북

마약	ဘိန်း	narcotic
မာယတ်	베잉:	

마지막	နောက်ဆုံး	the last
မာဂျိမက်	나웃'쏘:	

막다	ပိတ်ဆို့သည်	prevent / block
မဲ့တာ	빼잇'쏘.디	

만나다	တွေ့ဆုံသည်	meet
မန်နာတာ	뛔.쏘디	

만년필	ဖောင်တိန်	a fountain pen
မန်ညော(န်)ဖီး(လ်)	파운땡	

만달레이	မန္တလေး	Mandalay
မန္တလေး	만:델래:	

만들다	ပြုလုပ်သည်	do / make
မန်ဒုး(လ်)တာ	뷰.로웃'디	

만들었다	ပြုလုပ်ခဲ့သည်	did / made
မန်ဒူရော့တာ	뷰.로웃'케.디	

만일	အကယ်၍	if
မန်းနီး(လ်)	အုတ်ကေးဝဲ့.	

만족스럽다	စိတ်ကျေနပ်စရာကောင်းသည်	satisfactory
မန်းဂျိုဂျု.စုရော့(ပ်)တာ	새잇' 째눗' 세야 까웅:디	

243

한국어	미얀마어	영어
말 마ː(ㄹ)	မြင်း 미잉:	horse
말다툼하다 마ː(ㄹ)다뚬하타	ရန်ဖြစ်သည် 얀핏'디	fight
말하다 마ː(ㄹ)하타	ပြောသည် 뾰디	speak
맑다 / 맑은 막타 / 마(ㄹ)근	ကြည်လင်သည်၊ကြည်လင်သော 찌링디 / 찌링따	clear
맛 맏	အရသာ 아야.다	taste
맛보다 맏보타	မြည်းသည် 미:디	taste
맛있다 마뒷타	အရသာရှိသည် 아야다 시.디	being delicious
망고 망고	သရက်သီး 떠옛' 띠:	mango
맞다(때림) 맏타	အရိုက်ခံရသည် 아야잇'칸 야.디	be hit by
맞다(옳다) 맏타	မှန်သည် 흐만디	be right / correct

| 매니저 | မန်နေဂျာ | manager |
| မယ်နီဂျော | 매니자 | |

| 매력 | ဆွဲဆောင်မှု | attraction |
| မယ်လျော့ | 쇄:싸운흐무. | |

| 매매하다 | ရောင်းဝယ်သည် | buy and sell |
| မယ်မယ်ဟာတာ | 야웅:왜디 | |

| 매우 | အရမ်း | very |
| မယ်အူ | 아얀: | |

| 매월 | လတိုင်း | every month |
| မယ်ဝေါ(လ်) | 라.다인: | |

| 매일 | နေ့တိုင်း | every day |
| မယ်အီး(လ်) | 네.다인: | |

| 매형 | ယောက်ဖ | brother-in-low |
| မယ်(ဟ)ယောင်း | 야욷'파 | |

| 맥주 | ဘီယာ | beer |
| မက်ဂျူ | 비야 | |

| 맵다 | စပ်သည် | be spicy |
| မပ်(ပ်)တာ | 삳'디 | |

| 머리 | ခေါင်း | head |
| မောလီ | 가운: | |

한국어	미얀마어	영어
머리카락 / 메리카락	ဆံပင် / 셋빈	hair
머무르다 / 머무르다	တည်းသည် / 떼:디	stay
먹다 / 먹다	စားသည် / 싸:디	eat
먹어요 / 먹어요	စားတယ် / 싸:대	eat
먹었다 / 먹었다	စားခဲ့သည် / 싸:케.디	ate
먹었어요 / 먹었어요	စားခဲ့တယ် / 싸:케.때	ate
먹이다 / 먹이다	ကျွေးသည် / 쬐:디	feed
먼저 / 먼저	အရင် / 어예인	first
멀다 / 멀다	ဝေးသည် / 웨:디	be far
멋있다 / 멋있다	စတိုင်ကျသည် / 스타인 짜.디	be stylish

메뉴	မင်နူ	menu
မယ်ညူး	메뉴:	
멜론	သခွားမွေးသီး	melon
မယ်လုံး	떼콰: 흐뭬:디:	
면도날	မုတ်ဆိတ်ဓားသွား	razor blade
မျောန်ဖိုနား(လ်)	못' 새잇' 다:똬:	
면도칼	မုတ်ဆိတ်ရိတ်ဓား	razor
မျောန်ဖိုခါး(လ်)	못' 새잇' 예잇'다:	
면도하다	မုတ်ဆိတ်ရိတ်သည်	raze
မျောန်ဖိုဟာတာ	못' 새잇' 예잇'디	
면적	ဧရိယာ	area
မျော(န်)ဂျော့	에리야	
면접	အင်တာဗျူး	interview
မျော(န်)ဂျော့(ပ်)	인타뷰:	
명령	အမိန့်	an order
မျောင်းလျောင်း	아매잇.	
명절	ပွဲတော်ရက်	festive day
မျောင်းဂျော့(လ်)	쀄:더옛'	
명함	လိပ်စာကဒ်	address card
မျောင်းဟမ်း(မ်)	래잇' 사깟'	

몇 개	ဘယ်နှစ်ခု	how many
메ㆍ궤	배흐네쿠.	

몇 시	ဘယ်နှစ်နာရီ	what time
메ㆍ시	밴흐네나이	

모기	ခြင်	mosquito
미기	친	

모기약	ခြင်ဆေး	repellent / mosquito
미기약	친세:	

모니터	မော်နီတာ	monitor
미니터	모니타	

모두	အားလုံး	all
미두	알·롱:	

모래	သဲ	sand
미래	때:	

모레	သန်ဘက်ခါ	the day after tomorrow
미레	대백'카	

모르다	မသိဘူး	don't know
미르다	메띠.부	

모방하다	အတုခိုးသည်	imitate
미방하다	아뚜. 코:디	

| 모양 / 형태 | ပုံစံ | shape |
| မိုယန်း၊(ဟ)ယောင်းထယ် | 뽕산 | |

| 모이다 | စုသည် | gather |
| 모이다 | 쑤.디 | |

| 모자 | ဦးထုပ် | hat |
| 모자 | 옥'톡' | |

| 모자라다 | မလုံလောက်ဘူး | not enough |
| 모자라다 | 멜롱 라욱'부: | |

| 목 | လည်ပင်း | neck |
| 목 | 레빙 | |

| 목마르다 | ရေဆာသည် | be thirsty |
| 목마르다 | 예 싸디 | |

| 목마른 | ရေဆာသော | thirsty |
| 목마른 | 예 싸더 | |

| 목요일 | ကြာသပတေး | Tursday |
| 목요일 | 짜따쁘때: | |

| 목욕하다 | ရေချိုးသည် | take a bath |
| 목욕하다 | 예초:디 | |

| 목적 | ရည်ရွယ်ချက် | purpose / aim |
| 목적 | 이왜챗' | |

ㅁ

한국어	미얀마어	영어
목적지 모'쩌'꾸'이	ပန်းတိုင် 빤:따인	destination
몸 모:(묘)	ခန္ဓာကိုယ် 칸나꼬	body
못 모'	သံ 딴	nail
못 생기다 모' 신:ㄱ'따	ရုပ်ဆိုးသည် 욕소:디	be ugly
무 무	မုန်လာဥဖြူ 몬라우.퓨	raddish
무거운 무게오앙:	လေးသော 래:더	heavy
무겁다 무게'(ㅂ)따	လေးသည် 래:디	be heavy
무게 무게	အလေးချိန် 아래:챙	weight
무기 무기	လက်နက် 랫'낵'	weapon
무대 무데	စင် 스인	stage

무료	အလကား	free
무룔	아랫가:	

무릎	ဒူး	knee
무룹(ㅂ)	두:	

무릎꿇다	ဒူးထောက်သည်	kneel
무룹(ㅂ)꾸르(ㄹ)타	두:타욷'디	

무서운 / 두려운	ကြောက်သော	scared
무서아운, 두려아운	짜욷'더	

무섭다	ကြောက်သည်	be fearful
무서읍(ㅂ)타	짜욷'디	

무슨 일	ဘာကိစ္စ	what purpose
무슨이르(ㄹ)	바깨읻'사	

무엇	ဘာ	what
무어읏	바	

무엇 / 무슨	ဘာ	what
무어읏, 무쓴	바	

무역	ကုန်သွယ်ရေး	trade
무여윽	꽁뙈예:	

문	တံခါး	door
문:	데가:	

한국어	미얀마어	발음	English
문방구 / မွန်းဘန်းဂူ	စာရေးကိရိယာဆိုင်	사예: 꼘리.야 싸인	stationery
문제 / မွန်းဂျယ်	ပုစ္ဆာ	뽀옥'사	problem
문학 / မွန်းဟတ်	စာပေ	사뻬	literature
문화 / မွန်းနွာ	ယဉ်ကျေးမှု	인쩨:흐무.	culture
물 / မူး(လ်)	ရေ	예	water
물건 / မူး(လ်)ဂေါနဲ	ပစ္စည်း	삣'스이:	thing
물고기 / မူး(လ်)ဂိုဂိ	ငါး	응아:	fish
물다 / 물어뜨다 / မူး(လ်)တာ၊ မူရောတွတ်တာ	ကိုက်သည်	까잇'디	bite
물리 / မူး(လ်)လိ	ရူပဗေဒ	유빠. 배다.	physics
물을 주다 / မူး(လ်)လူး(လ်) ဂျူတာ	ရေပေးသည်	예 빼:디	the water week

| 물안경 | ရေကူးမျက်မှန် | goggles |
| မူးရန်:(ဂ)ယောန် | 예꾸: 몟'흐만 | |

| 물어보다 | မေးသည် | ask |
| မူရော့ဘိုတာ | 메:디 | |

| 물어봤다 | မေးခဲ့သည် | asked |
| မူရော့ဘွတ်တာ | 메:케.디 | |

| 물어봤니? | မေးခဲ့လား | Did you ask? |
| မူရော့ဘွတ်နီ | 메:케.라: | |

| 물음표 | အမေးသင်္ကေတ | question mark |
| မူလွှန်း(မ်)ဖျိူ | 아메: 띵께따. | |

| 물품 | ပစ္စည်း | a thing |
| မူး(လ်)ဖွန်း(မ်) | 삐옛'스이: | |

| 뭐!(놀람) | မော | what? |
| မော | 바 | |

| 미국 | အမေရိက | America |
| မိဂု | 아메 리.까. | |

| 미국인 | အမေရိကန်လူမျိုး | American |
| မိဂုဂင်း(န့်) | 아메 리.깐 루묘: | |

| 미끄럽다 | ချော်သည် | smooth /slick / slippery |
| မိကူရော့(ပ်)တာ | 처 디 | |

미끄러운 바닥	ချော်သော ကြမ်းပြင်	slippery floor
미꾸레아운 바닥	처더 짠:비인	
미니스커트	စကတ်တို	miniskirt
미니스커얻	사깟'또	
미덥다	ယုံကြည်ရသည်	reliable / trustworthy
미덥(ㅂ)따	몸찌 야.디	
미래	အနာဂတ်	future
미래	아나갓.	
미루다	ရွှေ့ဆိုင်းသည်	postpone
미루다	슈엣.쉿.싸인:디	
미리	အရင်	beforehand
미리	아예인	
미만	အောက်	less than
미만:(ㄴ)	아웃.	
미모	လှပသော မျက်နှာ	a beautiful face
미모	흐라.빠.더 먓'흐나	
미소	အပြုံး	smile
미소	아뽕:	
미소 짓다	ပြုံးသည်	smile
미소 지읏따	뽕:디	

미술	အနုပညာ	art
미쑤(ㄹ)	아누. 뼁냐	

미술가	အနုပညာရှင်	artist
미쑤(ㄹ)가	아누. 뼁냐싱	

미술관	အနုပညာပြတိုက်	art museum
미쑤(ㄹ)괌	아누. 뻬냐 빠.다잇.	

미안하다	အားနာသည်	be embarrassed
미안나타	아:나디	

미용사	အလှပြင်သူ	hairdresser
미용사	아흐라. 뼁뚜	

미용실	အလှပြင်ဆိုင်	hair salon
미용시(ㄹ)	아흐라. 뼁싸인	

미터	မီတာ	meter
미터	미따	

미혼	လက်မထပ်ရသေးသော	unmarried
미혼	랫' 메 탯' 야 데:더	

믿다	ယုံသည်	believe
믿타	용디	

밀가루	ဂျုံ	wheat flour
미(ㄹ)가루	존	

ㅁ

밀다	တွန်းသည်	push
미:(레)타	뚠:디	

밉다	မုန်းသည်	hate
맵(삐)타	몽:디	

밑에	အောက်မှာ	under
미테	아웃'흐마	

바간	ပုဂံ	Bagon
ပုဂံ	배간	

바고	ပဲခူး	Bago
ပဲခူး	바고:	

바구니	ခြင်း	basket
ဘာဂူနီ	친:	

바꾸다	လဲသည်	exchange
ဘာကူတာ	레:디	

바나나	ငှက်ပျောသီး	banana
ဘာနာနာ	응앳' 뼈띠:	

바늘	အပ်	needle
ဘာနူး(လ်)	앗'	

바다	ပင်လယ်	sea
ဘာဒါ	삔래	

바닷가재	ပုဇွန်ထုပ်	lobster
ဘာဒါဂါချယ်	베존톳'	

바다거북	လိပ်	turtle
ဘာဒါဂေဝါဘု	래잇'	

바라다	မျှော်လင့်သည်	wish / hope
ဘာလာတာ	흐며 랭.디	

ㅂ

미얀마 여행 회화

| 바람 | လေ | wind |
| ဘာလမ်း(မ်) | 레 | |

| 바람 불다 | လေတိုက်သည် | be windy |
| ဘာလမ်း(မ်)ဘူး(လ်)တာ | 레 따읻'디 | |

| 바르다 | သုတ်သည် | paint |
| ဘာလုတာ | 또욷'디 | |

| 바쁘다 | အလုပ်ရှုပ်သည် | be busy |
| ဘာပုတာ | 아롯' 숏'디 | |

| 바위 | ကျောက်တုံး | rock |
| ဘာဝိ | 짜욷'똥: | |

| 바이올린 | တယော | violin |
| ဘာအီအိုးလင်း | 떼여 | |

| 바지 | ဘောင်းဘီ | pants / trousers |
| ဘာဂျီ | 바운:비 | |

| 바퀴벌레 | ပိုးဟပ် | cockroach |
| ဘာခွီဘော(လ်)လယ် | 보:핟' | |

| 박물관 | ပြတိုက် | museum |
| ဘန်းမူး(လ်)ွမ် | 뺘.따욷' | |

| 박수 치다 | လက်ခုတ်တီးသည် | clap |
| ဘ္စုချိတာ | 랟'콛' 띠:디 | |

박쥐	လင်းနို့	bat
바뜌	링:놋.	
밖	အပြင်	outside
바뜨	아삔인	
밖에	အပြင်သို့	outside of
바뜨개	아삐인또.	
반 / 1/2	တစ်ဝက်	half
반느	떼웻'	
반대하다	ဆန့်ကျင်သည်	oppose
반때하다	산.진디	
반도	ကျွန်းဆွယ်	peninsula
반도	쭌:쇄	
반지	လက်စွပ်	ring
반지	럇'쑷'	
반찬	ဟင်း	side dishes / curry
반찬	힝:	
반창고	ပလာစတာ	plaster
반창고	빠라세따	
받다	လက်ခံသည်	receive
바따	럇'칸디	

한국어	미얀마어	English
발 바:(ㄹ)	ခြေဖဝါး 체페와:	foot
발견하다 바:(ㄹ)(ㄱ)요(ㄴ)하따	ရှာဖွေတွေ့ရှိသည် 샤풰 뛰.시.디	discover
발급하다 바:(ㄹ)굽(ㅂ)파따	ထုတ်ပေးသည် 톳'빼:디	issue
발목 바:(ㄹ)모.	ခြေမျက်စိ 체멧'스이.	ankle
발음하다 바르은(므)먀따	အသံထွက်သည် 아딴 뛋'디	pronounce
발전하다 바:(ㄹ)쩌(ㄴ)나따	တိုးတက်သည် 또:땃'디	develop
발톱 바:(ㄹ)토.(ㅂ)	ခြေသည်း 체데:	toenail
발행자 바:(ㄹ)힌:쟈	ပုံနှိပ်ထုတ်ဝေသူ 본흐냇' 톳'웨뚜	publisher
밝다 바ㄱ따	တောက်ပသည် 따웃'빠.디	shine
밝은 바ㄱ근:	လင်းသော 링:더	light

한국어	미얀마어	영어
밤 밤ː(ㅁ)	ည 냐.	night
밥 밥(ㅂ)	ထမင်း 타밍ː	rice
밥상 밧(ㅂ)상	ထမင်းစားစားပွဲ 타밍ː사ː세비ː	dining table
방 방ː	အခန်း 아칸ː	room
방문하다 방문하나타	သွားလည်သည် 똬ː 래디	visit
방법 방ː법(ㅂ)	နည်းလမ်း 니ː란ː	way
방향 방ː(하)향	ဦးတည်ရာ 우ː띠야	direction
배 배	ဗိုက် 바잇'	abdomen
배 배	သစ်တော်သီး 띳'떠띠ː	pear
배 / 선박 배 l 선박	သင်္ဘော 띤ː버	ship

ㅂ

한국어	미얀마어	English
배고프다 배고프다	ဗိုက်ဆာသည် 바잇' 싸디	be hungry
배고픈 배고픈	ဗိုက်ဆာသော 바잇' 싸더	hungry
배구 배구	ဘောလီဘော 버리버:	vollyball
배구공 배구공	ဘောလီဘောကစားသော ဘောလုံး 버리버: 게싸:더 버롱	play volleyball
배려하다 배려하다	ထည့်သွင်းစဉ်းစားသည် 탯뛴: 스인:싸:디	consider
배부르다 배부르다	ဗိုက်ပြည့်သည် 바잇' 삐엣'디	be full
배부른 배부른	ဗိုက်ပြည့်သော 바잇' 삐엣'더	full
배우 배우	ရုပ်ရှင်မင်းသားမင်းသမီး 욧'싱 밍:다: 밍:더미:	performers
배우다 배우다	သင်ယူသည် 띤유디	learn
배추 배추	မုန်ညင်း 몽닝:	white cabbage

| 배터리 | ဘက်ထရီ | battery |
| ဘတ်ဒယ်လီ | 밧'테리 | |

| 백화점 | ကုန်တိုက် | department store |
| ဘက်ခွာချောင်း(မ်) | 꽁따잇' | |

| 뱀 | မြွေ | snake |
| ဘယ်(မ်) | 무임 | |

| 버섯 | မှို | mushroom |
| ဘောစော့ | 흐모 | |

| 버스 | ဘတ်(စ်)ကား | bus |
| ဘောစု | 바'스까: | |

| 버스 운전기사 | ဘတ်(စ်)ကားမောင်းသူ | bus driver |
| ဘောစုအွန်းချော(န်)ဂီစာ | 바'스까: 마운:뚜 | |

| 버스정류장 | ဘတ်(စ်)ကားမှတ်တိုင် | bus stop |
| ဘောစုချောင်းညျုဂျန်း | 바'스까: 흐맛'다인 | |

| 버터 | ထောပတ် | butter |
| ဘောထော | 터밧' | |

| 번개 | လျှပ်စီး | lightning |
| ဘောန်ဂဲယ် | 흘럅'스이: | |

| 번거롭다 | ရှုပ်ထွေးသည် | complicated |
| ဘောန်ဂေါလို့(ပ်)တာ | 숱'퉤:디 | |

ㅂ

263

한국어	미얀마어	English
번역하다 / ဘောန်ညော့ခါတာ	ဘာသာပြန်သည် / 바다 빤디	translate
번호 / ဘော(န်)နို	နံပါတ် / 난밧'	number
번화하다 / ဘော(န်)နှဟာတာ	စည်ကားသည် / 스이까:디	be flourishing(street) / busy(lively)
벌 / ဘော(လ်)	ပျား / 빠:	bee
벌레 / ဘောလယ်	ပိုးကောင် / 뽀:가운	worm
범인 / ဘော(မ်)မင်း(န့်)	တရားခံ / 떼예칸	defendant
범죄 / ဘော(မ်)ချွယ်	ပြစ်မှု / 삐인'흐무.	crime
법 / ဘော(ပ်)	ဥပဒေ / 우.베대	law
벗다 / ဘော့တာ	ချွတ်သည် / 춧'디	take off
배게 / ဘယ်ဂယ်	ခေါင်းအုံး / 가운:옹:	pillow

벤치	ခုံတန်းရှည်	bench
ဘယ်(န်)ချီ	ကွန်းဒန်း: ရှီ	

벨트	ခါးပတ်	belt
ဘယ်(လ်)ထု	ကာဗတ်'	

벽	နံရံ	wall
ဗျော့	နန်ယံ	

변기	အိမ်သာအိုး	toilet
ဗျော(န်)ဂီ	အဲအင်တာ အို:	

변비	ဝမ်းချုပ်ခြင်း	constipation
ဗျော(န်)ဘီ	ဝမ်:ချုတ်'ဂျင်	

변호사	ရှေ့နေ	lawyer
ဗျော(န်)နိုစာ	ရှယ်.နဲ	

별	ကြယ်	star shape
ဗျော(လ်)	ချယ်	

별 모양	ကြယ်ပုံစံ	star
ဗျော(လ်)မိုယန်း	ချယ် ဗုံဆန်	

별명	နာမည်ပြောင်	nickname
ဗျော(လ်)မျောင်း	နာမဲ ဗျောင်	

병	ရောဂါ / ပုလင်း	disease / bottle
ဗျောင်း	ယောဂါ / ဗော်လင်း:	

265

한국어	미얀마어	영어
병나다 / ဖျောင်းနာတာ	ရောဂါရသည် / 여가 야.디	get sick
병따개 / ဖျောင်းတာဂယ်	ဖောက်တံ / 파옷'딴	opener
병아리 / ဖျောင်းငှာလီ	ကြက်ပေါက်စ / 쨋' 빠웃'싸	chicken
병원 / ဖျောင်းငေါန်	ဆေးရုံ / 쎄이:용	hospital
보내다 / 보ုနယ်တာ	ပေးပို့သည် / 빼: 뽀.디	send
보냈다 / 보ုနဲ့တာ	ပို့လိုက်သည် / 뽀. 라잇.디	sent
보다 / 보ုတာ	ကြည့်သည် / 찌.디	look
보다 / 보이다 / 보ုတာ ၊ 보ုအီတာ	ကြည့်သည်၊ မြင်သည် / 찌.디 / 미얀디	see
보라 / 보ုလာ	ခရမ်းရောင် / 카얀:야운	purple
보라색 / 보ုလာစဲ့	ခရမ်းရောင် / 카얀:야운	purple

| 보증서 | သက်သေခံစာရွက် | a surety |
| 보뚠ㄹ세아 | ʼ때칸 싸유웯ʼ | certificate |

| 보통 | သာမန် | normal |
| 보퉁 | 따만 | |

| 보트 | သင်္ဘော | boat |
| 보뚜 | 띤:버 | |

| 보험 | အာမခံ | insurance / |
| 보허(ㅁ) | 아마.칸 | guaranty |

| 보호자 | ကြည့်ရှုစောင့်ရှောက်သူ | protector |
| 보호자 | 찌.슈 사웃.샤웃ʼ 뚜 | |

| 복사하다 | မိတ္တူကူးသည် | copy |
| 보ㄱ사하다 | 매잇ʼ투 꾸:디 | |

| 복숭아 | မက်မွန်သီး | peach |
| 보ㄱ숭아 | 맛ʼ몬디: | |

| 복싱(권투) | လက်ဝှေ့ | boxing |
| 보ㄱ싱 | 랏호웨. | |

| 복잡한 | ရှုပ်ထွေးသော | complicated |
| 보ㄱ자ㅂ(ㅂ)판ㄹ | 숫ʼ퉤:더 | |

| 복통 | ဗိုက်နာခြင်း | stomachache |
| 보ㄱ퉁: | 바잇ʼ 나친: | |

한국어	미얀마어	English
볶다 ဘို့တာ	ကြော်သည် 쪼디	roast
볶음밥 ဘို့ဂွန်း(မ်)ဘပ်(ပ်)	ထမင်းကြော် 타민:쪼	fried rice
본사 ဘုံး(န်)စာ	ရုံးချုပ် 용:조옷'	the head office
볼 / 뺨 ဘုံး(လ်) ၊ ပျမ်း	ပါး 빠:	cheek
볼링 ဘုံး(လ်)လင်း	ဘောလိန်း 블링:	bowling
볼펜 ဘုံး(လ်)ဖန်	ဘောပင် 버뻰	ball pen
봄 ဘုံး(မ်)	နွေဦး 눼우:	spring
봉투(편지) ဘုံးထူ	စာအိတ် 싸애잇'	envelope
봤다 ဘွက်တာ	တွေ့ခဲ့တယ် 뛔.케.대	saw
부드러운 ဘုဒရောအွန်း	နူးညံ့သော 누: 냔.더	smooth

한국어	미얀마어	발음	English
부드럽다	နူးညံ့သည်	누:냔.디	soft
ဘူဒုရော့(ပ်)တာ			
부딪치다	တိုက်မိသည်	따읻'미.디	hit
ဘူဒစ်ချိတာ			
부모	မိဘ	미.바.	parents
ဘူမို			
부엌	မီးဖိုချောင်	미:포차운	kitchen
ဘူအော့			
부엌칼	မီးဖိုချောင်သုံး ဓား	미:포차운똥: 다:	kitchen kife
ဘူအော့ခါး(လ်)			
부유한	ချမ်းသာသော	찬:다더	rich
ဘူယူဟန်း			
부인	ဇနီး	쎄니:	wife
ဘူအင်း(န့်)			
부채	ယပ်တောင်	얏'다운	folding fan
ဘူချယ်			
부추	ကြက်သွန်မိတ်	쩨'뚠맛'	leek
ဘူချူ			
부탁하다	တောင်းဆိုသည်	따운:소디	ask for / request
ဘူထတ်ခါတာ			

ㅂ

미얀마 여행 회화

한국어	미얀마어	발음	영어
북	ဗုံ	봉	drum
ဘုံ			
북쪽	မြောက်	먀웃'백'	north
မြောက်ဘက်			
분	မိနစ်	밋'닛'	minute
ဘွန်း			
분수	ရေပန်း	예반:	fountain
ဘွန်းစု			
분위기	လေထု	래투.	atmosphere
ဘွန်းဝိဂိ			
분필	မြေဖြူ	미에퓨	chalk
ဘွန်းဖီး(လ်)			
분홍색	ပန်းရောင်	빤:야운	pink
ဘွန်းနုံးစဲ			
불교	ဗုဒ္ဓဘာသာ	봇'다. 바다	buddhism
ဘူး(လ်)(ဂ)ယို			
불다	မှုတ်သည်	흐못'디	blow
ဘူး(လ်)တာ			
불만스럽다	ကျေနပ်စရာမကောင်းသော	째낫'세야 마 까운:더	unsatisfactory
ဘူး(လ်)မန်းစု‌ရွှေ့(ပ်)တာ			

불어	ပြင်သစ်	French
뿌레오	ဗြိန်ဒိံ့	

불친절하다	သဘောမကောင်းဘူး	unfriendly / bad-natured
뿔(ㄹ)친쩔하다	더버 마까운:부:	

불탑	ဘုရား	pagoda
뿔(ㄹ)탑(ㅂ)	폐야:	

불편하다	အဆင်မပြေဘူး	inconvenient
뿔(ㄹ)펴녀나다	아스인 마삐예부:	

붉은	အနီရောင်	red
뿔(ㄹ)군	아니야운	

붓다	လောင်းသည်	pour
뿌따	라운:디	

붕대	ပတ်တီး	bandage
뿡대	빳'띠:	

비 / 비가 오다	မိုး၊ မိုးရွာသည်	rain
비 ㅣ 비가 오다	모: / 모:유아 디	

비가 오는	မိုးရွာသော	rainy
비가 오는	모:유아더	

비극	ဝမ်းနည်းစရာကောင်းသော ရုပ်ရှင်	tragic drama
비극	완:네:쎄야 까운:더 욧'싱	

한국어	미얀마어	영어
비누 비누	ဆပ်ပြာ 삿'뱌	soap
비둘기 비둘(ㄹ)기	ခို 코	pigeon
비디오 가게 비디 아ᅵ가ᅵ	အခွေဆိုင် 아퀘싸인	video sore
비밀 비밀(ㄹ)	လျှို့ဝှက်ချက် 흐로̣ 왁'챗'	secret
비상구 비산(ㄴ)구	အရေးပေါ် ထွက်ပေါက် 아예이:뻐 퇵'빠웃'	an emergency exit
비서 비서	အတွင်းရေးမှူး 아뛴:예: 흐무:	secretary
비싸다 비싸따	ဈေးကြီးသည် 쎄: 찌:디	expensive
비옷 비옷	မိုးကာအင်္ကျီ 모:까 예인:찌	raincoat
비용 비용:	အသုံးစရိတ် 아똥: 쎄예잇'	expense
비율 비율(ㄹ)	အချိုး 아초:	ratio

비행기	လေယာဉ်ပျံ	airplane
ဘိဟိန်းဂိ	လေယာဉ်ပျံ	airplane
	래징뺜	

비행기 လေယာဉ်ပျံ airplane
ဘိဟိန်းဂိ
래징뺜

비행기 조종사 လေယာဉ်မှူး pilot
ဘိဟိန်းဂိချိုင်ဂျိုးစာ
래징흐무:

비행기표 လေယာဉ်လက်မှတ် an air ticket
ဘိဟိန်းဂိဖျို
래징 럣'흐맛'

빈 လွတ်သော empty
ဘင်း(န္)
룻'떠

빌리다 ငှားသည် borrow
ဘီးလီတာ
응야:디

빗 ဘီး comb
ဘစ်
비:

빚 အကြွေး loan
ဘစ်
아쪼이:

빛 အလင်းရောင် light
ဘစ်
아링:야운

빠른 မြန်သော fast
ပါလွန်း
미얀떠

빨간색 အနီရောင် red
ပါး(လ)ဂန်းစဲ
아니야운

ㅂ

273

ㅂ

| 빨강 | အနီရောင် | red |
| ပါး(လ်)ဂန်း | 아니야운 | |

빨대 ပိုက် straw
ပါး(လ်)ဒယ် 빠잇'

빵 ပေါင်မုန့် bread
ပန်း 빠운못'

빵집 ပေါင်မုန့်ဆိုင် bakery
ပန်းဂျစ်(ပ်) 빠운못.싸인

뼈 အရိုး bone
ပြော 어요:

사거리	လမ်းဆုံ	crossroads / junction
싸거리	란:송	
사건	အဖြစ်အပျက်	event
싸건	아핏' 아쀳'	
사고	မတော်တဆ	accident
싸고	메떠 떼싸.	
사과	ပန်းသီး	apple
싸과	반:띠:	
사기	လိမ်လည်မှု	fraud
싸기	래인레 흐무.	
사다	ဝယ်သည်	buy
싸다	왜디	
사람	လူ	man
싸람:(ㅁ)	루	
사랑	အချစ်	love
싸랑:	아칫'	
사무실	ရုံး	office
싸무쉴:(ㄹ)	용:	
사무직 근로자	ရုံးအလုပ်သမား	office-worker
싸무직꿀론:로이쟈	용: 아로웃'떠마:	

미얀마 여행 회화

| 사슴 | သမင် | deer |
| စာစွန်း(မ်) | 떠밍 | |

| 사요 | ဝယ်တယ် | buy |
| စာယို | 왜대 | |

| 사용료(렌트비) | သုံးဆွဲခ | rental fee |
| စာယိုးညို | 똥:쇄카. | |

| 사용하다 | သုံးဆွဲသည် | use |
| စာယိုးငှာတာ | 똥:쇄디 | |

| 사이에 | ကြားမှာ | between |
| စာအီအယ် | 쟈:흐마 | |

| 사자 | ခြင်္သေ့ | lion |
| စာဂျာ | 친떼잇. | |

| 사장 | အလုပ်ရှင် | boss |
| စာဂျန်း | 아록'싱 | |

| 사전 | အဘိဓာန် | dictionary |
| စာဂျော့န် | 아비.단 | |

| 사증(비자) | ဗီဇာ | visa |
| စာဂျွန်း | 비자 | |

| 사진 | ဓာတ်ပုံ | photo |
| စာဂျင်း(န်) | 닷'뽕 | |

276

한국어	미얀마어	영어
사진기 / စာဂျင်း(န့်)ဂီ	ကင်မရာ / 카메라	camera
사진 찍다 / စာဂျင်း(န့်)ကျစ်တာ	ဓာတ်ပုံရိုက်သည် / 닷'뽕 야잇'디	take a photograph
사촌형제 / စာချိုး(ဟ)ယောင်းဂျယ်	ဝမ်းကွဲမောင်နှမ / 완:꽤: 마운흐네마.	cousin
사탕 / စာထန်း	သကြားလုံး / 데쨔:롱:	candy
사탕수수 주스 / စာထန်းစုစုဂျူစု	ကြံရည် / 짠예이	sugar cane juice
사회 / စာဟွယ်	လူမှုအဖွဲ့စည်း / 루흐무.어퐷. 어스이:	society
산 / စန်း	တောင် / 따운	mountain
산수화 / စန်းစုဟွာ	တောတောင်ရေမြေပုံ / 떠따운 예미예봉	landscape
살다 / စား(လ်)တာ	နေထိုင်သည် / 네타인디	live
살아요 / စာရာယို	နေထိုင်တယ် / 네타인대	live

미얀마 여행 회화

한국어	미얀마어	발음	English
살찐 싸:(ㄹ)꺙:	ဝသော 와.더		fat
살펴보다 싸:(ㄹ)퍄바띠따	စောင့်ကြည့်သည် 싸운.찌.디		watch
삶 썀:(ㅁ)	ဘဝ 버와.		life
삶다 썀:(ㅁ)따	ပြုတ်သည် 뾰웃'디		boil
삼각형 썀:(ㅁ)갓(ㄱ)야웅:	တြိဂံ 뜨리.간		triangle
삼촌 썀:(ㅁ)츄:	ဦးလေး 우:레:		uncle
샀다 쌋따	ဝယ်ခဲ့သည် 왜캐.디		bought
샀어요 쌋써요	ဝယ်ခဲ့တယ် 왜캐.대		bought
상냥하다 싼:냔:ㅈㅏ타	နူးညံ့သိမ်မွေ့သည် 누:냔. 땡뭿디		be gentle
상담하다 싼:담:(ㅁ)하타	လုပ်ငန်းအကြောင်းပြောသည် 로웃'응아: 아짜운:뻐디		talk about business

278

상상하다	စိတ်ကူးယဉ်သည်	imagine
စန်းစန်းငှာတာ	새잇' 꾸:잉디	

상세하다	အသေးစိတ်သည်	details
စန်းစယ်ဟာတာ	아때이: 새잇'디	

상어	ငါးမန်း	shark
စန်းငေါ	먄얀:	

상영하다	ပြသသည်	display / show
စန်း(င)ယောင်းငှာတာ	쁘.따.디	

상의	အပေါ်အကျႌ	jacket
စန်းအှိ	아뻐 인찌	

상인	ကုန်သည်	marchant
စန်းငင်း(န်)	꽁띠	

상자	သေတ္တာ	box
စန်းဂျာ	떳'따	

상점	ဆိုင်	shop
စန်းဂျော(မ်)	싸인	

상추	ဆလပ်ရွက်	lettuce / salad
စန်းချူ	쎄랏' 유웻'	

상품	ပစ္စည်း	goods
စန်းဖွန်း(မ်)	삐옛'스이:	

미얀마 여행 회화

| 상하다 | ပုပ်သိုးပျက်စီးသည် | damage |
| စန်းငှာတာ | 보웃'또: 삐옛'스이:디 | |

| 새 | ငှက် | bird |
| စယ် | 흥예: | |

| 새것의 | ပစ္စည်းသစ်ရဲ့ | new item |
| စယ်ဂေါ့စယ် | 삐엣'스이: 띳'예. | |

| 새끼 고양이 | ကြောင်ပေါက်စ | kitten |
| စယ်ကီ ဂိုယန်းငီ | 쨔운빠웃'사. | |

| 새로운 | သစ်လွင်သော | new |
| စယ်လိုအွန်း | 띳'링더. | |

| 새벽 | အာရုဏ်ဦး | dawn |
| စယ်ဗျော့ | 아용우: | |

| 새우 | ပုစွန် | lobster / shrimp |
| စယ်အူ | 베쑨 | |

| 색 | အရောင် | color |
| စွဲ | 아야운 | |

| 색칠하다 | ဆေးဆိုးသည် | paint / dye |
| စွဲချိုး(လ်)ဟာတာ | 쎄: 소:디 | |

| 샌드위치 | အသားညှပ်ပေါင်မုန့် | sandwich |
| စယ်ဒဝိချို | 아따:흐냣' 빠우못. | |

280

| 샐러드 | ဟင်းရွက်သုပ် | salad |
| စယ်လောဒ့ | ဟင်း'ယုဝဲၵ်'ထောဝ့် | |

| 생각 | စဉ်းစားမှု | thinking |
| 스인:사:흐무. | | |

| 생각하다 | စဉ်းစားသည် | think |
| 씬:가닥차타 | 스인:싸:디 | |

| 생강 | ချင်း | ginger |
| 씬:간: | 진: | |

| 생년월일 | မွေးနေ့ | the date of birth |
| 씬:뇨(은)웨(ㄹ)이:(ㄹ) | 매:눗. | |

| 생리대 | ဓမ္မတာ | period |
| 씬:니대 | 더멧따 | |

| 생물학 | ဇီဝဗေဒ | biology |
| 씬:물:학(ㄹ) | 스이와. 배다. | |

| 생산량 | ထုတ်လုပ်မှုနှုန်း | output / rate |
| 씬:산:량 | 톡'로웃'흐무.흐농: | |

| 생산하다 | ထုတ်လုပ်သည် | produce |
| 씬:산:하타 | 톡' 로웃'디 | |

| 생선 | ငါး | fish |
| 씬:선 | 응아: | |

한국어	미얀마어	English
생선튀김 စိန်းစောန်ထွိဂင်း(မ်)	ငါးကြော် 응아:쩌	fried fish
생선회 စိန်းစောန်ဟွယ်	ငါးစိမ်း 응아:쩨인:	sliced raw fish
생일 စိန်းဦး(လ်)	မွေးနေ့ 뫼:넷.	birthday
샴페인 ရှမ်းဖယ်အင်း	ရှန်ပိန် 샨빼인	champagne
샴푸 ရှမ်းပူ	ခေါင်းလျှော်ရည် 가운:셔예	shampoo
서다 စောတာ	ရပ်သည် 얏'디	stop
서명하다 စောမျောင်းဒုတာ	လက်မှတ်ထိုးသည် 랫흐'맛' 토:디	sign
서비스 စောဘီစု	ဝန်ဆောင်မှု 원사운흐무.	service
서울 စောအူး(လ်)	ဆိုးလ် 서울	Seoul
서점 စောဂျော(မ်)	စာအုပ်ဆိုင် 샤옷'싸인	bookstore

서쪽	အနောက်ဘက်	west
서쪽 စောကျိူ,	아나웃'뱃'	

석유	ရေနံ	petroleum
စော့(ဂ)ယူ	예난	

선	မျဉ်းကြောင်း	line
စောန်	미인:쟈운:	

선명하다	ကြည်လင်ပြတ်သားခြင်း	clear
စောန်မျောင်းဒ့ာတာ	찌링 뺫'따:친:	

선물	လက်ဆောင်	present / gift
စောန်မူး(လ်)	랫'사운	

선반	စင်	shelf
စောန်ဘန်း	스인	

선풍기	ပန်ကာ	fan
စောန်ဖွန်းဂီ	반까	

설계	ဒီဇိုင်းပုံ	design
စော(လ်)ဂယ်	디자인뽕	

설날	နှစ်သစ်	new year
စောလား(လ်)	흐닛'띳'	

설사약	ဝမ်းပိတ်ဆေး	explain
စော(လ်)စာယာ့	원:빼잇'새이:	

283

한국어	미얀마어	영어
설탕 စော(လ်)ထန်း	သကြား 데자:	sugar
섬 စော(မ်)	ကျွန်း 쭌:	island
섭섭하다 စော့(ပ်)စော့(ပ်)ဟာတာ	ဝမ်းနည်းသည် 완:네:디	be sorry / be sad
섭씨 စော့(ပ်)ရှီ	စင်တီဂရိတ် 슨띠래잇'	centigrade
성공하다 စောင်းဂုံးဂျာတာ	အောင်မြင်သည် 아운미인디	succeed
성나다 စောင်းနာတာ	ဒေါသထွက်သည် 더따. 퉷.디	get angry
성냥 စောင်းညှိုင်း	မီးခြစ် 미:칫.	lighter
성대하다 စောင်းဒယ်ဟာတာ	ကြီးကျယ်ခမ်းနားသည် 찌:째 칸: 나: 디	grand
성명 စောင်းမျောင်း	နာမည် 난미	name
성벽 စောင်းဗျော့	မြို့တံတိုင်း 묫. 데다인:	castle wall

한국어	미얀마어	English
성별 စောင်းဗျော(လ်)	ထီးမခွဲခြားခြင်း 티:마. 쾌:차:친	the distinction of sex
성실하다 စောင်းရှိ(လ်)ဟာတာ	ရိုးသားသည် 요:따:디	sincere
세계 စယ်ဂယ်	ကမ္ဘာ 가바	world
세관 စယ်ဂွမ်	အကောက်ခွန်ဌာန 아까웃'쿤 타나.	custom house
세관신고서 စယ်ဂွမ်ရှင်းဂိုစော	အကြောင်းကြားလွှာ 아짜운: 짜: 흐롸	customs declaration
선생님 စောန်စိန်းနင်း(မ်)	ဆရာမ 세야마.	teacher
세금 စယ်ဂွန်း(မ်)	အခွန် 아쿤	tax
세발자전거 စယ်ဘား(လ်)ဂျာဂျောန်ခေါ်	သုံးဘီးပါ စက်ဘီး 똥:뱅: 빠 색'뱅	tricycle
세 번째 စယ်ဘောန်ကျယ်	သုံးကြိမ်မြောက် 똥:쟁먀욱'	third time
세수하다 စယ်စုဟာတာ	မျက်နှာသစ်သည် 미얏' 흐나 띳'디	wash the face

한국어	미얀마어	발음	영어
세탁기	အဝတ်လျှော်စက်	아윗'셔 색'	washing machine
	စယ်ထက်ဂီ		
세탁소	ပင်မင်းဆိုင်	삥밍: 싸인	laundry
	စယ်ထက်စို		
소	နွား	놔:	cow
	စို		
소개하다	မိတ်ဆက်သည်	매잇' 색'디	introduce
	စိုဂယ်ဟာတာ		
소고기	အမဲသား	아메따:	beef
	စိုဂိုဂီ		
소금	ဆား	싸:	salt
	စိုဂွန်း(မ်)		
소나기	မိုး	모:	shower / rain
	စိုနာဂီ		
소녀	မိန်းကလေး	밍:클리:	girl
	စိုညော		
소년	ယောက်ျားလေး	야웃'짜:레:	boy
	စိုညော(န်)		
소독하다	ပိုးသတ်သည်	보:땃'디	disinfect
	စိုဒိုခါတာ		

소득	ဝင်ငွေ	income
소드	윈응웨	

소란스럽다	ဆူညံသည်	be noisy
소란스으료(ㅂ)타	쑤난디	

소리	အသံ	sound
소리	아딴	

소리치다	အော်သည်	shout
소리치다	어디	

소매	အကျႌလက်	sleeve
소매	예인찌 랫'	

소방소	မီးသတ်ရုံ	fire station
소방소	미:땃'용	

소방수	မီးသတ်သမား	fire fighter
소방수	미: 땃'떼마:	

소방차	မီးသတ်ကား	fire engine
소방차	미:땃'까:	

소비하다	ဝယ်ယူသုံးဆွဲသည်	consume
소비하다	왜유 똥:쇄:디	

소스	အချဉ်	sauce
소스	아친	

한국어	미얀마어	영어
소아과 / 쏘아궈	ကလေးအထူးကုဌာန / 커레: 아투:꾸. 타나.	pediatrics
소포 / 쏘포	ပါဆယ်ထုပ် / 빠세톳.	parcel
소화불량 / 쏘화부:(라)샤잉:	အစာမကြေသော ရောဂါ / 아싸 메쩨떠 여가	indigestion
소화제 / 쏘화계	အစာကြေဆေး / 아사 쩨쎄:	digestive
속달 / 쏘다:(라)	အမြန်ချောပို့ / 아미얀 처봇.	express delivery
속에 / 쏘게	ထဲမှာ / 테:흐마	in, inside
속옷 / 쏘곳	အောက်ခံအင်္ကျီ / 아웃'칸애 인:찌	underwear
손 / 쑤:	လက် / 랙'	hand
손가락 / 쑤:가락	လက်ချောင်း / 레'차운:	finger
손가방 / 쑤:가반:	လက်ကိုင်အိတ် / 레'까인애잇'	purse

| 손녀 | မြေးမ | grand daughter |
| 손ː뇨 | 미예ː마. | |

| 손님 | ဧည့်သည် | guest |
| 손ː닌ː(ㅁ) | 에.대 | |

| 손목 | လက်ကောက်ဝတ် | wrist |
| 손ː목 | 레'까웃'웟' | |

| 손목시계 | လက်ပတ်နာရီ | watch |
| 손ː목시계 | 레'빳' 나이 | |

| 손수건 | လက်ကိုင်ပုဝါ | handkerchief |
| 손ː수궈ː | 레'까인 뽀와 | |

| 손자 | မြေးယောက်ျားလေး | grandson |
| 손ː쟈 | 몌ː야웃' 짜ː레ː | |

| 손톱 | လက်သည်း | fingernail |
| 손ː톱(ㅂ) | 레'떼ː | |

| 손톱깎이 | လက်သည်းညှပ် | nail scissors |
| 손ː톱(ㅂ)까기 | 레'떼흐ː냣' | |

| 손해 | အပျက်အဆီး | damage |
| 손ː내 | 아뺫' 아스이ː | |

| 솔 | သွားတိုက်တံ | brush |
| 솔ː(ㄹ) | 똬ː따잇'단 | |

| 송별회 | နှုတ်ဆက်ပွဲ | farewell party |
| စုံးဗျောျ(လ်)ဟွယ် | နှုတ်'ဆက်'ပွဲ | |

| 송아지 | နွားပေါက်စ | calf |
| စုံးဝ့ဂျီ | နား:빠웃'싸. | |

| 쇼핑 | စျေးဝယ်ထွက်ခြင်း | shopping |
| ရှိုဖင်း | 쎄:왜 툑'친: | |

| 수건 | မျက်နှာသုတ်ပုဝါ | towel |
| စူဂေါန် | 엣'흐나 또옷' 뻐와 | |

| 수 년 | နှစ်ပေါင်းများစွာ | many years |
| စူညောန် | 흐닛'빠웅: 먀:솨 | |

| 수도 | မြို့တော် | capital |
| စူဒို | 묘.더 | |

| 수도 | ရေပိုက် | waterpipe |
| စူဒို | 예빠잇' | |

| 수도꼭지 | ရေပိုက်ခေါင်း | tap |
| စူဒိုကို့ဂျီ | 예빠잇' 가운: | |

| 수리하다 | ပြင်ဆင်သည် | repair |
| စူလီဟာတာ | 삐인스인디 | |

| 수면제 | အိပ်ဆေး | sleeping drug |
| စူမျောန်ဂျယ် | 에잇'새: | |

수박	ဖရဲသီး	watermelon
쑤박	ဖရဲသီး ဖယဲးသီး	
	페예띠:	

| 수백만 | သိန်းပေါင်းများစွာ | millions |
| 쑤뱅만 | 때잉:빠웅: 먀야:솨 | |

| 수수료 | ကော်မရှင်ခ | commission |
| 쑤쑤료 | 꺼메싱 카. | |

| 수술하다 | ခွဲစိတ်သည် | operate |
| 쑤술(ㄹ)하타 | 쾌:새잇'디 | |

| 수신인 | စာလက်ခံသူ | an addressee |
| 쑤싱인 | 싸레'칸 뚜 | |

| 수십 년 | နှစ်ပေါင်းများစွာ | scores of years |
| 쑤십(ㅍ)녀난 | 흐닛'빠웅: 먀야:솨 | |

| 수영복 | ရေကူးဝတ်စုံ | swimming suit |
| 쑤영복 | 예꾸: 웟'송 | |

| 수영장 | ရေကူးကန် | swimming pool |
| 쑤영장 | 예꾸:깐 | |

| 수영하다 | ရေကူးသည် | swim |
| 쑤영하타 | 예꾸:디 | |

| 수영했다 | ရေကူးခဲ့သည် | swam |
| 쑤영햇타 | 예꾸:케.디 | |

ㅅ

한국어	미얀마어	영어
수요일 쑤요일(ㄹ)	ဗုဒ္ဓဟူး 봇'데후:	Wednesday
수위 쑤위	ရေမျက်နှာပြင်အမြင့် 예 미옛'나빈 어밋.	water level
수입하다 쑤입(ㅂ)하타	တင်သွင်းသည် 띤뛴디	import
수정하다 쑤정하다	အမှားပြင်ဆင်သည် 아흐마: 삐인쓰인디	correction
수준 쑤준:	အဆင့် 아쓰잇	level
수천 쑤천	ထောင်ပေါင်းများစွာ 타웅빠웅: 먀야:솨	thousands
수첩 쑤첩(ㅂ)	မှတ်စုစာအုပ် 흐맛'수. 사옷'	notebook
수출하다 쑤출:(ㄹ)하타	တင်ပို့သည် 띤뽀.디	export
수표 쑤표	ချက်လက်မှတ် 챗'랫'흐맛'	check
수프 쑤프	စွပ်ပြုတ် 숫'뵤웃'	soup

292

한국어	미얀마어	영어
수하물 / 수하무글(ㄹ)	လက်ကိုင်အိတ် / 랫' 까인앳'	purse
수혈하다 / 수(ㅎ)여(ㄹ)하다	သွေးသွင်းသည် / 쌔:뛴디	transfusion blood
숙박하다 / 숙박카다	တည်းသည် / 떼:디	lodge
숙제 / 숙쩨	အိမ်စာ / 애인싸	homework
숙주 / 숙쭈	ပဲပင်ပေါက်စိမ်း / 뻬:삔바웃'생	green bean sprouts
순금 / 순금(ㅁ)	ရွှေသားစစ်စစ် / 시웨따: 스잇'스잇'	solid gold
순수한 / 순수한	ရိုးသားသော / 요:따:더	pure / honest
숟가락 / 숟까락	ဇွန်း / 쑨:	spoon
술 / 술(ㄹ)	အရက် / 아옛'	alchol
술안주 / 수란주	အရက်အမြည်း / 아옛' 아미:	titbit

293

미얀마 여행 회화

| 숲 | တော | forest |
| စု(ပ်) | 떠 | |

| 쉬다 | နားသည် | rest |
| ရှိတာ | 나:디 | |

| 쉬운 | လွယ်ကူသော | easy |
| ရှိအွန်း | 뢰꾸떠 | |

| 쉽다 | လွယ်သည် | be easy |
| ရှုဖောမာခတ် | 뢰디 | |

| 슈퍼마켓 | စူပါမာကတ် | supermarket |
| စူကျောင်းငှာတာ | 수빠 마'깻' | |

| 스웨터 | စွယ်တာ | sweater |
| စုဝေါ်ထော | 쇠따 | |

| 스위치 | မီးခလုတ် | switch |
| စုဝိချို | 미:카롯' | |

| 슬픈 | ဝမ်းနည်းသော | sad |
| စူး(လ်)ဖန်း | 완:네:떠 | |

| 습관 | အကျင့် | habit |
| စွပ်(ပ်)ဝွမ် | 아찐. | |

| 습도 | စိုထိုင်းစ | humidity |
| စု(ပ်)ဒို | 쏘타인:싸. | |

294

승강기	ဓာတ်လှေကား	elevator
စွန်းဂန်းဂီ	닷'흐레까:	

승객	စီးနင်းလိုက်ပါသူ	passenger
စွန်းဂဲ့	스이:닌: 라잇'빠 뚜	

승용차	ကား	car
စွန်း(၀)ယုံးချာ	까:	

시	(၁)နာရီ	o'clock
ရှီ	나이	

시간	(၁)နာရီ၊ အချိန်	hour / time
ရှီဂန်း	나이 / 아쳉	

시계	နာရီ	clock
ရှီဂယ်	나이	

시금치	ဟင်းနုနွယ်	spinach
ရှီဂွန်း(မ်)ချိ	힝:누.놔	

시끄러운	ဆူညံသော	noisy
ရှီကူရောအွန်း	쑤난떠	

시끄럽다	နားပြီးသည်	be tired of hearing
ရှီကူရော့(ပ်)တာ	나:니:디	

시내 / 개울	စမ်းချောင်း	stream
ရှီနယ်၊ ဂယ်အူး(လ်)	산:차운:	

시내 / 도시	မြို့ထဲ	city
리낸, 디리	묘.테:	
시아버지	ယောက္ခထီး (မိန်းကလေး၏)	a woman's father-in-law
리아보가잉	야웃'케티	
시어머니	ယောက္ခမ (မိန်းကလေး၏)	a woman's mother-in-law
리아모니	야웃'케마	
시외	မြို့ပြင်	suburb
리왤	묘.삐인	
시외전화	မြို့ပြင်ဖုန်း	a toll line
리왤계오톼	묘.삐인 폰:	
시원하다	အေးမြသည်	be cool
리웨인나타	에:먀.디	
시원한	အေးမြသော	cool
리웨인난	에:미얏.더	
시작하다	စတင်သည်	start
리깟차타	싸.띤디	
시작했다	စတင်ခဲ့သည်	began / started
리깟착타	싸.띵 캐.디	
시장	ဈေး	market
리쟌:	쎄:	

한국어	미얀마어	발음	영어
시큼하다	ချဉ်သည်	친디	sour
시험하다	စာမေးပွဲဖြေသည်	싸메:뵈 피예디	test / sit an exam
식기	ပန်းကန်လုံး	바간롱:	tableware / bowl
식다	အေးသည်	에:디	get cold
식당	စားသောက်ဆိုင်	싸:따웃'싸인	restaurant
식료품	မုန့်	모웅'	food stuffs / snack
식료품점	မုန့်ဆိုင်	모웅'싸인	grocery
식물	အပင်	아삔	plant
식물원	ပျိုးဥယျာဉ်	뾰:우:잉	botanical garden
식사하다	စားသောက်သည်	싸:따웃'디	have a meal

식욕	စားချင်စိတ်	appeitite
쇼욷(ㄱ)욷'	싸:친새잇'	

식중독	အစာဆိပ်တက်ခြင်း	food poisoning
쇼욷윤돋'	아사새잇. 땍'친:	

식초	ရှာလကာရည်	vinegar
쇼욷쵀	샤라까예	

식탁	ထမင်းစားစားပွဲ	dining table
쇼욷톧	타밍:싸: 세붜	

신고하다	တိုင်ကြားသည်	report
슁:고하타	따인쨔:디	

신년	နှစ်သစ်	new year
슁:(ㄴ)뇨(ㄴ)	흐닛'띳'	

신다	စီးသည်(ဖိနပ်)	put on shoes
슁:(ㄴ)타	스이:디	

신문	သတင်းစာ	newspaper
슁:(ㄴ)뭉:(ㄴ)	데딩:사	

신문기자	သတင်းစာဆောင်းပါးရေးသူ	newsman / journolist
슁:(ㄴ)뭉:(ㄴ)기쟈	데딩:사 싸웅:빠:예:뚜	

신문사	သတင်းစာတိုက်	press and media
슁:(ㄴ)뭉:(ㄴ)사	데딩:사라잇'	

| 신발 | ဖိနပ် | shoes |
| ရှင်းဘား(လ်) | 페낟' | |

| 신분증 | မှတ်ပုံတင် | identification card |
| ရှင်း(န်)ဘွန်းဂျွန်း | 흐맏'뽕띤 | |

| 신청서 | လျှောက်လွှာ | application |
| ရှင်း(န်)ချောင်းစော | 샤웃'흐라 | |

| 신호등 | မီးပွိုင့် | traffic light |
| ရှင်းနိုဒွန်း | 미:뽜잇. | |

| 신혼여행 | ဟန်းနီးမွန်းခရီး | honeymoon |
| ရှင်းနံးယောဟိန်း | 한:니:모: 케이 | |

| 실 | ချည် | thread |
| ရှိုး(လ်) | 치 | |

| 실크 | ပိုး | silk |
| ရှိုး(လ်)ခ | 뽀: | |

| 실패하다 | ရှုံးနိမ့်သည် | fail |
| ရှိုး(လ်)ဖယ်ဟာတာ | 숑: 내잇.디 | |

| 싫다 | မုန်းသည် | hate |
| ရှိုး(လ်)ထာ | 몽:디 | |

| 심리학 | စိတ်ပိုင်းဆိုင်ရာပညာရပ် | psychology |
| ရှင်း(မ်)နီဟတ် | 새잇'빠인:싸인야 삔냐얏' | |

한국어	미얀마어	발음	영어
심심하다	ပျင်းသည်	쁘인:디	bored
	ရှင်း(မ်)ရှင်း(မ်)ဟာတာ		
심장	နှလုံး	흐네롱:	heart
	ရှင်း(မ်)ဂျန်း		
심한	ပြင်းထန်သော	삐인:탄더	violent
	ရှင်း(မ်)ဟန်း		
십자로	လမ်းလေးခွ	란:레:콰.	four-way junction
	ရှစ်(ပ်)ဂျာလို		
싱가포르	စင်ကာပူ	싱까뿌	Singapore
	ရှင်ဂါဖူး(လ်)		
싱크대	ရေဇလုံ	예셀.론	kitchen sink
	ရှင်းခုဒဲယ်		
싸우다	ရန်ဖြစ်သည်	얀핏'디	fight
	စာအူတာ		
싸웠다	ရန်ဖြစ်ခဲ့သည်	얀핏'케.디	fought
	စာဝေ့တာ		
싼	စျေးပေါသော	쎄이:뻐떠	cheap
	စန်း		
싼(싸다)	စျေးပေါသော(စျေးပေါသည်)	쎄이:뻐더(쎄이뻐디)	be cheap
	စန်း(စာတာ)		

쌀	ဆန်	rice
싸:(လ်)	싼	
쌀국수	ခေါက်ဆွဲ	noddle
싸:(လ်)구쑤	카욷'쇠:	
쌀밥	ထမင်း	cooked rice
싸:(လ်)바(ပ်)	타밍:	
쓰다	စာရေးသည်	write
쑤타	싸예:디	
쓰레기	အမှိုက်	trash
쑤레예기	아흐마읻'	
쓰레기통	အမှိုက်ပုံး	trash can
쑤레예기통:	아흐마읻'봉:	
씻다	ဆေးသည်	wash
료싣타	쌔:디	

301

ㅇ

한국어	미얀마어	발음	영어
아가씨 아가씨	မိန်းကလေး 메잉:클레:		girl
아기 아기	ကလေး 클레:		baby
아깝다 아깝(ㅂ)따	နမြောသည် 흐네 며디		be stingy
아나운서 아나아운(ㄴ)써	သတင်းကြေညာသူ 데딩: 쩨냐뚜		announcer
아내 아나이	မိန်းမ 메잉:마.		wife
아들 아두:(ㄹ)	သား 따:		son
아래 아라이	အောက် 아욷'		the lower part
아래로 아라이로	အောက်သို့ 아욷'똫.		down
아래층 아라이춘:	အောက်ထပ် 아욷'탣'		downstairs
아름다운 아르운:(미)다아운:	လှပသော 흘라.빠.더		beautiful / pretty

302

아름답다	လှပသည်	be beautiful
အာလွှန်း(မ်)ဒပ်(ပ်)တာ	흘라.빠.디	

아마	ဖြစ်ကောင်းဖြစ်လိမ့်မည်	perhaps
အာမာ	ဖြိ'ကောင်: ဖြိ'ရဲအိ'မိ	

아버지	အဖေ	father
အာဘောဂျီ	အာဖေ	

아쉽다	နှမြောတမ်းတသည်	regret
အာရှွိ(ပ်)တာ	နှေ ညွှမွေ တမ်း:တ.ဒိ	

아이	ကလေး	child / baby
အာအီ	ခလေး:	

아이고!	အောင်မလေး	oh
အာအီဂို	အောင်မယ်လေး:	

아이스크림	ရေခဲမုန့်	ice-cream
အာအီစုခုလင်း(မ်)	ရေခဲ:မုန့်.	

아저씨	ဦးလေး	uncle
အာဂျော့ရှီ	ဦး:လေး:	

아주머니	အဒေါ်	aunt
အာဂျူမောနီ	အဒေါ်	

아직	အခုချိန်ထိ	not yet / still
အာဂျစ်	အခု' ချိန်ထိ'	

한국어	미얀마어	영어
아침 / 아차잉:(메)	မနက် / 메네'	morning
아침식사 / 아차잉:(메)숏사	မနက်စာ / 메네.싸	breakfast
아파트 / 아파흐	တိုက်ခန်း / 따잇'칸:	apartment
아프다 / 아푸타	နာသည် / 나디	pain / hurt
아픈 / 병든 / 아푼: ㅣ 뱌웅:드웅:	ဖျားနာသော / 퍄:나더	ill
악수하다 / 아슈하타	လက်ဆွဲနှုတ်ဆက်သည် / 랫'쇄 흐놋'샛'디	shake hands
악어 / 아거웨	မိချောင်း / 미.자운:	crocodile
안개 / 안:개	မြူ / 뮤	mist
안개가 자욱한 / 안:개가 기어치훈:	မြူဆိုင်းသည် / 뮤싸인:디	foggy
안경 / 안:(ㄱ)여웅:	မျက်မှန် / 미얏'흐만	glasses

한국어	미얀마어	영어
안과 안른꽈	မျက်စိဋ္ဌာန 미얏스잇. 타나.	ophthalmology
안내소 안른내죠	မေးမြန်းဋ္ဌာန 메:미먄: 타나.	an inquiry office
안내하다 안른내하타	လမ်းညွှန်သည် 란:뉸디	guide / give a direction
안으로 안른느리	အထဲသို့ 아테:또.	into
안전한 안른쪈한	လုံခြုံသော 롱쫑더	safe
안쪽 안른쬬.	အထဲမှာ 어테:흐마	in
앉다 안타	ထိုင်သည် 타인 디	sit
알다 아:(ㄹ)타	သိသည် 띠.디	know
알리다 아:(ㄹ)리타	အသိပေးသည် 아띠.뻬:디	inform
알아듣다 아라드타	နားလည်သည် 나:레디	understand

ㅇ

| 알아보다 | စုံစမ်းသည် | inquire |
| အာရာဘိုတာ | 송산:디 | |

| 알았다 | သိပြီ | know |
| အာရတ်တာ | 띠.비 | |

| 알코올 | အရက်ပြန် | denatured spirit |
| အား(လ်)ခိုအိုး(လ်) | 아얫'삐얀 | |

| 암 | ကင်ဆာ | cancer |
| အမ်း(မ်) | 낑싸 | |

| 암닭 | ကြက်မ | hen |
| အမ်း(မ်)ဒတ် | 쨋'마. | |

| 앞쪽 | အရှေ့ | in front of |
| အပ်(ပ်)ကျို. | 아쉬엣. | |

| 앞치마 | မီးဖိုချောင်သုံး အကျႌ | apron |
| အပ်(ပ်)ချီမာ | 미:포 차운똥:애인:찌 | |

| 애국심 | နိုင်ငံချစ်စိတ် | patriotism |
| အယ်ဂုရှင်း(မ်) | 나잉안 칫'새잇' | |

| 애완동물 가게 | အိမ်မွေးတိရစ္ဆာန်ရောင်းဆိုင် | pet shop |
| အယ်ဝေါန်ဒုံးမူး(လ်)ဂါဂယ | 애인매: 뗄릿'산 야운:싸인 | |

| 애인 | ချစ်သူ | lover |
| အယ်အင်းန် | 칫'뚜 | |

애정	ချစ်ခြင်းမေတ္တာ	affection
အယ်ဂျောင်း	ချဲ့'ချိ: မျ'ttာ	

앵무새	သာလိကာ	parrot
အိန်းမူစယ်	ttာရိ.ကာ	

야경	ညအလှ	night view
ယာ(ဂ)ယောင်း	နျ. အဟ္လာ.	

야구	ဘော့စ်ဘောကစားခြင်း	baseball
ယာဂု	ဘေ(စ)ဘာ ဂေစာ:ချိ:	

야식	ညသန်းခေါင် မုန့်စားခြင်း	a late snack
ယာရှစ်	နျ.ဒေဂါဥန် မောဥ. စာ: ချိ:	

야외	မြို့ပြင် ၊လေဟာနယ်	field / outdoor
ယာဝယ်	မျော.ပျိန် / လေဟာနေ	

야자	အုန်းသီး	coconut
ယာဂျာ	ဥင်:tti:	

야채	ဟင်းသီးဟင်းရွက်	vegetables
ယာချယ်	ဟျိင်:tti: ဟျိင်:ယုဝဲ'	

야채샐러드	ဟင်းရွက်သုပ်	vegetables salad
ယာချယ်စယ်လောဒု	ဟျိင်:ယုဝဲ'ဒိုဥ'	

약	ဆေး	medicine
ယဝ့	စေ:	

307

한국어	미얀마어	발음	영어
약국	ဆေးဆိုင်	세:싸인	pharmacy
야속	ကတိ	게디.	promise
약한	အားနည်းသော	아:네:더	weak
얇다	ပါးသည်	빠:디	be thin
얇은	ပါးသော	빠:더	thin
얇은 종이	ပါးသော စာရွက်	빠:더 사유웻	thin paper
양	ပမာဏ	뻐마나.	quantity
양(동물)	သိုး	또:	sheep
양곤	ရန်ကုန်	양곤	Yangon
양말	ခြေအိတ်	체애잇`	socks

양배추	ဂေါ်ဖီထုပ်	cabbage
ယန်းဘယ်ချူ	거피톳'	
양복	အနောက်တိုင်းဝတ်စုံ	suit
ယန်းဘို့	아나웃'따인: 웟'송	
양복점	အနောက်တိုင်းဝတ်စုံဆိုင်	clthing store
ယန်းဘို့ချော(မ်)	아나웃'따인: 웟'송 싸인	
양초	ဖယောင်းတိုင်	candle
ယန်းချူ	페야웅:다인	
양파	ကြက်သွန်နီ	onion
ယန်းဖာ	쨋'또니	
어!(놀람)	ဪ	aw..
အော်	어	
어깨	ပုခုံး	shoulder
အောကယ်	빠콩:	
어느 것	ဘယ်ဟာ	which one
အောန္ဒဂေ့	배하	
어두운	မှောင်သော	dark
အောဒ္ဓအွန်း	흐마운더	
어디	ဘယ်နေရာ	where
အောဒိ	베네야	

309

ㅇ

한국어	미얀마어	발음	영어
어려운	ခက်ခဲသော	캇'케더	hard / difficult
어렵다	ခက်သည်	켓'디	be difficult
어른	လူကြီး	루지:	older person
어머나!	အမယ်လေး	아맬래:	oops
어머니	အမေ	아매	mother
어부	ငါးဖမ်းသူ	으아:판:뚜	fisherman
어제	မနေ့က	마넷.가.	yesterday
언니	အစ်မ(မိန်းကလေး၏)	어마.	elder sister
언덕	တောင်ကုန်း	따운공:	hill
언어	ဘာသာစကား	바따 세가:	language

310

| 얻다 | ရရှိသည် | get |
| အော့တာ | ရ.ရှိ.ဒိ | |

| 얼굴 | မျက်နှာ | face |
| အော(လ်)ဂူး(လ်) | မိဗက်'ဟ်နာ | |

| 얼룩말 | မြင်းကျား | zebra |
| အော(လ်)လုမား(လ်) | မင်း:ဂျား: | |

| 얼룩지다 | ကွက်သွားသည် | become stained |
| အော(လ်)လုဂျီတာ | ကွက်'ဆွား:ဒိ | |

| 얼마(가격) | ဘယ်လောက် | how much |
| အော(လ်)မာ | ဗယ်လောက်' | |

| 얼음 | ရေခဲ | ice |
| အောလွန်း(မ်) | ယေကေ | |

| 엄지손가락 | လက်မ | thumb |
| အော(မ်)ဂျိစိုး(န်)ဂါလတ် | လက်'မ | |

| 엉덩이 | တင်ပါး | hip |
| အောင်းဒေါင်ီ | တင်ဘား: | |

| 엎지르다 | ဖိတ်သည် | spill |
| အော့(ပ်)ဂျိလုတာ | ပဲဟ့်'ဒိ | |

| 응! | အင်း | emm |
| အယ်အွန်း | အင်း: | |

한국어	미얀마어	영어
~에게 / 앨걸	ကို / ဆီကို 고 / 스이꼬	to
~에서 / 앨쎄아	မှာ 흐마	at
~에서 밖으로 / 앨쎄아 브두룰로	ထဲမှ အပြင်သို့ 테흐마. 아삐인 또.	get out of
~에서부터 / 앨쎄아부두호	ကနေပြီးတော့ 가,네 삐:덕.	from
엔진오일 / 앨긴:(넣)오이:(렛)	အင်ဂျင်ဝိုင် 엔진 와일	oil engine
여권 / 요아고아(넣)	ပတ်စပို့ 빳' (스)봇.	passport
여기 / 이곳 / 요아기. 이고.	ဒီမှာ 디흐마	here
여기에서 / 요아기앨쎄아	ဒီနေရာမှာ 디 네야흐마	this place
여동생 / 요아도:시인:	ညီမလေး 니마.래:	younger sister
여름 / 요아룽:(멓)	နွေရာသီ 놰야디	summer

여배우	မင်းသမီး	actress
ယောဘယ်အူ	밍:더미:	

여성용 치마옷	မိန်းမဝတ်	dress
ယောစောင်းယုံးချီမာအို့	매잉:마.웟'	

여우	မြေခွေး	fox
ယောအူ	미예쿠에:	

여윈 / 마른	ပိန်သော	thin
ယောဝေါန် / မာလွန်း	빼잉 더	

여자	မိန်းကလေး	woman
ယောဂျာ	매잉:껄래:	

여조카	တူမ	niece
ယောဂျိုခါ	뚜마.	

여행사	ခရီးသွားလုပ်ငန်း	travel agency
ယောဟန်းစာ	케이:똬: 록'응아.	

여행하다	ခရီးသွားသည်	travel
ယောဟန်းဌာတာ	케이: 똬디	

역	ဘူတာရုံ	station
ယော့	부다용	

역사	သမိုင်း	history
ယော့စာ	떠마인:	

ㅇ

미얀마 여행 회화

한국어	미얀마어	영어
연 / ယောန်	စွန် / 쑤웅	kite
연구하다 / ယောန်ဂူဟာတာ	သုသေသနလုပ်သည် / 뚜.띠 따나. 로웃'디	research
연녹색 / ယောန်နို့စက်	အစိမ်းနုရောင် / 아생: 누.야운	light green
연락하다 / ယောန်လတ်ခါတာ	ဆက်သွယ်သည် / 섹'뙤디	connect
연못 / ယောန်မို့	ရေကန် / 예간	pond
연설하다 / ယော(န်)စော(လ်)ဟာတာ	မိန့်ခွန်းပြောကြားသည် / 매잇.쿤: 뼈:짜:디	address
연설했다 / ယော(န်)စော(လ်)ဟတ်တာ	မိန့်ခွန်းပြောကြားခဲ့သည် / 매잇.쿤: 뼈:짜: 켓.디	addressed
연습하다 / ယောန်စွပ်(ပ်)ဖာတာ	လေ့ကျင့်သည် / 레잇찐.디	practice
연필 / ယောန်ဖီး(လ်)	ခဲတံ / 케:딴	pencil
연필깎이 / ယောန်ဖီး(လ်)ကတ်ဂီ	ခဲတံချွန်စက် / 케:딴 춘섹'	pencil sharpener

314

연한 / 부드러운	နူးညံ့သော	soft
ယောန်နန်း၊ဘူဒူရောအွန်း	နု:ညံ.ဒေ	

연한 색	အရောင်ဖျော့	light color
ယောန်ဟန်းစဲ့	အယောင်ဖျော့.	

열 / 십	တစ်ဆယ်	ten
ယော(လ်)၊ရှစ်(ပ်)	တာစေ	

열다	ဖွင့်သည်	open
ယော(လ်)တာ	ဖွင့်ဒိ	

열린	ဖွင့်ထားသော	opening
ယောလင်း(န့်)	ဖွင့်တာ:ဒေ	

열쇠	သော့	key
ယော(လ်)စွယ်	ထော့.	

열쇠고리	သော့ချိတ်	key chain
ယော(လ်)စွယ်ဂိုလီ	ထော့.ဂျေအိပ့်	

열차	ရထားတွဲ	train
ယော(လ်)ချာ	ယေ့တာ:ဒွဲ:	

염소	ဆိတ်	goat
ယော(မ်)ဆို	ဆေအိပ့်	

엽서	ပို့စကတ်	postcard
ယော(ပ်)စော	ဘော.စကတ့်	

한국어	미얀마어	영어
영국 ယောင်းဂု	အင်္ဂလန် 잉그랑	England
영리하다 ယောင်းနီဟာတာ	ဉာဏ်ကောင်းသည် 냔 까웅:디	clever
영수증 ယောင်းစူရျှန်း	ဘောက်ချာ 바웃'차	receipt / voucher
영어 ယောင်းငေါ	အင်္ဂလိပ် 잉:그랫'	english
영업 ယောင်းငေ့(ပ်)	စီးပွားရေး 씨이: 빠:예:	business
영화 ယောင်းဟွာ	ရုပ်ရှင် 욧'싱	movie
영화관 ယောင်းဟွာဝွမ်	ရုပ်ရှင်ရုံ 욧'싱용	movei theater
옆 ယော(ပ်)	ဘေး 베:	side
예금하다 ယယ်ဂွန်း(မ်)ဟာတာ	ငွေအပ်နှံသည် 응웨 앗'난디	saving deposit
예매하다 ယယ်မယ်ဟာတာ	ကြိုတင်လက်မှတ်ဝယ်သည် 쪼띤 레'흐맛' 왜디	booking

| 예쁜 | လှပသော | pretty |
| ယယ်ပွန်း | ဟှလာ.ပါ.ထေ | |

| 예술 | အနုပညာ | art |
| ယယ်စူး(လ်) | အာနု. ပ္ပဲညာ | |

| 예술가 | အနုပညာရှင် | artist |
| ယယ်စူး(လ်)ဂါ | အီနု. ပ္ပဲညာရှိင် | |

| 예약하다 | ကြိုတင်မှာယူသည် | precontract |
| ယယ်ယာ့ခါတာ | ဇိုထိန် ဟ္မာယုဒိ | |

| 오늘 | ဒီနေ့ | today |
| အိုးနူး(လ်) | ဒိနေ့. | |

| 오다 | လာသည် | come |
| အိုတာ | လာဒိ | |

| 오디오 | အော်ဒီအို၊ အသံ | stereo system |
| အိုဒီအို | အိုဒိအို / အတ္တန် | |

| 오래되다 | ကြာမြင့်သည် | for a long time |
| အိုလယ်ဒွယ်တာ | ရှ္ရမိအဲန်.ဒိ | |

| 오래된 | ကြာသော | old |
| အိုလယ်ဒွယ်(န်) | ရ္ရဒေါ် | |

| 오렌지 | လိမ္မော်သီး | orange |
| အိုလိန်ဂျိ | ရဲန်မဒိ: | |

ㅇ

한국어	미얀마어	영어
오른쪽 / 아운꺼ː쵸	ညာဘက် / 냐베'	right
오른쪽의 / 아운꺼ː쵸개	ညာဘက်ရဲ့ / 냐. 뱃'옛	right
오리 / 아이리	ဘဲ / 베ː	duck
오리고기 / 아이리고기	ဘဲသား / 베ː다	meat of the duck
오빠 / 아빠	အစ်ကို၊ ကိုကို(မိန်းကလေး၏) / 오꼬 / 꼬꼬	a girl's elder brother
오이 / 아이이	သခွားသီး / 떠과ː띠ː	cucumber
오전 / 아이겨운	မနက်ပိုင်း / 마넷' 빠인ː	forenoon
오징어 / 아이긴ː궤	ပြည်ကြီးငါး / 삐징ː응아ː	squid
오토바이 / 아이토바아이	မော်တော်ဆိုင်ကယ် / 모떠 싸인께	motorcycle
오후 / 아이후	ညနေပိုင်း / 냐.네바인ː	evening

옥수수	ပြောင်းဖူး	corn
옥수수	빠운:푸:	

온수	ရေနွေး	hot water
온수	예붸:	

올바른 / 맞는	မှန်ကန်သော	right
올바른/맞는	흐만깐더	

올 수 있니?	လာနိုင်လား	Can you come?
올수있니	라나인라:	

옷	အကျီ	clothes
옷	에인:지	

옷걸이	အကျီချိတ်	hanger
옷거리	에인:지재잇'	

옷장	ဗီဒို	wardrobe
옷장	비도	

옷 한 벌	အကျီတစ်ထည်	a suit
옷한벌	애인:지 떼테	

와라	လာ	come on
와라	라	

와이셔츠	ရှပ်အကျီ	shirt
와이셔츠	샷'에인:지	

319

| 완구 | အရုပ် | toy |
| ဝမ်းဂူ | အရုပ် | |

| 완성하다 | ပြီးပြည့်စုံသည် | complete |
| ဝမ်းစောင်းဒွယ်တာ | ပီးပြေ့. စံဒီ | |

| 왔다 | လာခဲ့သည် | came |
| ဝက်တာ | လာခဲ့.ဒီ | |

| 왔어요 | လာခဲ့တယ် | came |
| ဝက်စောယို | လာခဲ့.ဒယ် | |

| 왕궁 | နန်းတော် | palace |
| ဝမ်းဂွန်း | နန်းဒေါ် | |

| 왕복표 | အသွားအပြန်လက်မှတ် | a round-trip ticket |
| ဝမ်းဘုံ့ဖျို | အဆွား: အပြန် လက်ထ်မတ် | |

| 왜 | ဘာကြောင့် | why |
| ဝယ် | ဘာကြောင့်. | |

| 왜 / 어째서 | ဘာကြောင့် | why |
| ဝယ် ၊ အောကျယ်စော | ဘာကြောင့်. | |

| 외과 | ခွဲစိတ်ဌာန | surgical department |
| ဝယ်ဂွာ | ခွဲ: စဲ့ယ်. ထာန. | |

| 외교 | သံတမန်ရေးရာ၊နိုင်ငံခြားရေးရာ | diplomacy |
| ဝယ်(ဂ)ယို | တံထမန် ရေးယား: နိုင်. အန်း: ဇား: ရေး: ယား | |

외교관	သံတမာန်	diplomtic official
외이(ㄱ)이귬	딴떠만	
외투	ကုတ်အင်္ကျီ	coat
외이투	꼬웃에'인:지	
외할머니	အဘွား(အမေဘက်မှ)	grandmother
외이하:(ㄹ)메오니	어봐:아푸와:	
외할아버지	အဘိုး(အမေဘက်မှ)	grandfather
외이하:(ㄹ)라보오기	아포오:	
왼쪽	ဘယ်ဘက်	left
윈이끼요.	베벳'	
왼쪽의	ဘယ်ဘက်ရဲ့	left
윈이끼요.이	베벳'예.	
요리	ဟင်း	curry
요리	힝:	
요리사	ဟင်းချက်သူ	chef
요리사	힝:첸'뚜	
요리하다	ဟင်းချက်သည်	cook
요리하타	힝:챗'디	
욕실	ရေချိုးခန်း	bathroom
요끼오:(ㄹ)	예초:칸:	

한국어	미얀마어	영어
욕조 욕조	ရေချိုးဇလုံ 예초: 셀롱	bathtub
욕하다 욕하다	ဆဲဆိုသည် 쎄:소디	abuse
우기 우기	မိုးရာသီ 모:야디	rainy season
우대손님 우대손님	အထူးညှိသည် 아투: 에.데	special guest
우리 우리	ကျွန်ုပ်တို့ 쩌노웃'또.	we / us
우리(동물) 우리	(နွား၊ဝက်)တင်းကုတ် 띵:고웃'	stable
우리들 우리들(을)	ကျွန်ုပ်တို့တွေ 쩌노웃'또.되	us
우리의 것 우리의 것	ငါတို့ရဲ့ ဟာ 응아도.예.하	ours
우산 우산	ထီး 티:	umbrella
우유 우유	နွားနို့ 놔:노욱.	milk

| 우주 | စကြဝဠာ | universe |
| အူဂျူ | စဲ့'ဇာဝဲရာ | |

| 우주비행사 | အာကာသယာဉ်မှူး | astronaut |
| အူဂျူဘီဟိုင်းစာ | အာကာတာ. ယင်ဟုမူး | |

| 우체국 | စာတိုက် | post office |
| အူချယ်ဂု | ဆာရာအိတ်' | |

| 우체통 | စာတိုက်ပုံး | mailbox |
| အူချယ်ထုံး | ဆာရာအိတ်'ပုံး | |

| 우편배달부 | စာပို့သမား | postman |
| အူဖျော(န်)ဘယ်ဒါး(လ်)ဘု | ဆိဗော. ထမား | |

| 우표 | တံဆိပ်ခေါင်း | stamp |
| အူဖျူ | ဒေဇေအိတ်'ဂအုန်း | |

| 운동복 | အားကစားအင်္ကျီ | sweat shirt |
| အွန်ဒိုးဘုံ | အာ:ကာဇာ: အင်ဂျီ | |

| 운동선수 | လက်ရွေးစင်အားကစားသမား | sportsman |
| အွန်ဒိုးစောန်စူ | ရဲတ်' ယုအေး:စ်င် အာ:ကာဇာ:ထေမား: | |

| 운동장 | အားကစားရုံ | playground |
| အွန်ဒိုးဂျန်း | အာ:ကာဇာ: ယုံ | |

| 운동하다 | အားကစားလုပ်သည် | exercise |
| အွန်ဒိုးဂျဒာတာ | အာ:ကာဇာ: ရုအုတ်'ဒိ | |

323

운동화	အားကစားဖိနပ်	sneakers
웅न도ː꾜ː	아ː까자ː 펜낫'	

운반하다	ရွှေ့သည်	move
웅반바ː나타	쉬웻.디	

운전면허증	ကားမောင်းလိုင်စင်	driver's license
웅ː쩌ː뮨ː허ː쯩	까ː마운: 라인스인	

운전사	ဒရိုင်ဘာ	driver
웅ː쩌ː사	드 라이 바	

운전하다	မောင်းသည်	drive
웅ː쩌ː나타	마운:디	

운전했다	မောင်းခဲ့သည်	drove
웅ː쩌ː핫타	마운:캐.디	

울다	ငိုသည်	cry
울ː(ㄹ)타	뇨오디	

웃다	ရယ်သည်	laugh
웃타	예디	

원	စက်ဝိုင်း	circle
워ː넌	색' 와인:	

원숭이	မျောက်	monkey
워ː넌숭ː이	먀웃'	

원인	အကြောင်းအရင်း	factor
ဝေါန်နင်း	아짜운: 아잉:	

원통형	စလင်ဒါ	cylinder
ဝေါန်ထုံး(ဟ)ယောင်း	셀링다	

월	လ	month
ဝေါ(လ်)	라.	

월급	လခ	salary
ဝေါ(လ်)ဂွပ်(ပ်)	라.카	

월말	လကုန်	end of the month
ဝေါ(လ်)မားး(လ်)	라.꾸웅	

월요일	တနင်္လာ	Monday
ဝေါလျိုအီး(လ်)	떼닌:라	

월초	လဆန်း	beginning of the month
ဝေါ(လ်)ချို	라.산:	

웨이터	စားပွဲထိုး	waiter
ဝယ်အီတော	세뾔:토:	

위	အစာအိမ်	stomach
ဝိ	아사앵	

위대한	ကြီးကျယ်ခမ်းနားသော	great / grand
ဝိဒယ်ဟန်း	찌:쩨 칸:나:더	

위로	အပေါ်သို့	up
ဝိလို	아뻐또.	

위로하다	နှစ်သိမ့်သည်	comfort
ဝိလိုဟာတာ	흐닛'때잉.디	

위스키	ဝီစကီ	whisky
ဝိစုခီ	위스끼	

위염	အစာအိမ်ရောဂါ	gastritis
ဝိယော(မ်)	아사애잉 여가	

위조품	အတုအပစ္စည်း	forgery
ဝိဂျိုဖွန်း(မ်)	아뚜. 아빠. 삐엣스이:	

위쪽	အပေါ်ဘက်	upside
ဝိကျို.	아뻐뱃'	

위층	အပေါ်ထပ်	upstairs
ဝိချွန်း	아뻐탓'	

위험한	အန္တရာယ်ရှိသော	dangerous
ဝိဟောမ်မှန်း	안데예 싯더	

유람선	အပျော်စီးသင်္ဘော	excursion ship
ယူလမ်း(မ်)စောန်	아뼤스이: 띤:버	

유리 / 유리컵	ဖန်၊ဖန်ခွက်	glass / drinking glass
ယူလီ၊ယူလီခေ့(ပ်)	판 / 판쾩'	

유머	ဟာသ	humor
ယူမော	ဟာ သ.	

유명한	နာမည်ကြီးသော	famous
ယူမျောင်ဟန်း	နမေ့ ချီ:더	

유적지	သမိုင်းဝင် နေရာ	historic place
ယူဂျော့ဂျီ	ထ္တမာအင်:ဝင် နေယာ	

유지하다	ထိန်းသိမ်းသည်	maintenance
ယူဂျီဟာတာ	တေအင်:때인:디	

유치원	မူကြို	kindergarden
ယူချီဝေါန်	မုဂျော	

유행	ဖက်ရှင်	fashion
ယူဟိန်း	ဖဲ့'ရှင်	

육교	ကုန်းတံတား	overhead bridge
ယု(ဂ)ဂျို	ကုံ:ဒေဂျာ:	

육지	မြေပြင်	land
ယု့ဂျီ	မိယေဘီအင်	

~으로	နဲ့ (ဖြင့်)	with
အူလို	နဲ့.	

은	ငွေ	silver
အွန်း	ဥဝဲ	

한국어	미얀마어	발음	English
은행 아운:나인:	ဘဏ် 반		bank
~을 가로질러 아:(레) 가로지고:레오	ကိုဖြတ်ပြီး 고 피얏'삐:		across
~을 돌아 아:(레)도:라	ကိုပတ်ပြီးတော့ 고 빳'삐:더.		around
음료 아운:(메)려	အအေး 아에이:		cold drink
음식점 아운:(메)룃쩌(메)	စားသောက်ဆိုင် 싸:따웃'싸인		restaurant
음악 아운:(메)마.	တေးဂီတ 떼:기따.		music
음악회 아운:(메)마.궤	တေးဂီတဖျော်ဖြေပွဲ 떼:기따. 펴폐붸		concert
응급치료 아운:궙(뻬)쥐려	အရေးပေါ်ကုသမှု 아예:버 꾸.따.흐무.		first aid
~의 곁에 아예(가)예떼떼	ရဲ့ဘေး 예.배:		by
~의 뒤에 아예디아예	ရဲ့ အနောက် 예.아나웃'		behind

328

한국어	미얀마어	English
의견 의(ㄱ)104건	အတွေး 아뛔:	opinion
의논하다 의논:나타	တိုင်ပင်သည် 따인 삔디	consult
의무 의무	တာဝန် 따원	responsibility
의문스럽다 의문스러(ㅂ)따	သံသယဖြစ်ရာကောင်းသည် 딴떼야. 퓟'세야 까운:디	questionable
의사 의사	ဆရာဝန် 쎄야원	doctor
의심스럽다 의심(ㅅ)스러(ㅂ)따	သံသယဖြစ်ရာကောင်းသည် 딴떼야. 퓟'세야 까운:디	be doubtful
의심하다 의심(ㅅ)하다	သံသယဖြစ်သည် 딴떼야. 퓟'디	be doubt
의자 의자	ထိုင်ခုံ 타인곤	chair
의학 의학	ဆေးပညာ 쎄:뻬인냐	medical science
이 이	သွား 똬:	tooth

329

이것은	ဒီဟာကတော့	it is
이게웅슨	디하가.더.	

이것을	ဒီဟာကို	it
이게웅쓰(ㄹ)	디하고	

이것이	ဒီဟာက	it is
이게웅리	디하가.	

이곳에	ဒီမှာ	here
이고쎄	디흐마	

이기다	နိုင်သည်	win
이기다	나인디	

이 년에 한 번	နှစ်နှစ်ကို တစ်ကြိမ်	once by two years
이뇨네 한 번	흐네 흐닛'고 데쩸	

이러한	ဒီလို	like this
이러한	딜로	

이르다	စောသည်	be early
이르다	써디	

이마	နဖူး	forehead
이마	네푸:	

이발사	ဆံပင်ညှပ်သူ	barber
이바(ㄹ)싸	쎄빈흐냣'뚜	

이발소 임바:(ㄹ)쏘	ဆံပင်ညှပ်ဆိုင် 쎄빈흐낫'싸인	barber shop
이발하다 임바:(ㄹ)하다	ဆံပင်ညှပ်သည် 쎄빈흐낫'디	get a haircut
이번 달 이본다:(ㄹ)	ဒီလ 딜라.	this month
이번 주 이본쮸.	ဒီအပတ် 디 아빳'	this week
이별하다 이뵤:(ㄹ)하다	ခွဲခွာသည် 쾨: 콰디	separate
이 사람은 이싸람(ㅁ)믄	ဒီလူကတော့ 디 루가.더.	this person
이상 이상	ထက် 탯'	more than
이상하다 이상하다	ထူးဆန်းသည် 투:싼:디	be strange
이슬비가 내리다 이수:(ㄹ)비가 냬리다	မိုးတဖွဲဖွဲရွာသည် 모: 떼풰: 풰: 유와디	drizzle
이야기 이야기	ပုံပြင် 뽕삐인	story

한국어	미얀마어	발음	영어
이어폰	နားကြပ်	네잣'	earphone
	အီအောဖုန်း		
이용하다	သုံးသည်	똥:디	use
	အီယုံးငှာတာ		
이쪽	ဒီဘက်	디뱃'	this way
	အီကျို့		
이틀	နှစ်ရက်	흐네옛'	two days
	အီထူး(လ်)		
이하	အောက်	아웃'	less than
	အီဟာ		
이해하다	နားလည်သည်	나:래디	understand
	အီဟယ်ဟာတာ		
인간성	လူ့စရိုက်	루.쎄야잇'	humanity
	အင်း(န်)ဂန်းစောင်း		
인공위성	ဂြိုဟ်တု	조뚜.	satellite
	အင်းဂုံးဝီစောင်း		
인구	လူဦးရေ	루우:예	population
	အင်း(န်)ဂူ		
인기 있다	နာမည်ကြီးသည်	나매 찌:디	popular
	အင်းဂီအစ်တာ		

| 인도 | အိန္ဒိယ | India |
| အင်း(န့်)ဒိုး |애인니.야. | |

| 인도 / 보도 | လူသွားလမ်း | sidewalk |
| အင်းဒိုး ၊ ဘိုဒိုး | 루따:란: | |

| 인삼 | ဂျင်စင်း | ginseng |
| အင်း(န့်)စန်း(မ်) | 진 스인: | |

| 인쇄물 | ပုံနှိပ်ထားသောပစ္စည်း | prints |
| အင်းစွယ်မူး(လ်) | 뽕흐네잇'타:떠:삐옛'스이: | |

| 인형 | အရုပ် | doll |
| အင်း(ဟ)ယောင်း | 아욧' | |

| 일 | ရက် | day |
| အီး(လ်) | 옛' | |

| 일 | အလုပ် | work |
| အီး(လ်) | 아로웃' | |

| 일 / 하나 | တစ်ခု | one |
| အီး(လ်)၊ဟာနာ | 떼쿠. | |

| 일기 | ဒိုင်ယာရီ | diary |
| အီး(လ်)ဂီ | 다이야리 | |

| 일기예보 | ရာသီဥတုကြိုတင်ခန့်မှန်းခြင်း | weather forecast |
| အီး(လ်)ဂီယယ်ဘို | 야디우.뚜 쪼띤 칸.흐만:친: | |

한국어	미얀마어	발음	영어
일년 아:(레)져간	တစ်နှစ်	딴흐닛'	one year
일본 아:(레)부:(닌)	ဂျပန်	제펜	Japan
일어나다 아이로우나타	ထသည်	타.디	get up / wake up
일요일 아이뉴에아:(레)	တနင်္ဂနွေ	떠닌: 근붸	Sunday
일주일 아:(레)쥬에아:(레)	တစ်ပတ်	데밧'	one week
읽다 아이타	ဖတ်သည်	팻'디	read
읽어요 아이게요	ဖတ်တယ်	팻,대	read
읽었다 아:(레)게타	ဖတ်ခဲ့တယ်	팻'캐.대	read
잃다 아:(레)타	ပျောက်ဆုံးသည်	뺘웃'쏭:디	lost
입 아쑤(삐)	ပါးစပ်	베쎗'	mouth

입 맞추다	နမ်းသည်	kiss
အစ်(ပ်)မတ်ချူတာ	နမ်းဒိ	

입구	ဝင်ပေါက်	entrance
အစ်(ပ်)ဂု	ဝင်ဘောက်	

입국신고서	ပြည်ဝင်ခွင့်လျှောက်လွှာ	entrance card
အစ်(ပ်)ဂုရှင်းဂိုစော	ပြီဝန် ဂွန်.ရှောက်'ဟြော	

입국하다	နိုင်ငံအတွင်းသို့ ဝင်ရောက်သည်	enter a country
အစ်(ပ်)ဂုခါတာ	နိုင်ငန် အတွိန်း'ဒို့. ဝွိန်ရောက်'ဒိ	

입다	ဝတ်သည်	wear
အစ်(ပ်)တာ	ဝွတ်'ဒိ	

입사하다	အလုပ်စဝင်သည်	enter a company
အစ်(ပ်)စာဟာတာ	အိရောက်' ဆာ.ဝွင်း'ဒိ	

입술	နှုတ်ခမ်း	lip
အစ်(ပ်)စူး(လ်)	ဟိုနို'ကန်း	

잊다	မေ့သည်	forget
အစ်တာ	မေ.ဒိ	

ㅈ

한국어	미얀마어	영어
자 갸:	ပေတံ 뻬단	ruler
자격 갸(ㄱ)얘:	အရည်အချင်း 아예 아친:	qualification
자다 갸타	အိပ်သည် 애잇'디	sleep
자동차 갸도:챠	ကား 까:	car
자르다 갸루타	ဖြတ်သည် 퍗'디	cut
자리 / 좌석 갸리 / 갸세:	ထိုင်စရာနေရာ 타인쎄야 네야	seat
자매 갸매	ညီအစ်မ 니어마.	sister
자명종 시계 갸묘진갸:쉬'개	နာရီနိုးစက် 나이 호노:색'	alarm clock
자본 갸봉:(닛)	ရင်းနှီးငွေ၊ရန်ပုံငွေ 잉:흐닌 응웨 / 양뽕 응웨	funds
자석 갸세:	သံလိုက် 딴라잇'	magnet

자연	သဘာဝ	nature
쟈요안	더바	

자원	သယံဇာတ	resources
쟈와안	떼얀싸다.	

자유	လွပ်လပ်သော	freedom
쟈유	룻'랏'떠	

자전거	စက်ဘီး	bicycle / bike
쟈겨안거	샛'뱅:	

자정	သန်းခေါင်	midnight
쟈겨응:	데가운	

자주	ခဏ ခဏ	often
쟈주	카나. 카나	

자판	လက်နှိပ်ကွက်	keyboard
쟈파안:	랫'내잇'괫'	

작가	စာရေးဆရာ	writer / author
쟉가	싸예:쎠야	

작년	မနှစ်	last year
쟌:뇨안	마흐넷'	

작다	သေးသည်	be small
쟉따	떼:디	

ㅈ

337

ㅈ

한국어	미얀마어	영어
작은 / 갸웅은	သေးသော / 때:더	little
작은아버지 / 갸톡웅은아보우지	လေးငယ် (အဖေ၏ ညီ) / 레:응애	an uncle(father's youger brother)
잔 / 갸은	ခွက် / 쿠웨'	cup
잔돈 / 갸은도은	အကြွေ / 아쪼예	change(money) / small note
잔디 / 갸은디	မြက် / 몌'	grass
잔디깎이 / 갸은디까끼	မြက်ရိတ်စက် / 미옛'예잇'색'	lawn mower
잔디밭 / 갸은디밧	မြက်ခင်း / 미옛'킹:	lawn
잘랐다 / 갸라탓타	ရိတ်ခဲ့သည်၊ ဖြတ်ခဲ့သည် / 예잇' 캐.디 / 퓻'캐.디	cut
잘한다 / 갸:(ㄹ)랑은타	တော်သည် / 떠디	well
잠깐 / 갸음(ㅁ)깡은	ခဏ / 카나.	a moment

잠그다	소을 잠그다	lock up
잠그다	떠.캐'디	
잠수함	ရေငုပ်ခြင်း	dive / submarine
잠'(ㅁ)수함'(ㅁ)	예응옷'치잉	
잠시	ခဏ	a moment
잠'(ㅁ)시	카나.	
잠옷	ညဝတ်အင်္ကျီ	pajamas
잠'(ㅁ)옷	냐.웟' 인:지	
잠자는	အိပ်သော	asleep
잠'(ㅁ)자는	애잇'떠	
잠자다	အိပ်သည်	sleep
잠'(ㅁ)자다	애잇'디	
잠잤다	အိပ်ခဲ့သည်	slept
잠'(ㅁ)잤다	애잇'캐.디	
잡고 있다	ကိုင်ထားသည်	hold
잡'(ㅂ)고 있다	까인타:디	
잡다	ဖမ်းသည်	catch
잡'(ㅂ)다	판:디	
잡지	မဂ္ဂဇင်း	magazine
잡'(ㅂ)지	맥'게 쓰인:	

ㅈ

한국어	미얀마어	발음	English
잡화점	နေ့စဉ်သုံးပစ္စည်းရောင်းဆိုင်	냇즌똥: 삣'스이: 야운:자인	store
	ချုပ်(ပ်)ဖွာချော(မ်)		
장	အူ	우	bowels
	ဂျန်း		
장갑	လက်အိတ်	랫'애잇'	gloves
	ဂျန်းဂပ်(ပ်)		
장난감	အရုပ်	아욧'	toy
	ဂျန်နန်းဂမ်း(မ်)		
장모	ယောက္ခမ (ယောက်ျားလေး၏)	야웃'케마	a man's mother-in-law
	ဂျန်းမို		
장소	နေရာ	내야	place
	ဂျန်းစို		
장인	ယောက္ခထီး(ယောက်ျားလေး၏)	야웃'케티	a man's father-in-law
	ဂျန်းငင်း(န်)		
장점	ကောင်းသော အချက်	까운:더 아챗'	advantage
	ဂျန်းချောင်း(မ်)		
재떨이	ဆေးလိပ်ပြာခွက်	세:레잇' 빠쿳'	an ash tray
	ဂျယ်သော(လ်)ဂီ		
재료	လိုအပ်သော ပစ္စည်း	로'앗'떠 삣'스이:	material
	ဂျယ်လျို		

재미있는	စိတ်ဝင်စားစရာကောင်းသော	interesting
ဂျယ်မီအစ်နွန်း	새잇' 윙사: 세야: 까운:더:	

재판하다	စီရင်ချက်ချသည်	judge
ဂျယ်ဖန်းဟာတာ	스이잉 챗'차.디	

잼	ယို	jam
ဂျမ်း(မ်)	요	

쟁반	လင်ပန်း	tray
ဂျိန်းဘန်း	링반:	

저	ကျွန်တော်	me
ဂျော	쩌노	

저것은	ဟိုဟာကတော့	that
ဂျောဂေါ့စွန်း	호하가.덕.	

저것을	ဟိုဟာကို	that
ဂျောဂေါ့စူး(လ်)	호하고	

저것이	ဟိုဟာက	that
ဂျောဂေါ့ရှိ	호하가.	

저고리	ကိုရီးယားဂျက်ကင်အကျီ	coat / korean jacket
ဂျောဂိုလီ	꼬리:야: 잭낀애 인:지	

저곳	ဟိုးမှာ	over there
ဂျောဂို့	호:흐마	

341

ㅈ

저기에서	ဟိုနေရာမှာ	that place
ေျဂာဂီအယ္စော	호네야흐마	

저녁	ညနေ	evening
ေျဂာညော့	냐.네	

저녁 식사	ညနေစာ	supper, dinner
ေျဂာညော့ရှစ်စာ	냐.네싸	

저 사람은	ဟိုလူတော့	that person
ေျဂာစာလမ်းမွန်း	홀루가.더.	

저쪽	ဟိုဘက်	that way
ေျဂာကျိုု့	호배'	

적다	နည်းသည်	few
ေျဂော့တာ	네:디	

적다, 기록하다	ရေးမှတ်သည်	record
ေျဂော့တာ	예:흐맛'디	

적당하다	သင့်တော်သည်	suitable
ေျဂော့ဒန်းဟာတာ	띤.떠디	

적수 / 맞상대	ပြိုင်ဘက်၊ရန်သူ	rival
ေျဂော့စု ၊ မတ်စန်းထယ်	빠인뱃' / 양두	

적적하다	အထီးကျန်သည်	lonely
ေျဂော့ေျဂော့ခါတာ	아티: 짠디	

미얀마 여행 회화

| 전공 | မေဂျာကို လေ့လာသည် | major study |
| ကျောန်ဂုံး | 메자고 래잇.라디 | |

| 전기 | လျှပ်စစ် | electricity |
| ကျောန်ဂီ | 흐럇'스잇' | |

| 전기 스위치 | လျှပ်စစ်မီးခလုတ် | switch |
| ကျောန်ဂီစူဝီချီ | 흐럇'스잇' 미:카롯' | |

| 전달하다 | ဆင့်ကမ်းပြောကြားသည် | pass on |
| ကျောန်ဒါး(လ်)ဟာတာ | 스윗.깐: 뼈:쨔:디 | |

| 전등 | မီးလုံး | bulb |
| ကျောန်ဒွန်း | 미:롱: | |

| 전망대 | အဝေးကြည့်မှန်ပြောင်း | telescope |
| ကျောန်မန်းဒယ် | 아웨:찌. 흐만뱌웅: | |

| 전시회 | ပြပွဲ | exhibition |
| ကျောန်ရှီဟွယ် | 빠.봬 | |

| 전염병 | ကူးစက်ရောဂါ | infectious disease |
| ကျောန်ညောင်း(မ်)ဗျောင်း | 꾸:샛' 여가 | |

| 전쟁 | စစ်ပွဲ | war |
| ကျောန်ဂျိန်း | 숫'봬 | |

| 전지 | ဘက်ထရီ | battery |
| ကျောန်ဂျီ | 벳터리 | |

한국어	미얀마어	발음	영어
전차 / ကျောန်ချာ	လျှပ်စစ်မီးရထား	흐럍스잍' 미:예'타:	electric train
전통 / ကျောန်ထုံး	ရှေးဓလေ့ထုံးစံ	쉐: 델레. 통:산	tradition / ancient
전화 / ကျောန်နွာ	တယ်လီဖုန်း	뗄리폰:	telephone
전화 걸다 / ကျောန်နွာဝေါ်(လ်)တာ	ဖုန်းဆက်သည်	폰:쌕'디	make a phone call
전화번호 / ကျောန်နွာဘော(န်)နို	ဖုန်းနံပါတ်	폰:난밧'	telephone number
절 / ကျော(လ်)	ဘုရားကျောင်း	페야:쟈웅:	temple
절차 / ကျော(လ်)ချာ	လုပ်ငန်းစဉ်	로웃'웅앙:스인	formalities
젊다 / ကျော(မ်)တာ	ငယ်ရွယ်သည်	응애유웨디	be young
젊은 / 어린 / ကျော(မ်)မွန်း၊အောလင်း	ငယ်ရွယ်သော	응애유웨더	young
점 / ကျော(မ်)	အစက်	아색'	dot

점심식사	နေ့လည်စာ	lunch
ကျော(မ်)ရှင်း(မ်)ရှစ်စာ	네.래자	

접대하다	ဧည့်ခံကျွေးမွေးသည်	treat
ကျော(ပ်)ဒယ်ဟာတာ	에칸 쨰:왜:디	

접시	ပန်းကန်ပြား	dish
ကျော(ပ်)ရှီ	베간바:	

접착제	ကော်	glue
ကျော(ပ်)ချတ်ဂျယ်	꺼	

젓가락	တူ	chopsticks
ကျောဂါရတ်	뚜	

정보	သတင်းအချက်အလက်	information
ကျောင်းဘို	데딘: 아채' 얼래'	

정부 / 정치	အစိုးရ	government
ကျောင်းဘူ ၊ ကျောင်းချီ	아소:야.	

정사각형	စတုရန်း	square
ကျောင်းစာဂတ်(ခ)ယောင်း	세뚝.양:	

정오	နေ့လည် ၁၂ နာရီ	noon
ကျောင်းအို	네.래 셋.네 나이	

정오하다, 시정하다	အမှားပြင်ဆင်သည်	correct an error
ကျောင်းအိုဟာတာ	아흐마:삥스인디	

| 정원 | ပန်းခြံ | garden / park |
| ကျောင်းဝေါန် | ဗန်:ချန် | |

정육점 | အသားရောင်းဆိုင် | a butcher's
ကျောင်း(ဧ)ယုကျော(မ်) | အသာ: ယောင်: ဆိုင်

정육점 주인 | အသားရောင်းဆိုင်ရှင် | butcher
ကျောင်း(ဧ)ယုကျော(မ်)ရဲ့အင်း | အသာ:ယောင်: ဆိုင်ရှင်

정찰가격 | သင့်တော်သော ဈေးနှုန်းစာရွက် | the marked price
ကျောင်းချား(လ်)ဂါ(ဂ)ယော့ | ထိ့.ထေးဒ် သေ့:ဟ်နုန်: စာယွတ်'

정치인 | နိုင်ငံရေးသမား | politician
ကျောင်းချီအင်း | နိုင်ငံရေး: ထမား:

정확한 | တိကျသော | exact
ကျောင်းဟွာခန်း | တိ.ကျ.သာ

젖은 | စိုသော | wet
ကျော့ဂျုန်း | စိုသာ

제2일 | နှစ်ရက်မြောက် | second day
ဂျယ်အီအီး(လ်) | ဟ်နေယာဝတ်'မျာဝတ်'

제4차 회의 | လေးကြိမ်မြောက် အစည်းအဝေး | forth meeting
ဂျယ်စာချာ ဟွယ်အီ | လေး:ကျျာမျာဝတ်' အာစွေ့: အဝေး:

제과점 | ကိတ်မုန့်ဆိုင် | confectionery
ဂျယ်ဂွာကျော(မ်) | ကိအစ်' မုတ်.ဆိုင်

한국어	미얀마어	영어
제비 / ဂျယ်ဘီ	ပျံသွား / 뺜흐라:	swallow
제비꽃 색 / ဂျယ်ဘီကိုစက်	ခရမ်းရောင် / 케얀:야운	violet / purple
제시하다 / ဂျယ်ရှီဟာတာ	ညွှန်ပြသည် / 흐뉴 뺘.디	present / illustrate
제조하다 / ဂျယ်ဂျိုဟာတာ	ထုတ်လုပ်သည် / 톳'로웃'디	produce
제화점 / ဂျယ်ဟွာချော(မ်)	ဖိနပ်လုပ်သော ဆိုင် / 펫낫' 로웃'떠: 싸인	shoe store
젤리 / ဂျယ်လီ	ဂျယ်လီ / 젤리	jelly
졌다 / ပျော့တာ	ရှုံးနိမ့်ခဲ့သည် / 숑:네잇.케.디	failed
조각 / ဂျိုဂတ်	ပန်းပုထုခြင်း / 베부 투.친:	sculpture
조개 / ဂျိုဂယ်	ခရု / 케유	shellfish
조건 / ဂျိုဝေါန်	တောင်းဆိုချက် / 따운:소채'	stipulation

ㅈ

347

ㅈ

| 조금 | နည်းနည်း | a little |
| 쪼군(ㅁ) | 네:네: | |

| 조깅 | ဖြဖြလေးပြေးခြင်း | jogging |
| 쪼깅 | 퐈.퐈.레:삐예:친: | |

| 조끼 | အရက်ကရား | vest |
| 쪼끼 | 아옛' 까야: | |

| 조카 | တူ | nephew |
| 쪼카 | 뚜 | |

| 조심하다 | ဂရုစိုက်သည် | be careful |
| 쪼심한(ㅁ)하타 | 거유. 싸잇'디 | |

| 조용하다 | တိတ်ဆိတ်သည် | silent |
| 쪼용하타 | 때잇' 새잇'디 | |

| 조용한 | တိတ်ဆိတ်သော | quiet |
| 쪼용한 | 때잇' 새잇'떠 | |

| 조작하다 | ပြုလုပ်သည် | make up |
| 쪼작카타 | 뷰.로웃'디 | |

| 조종사 | လေယာဉ်မှူး | pilot |
| 쪼종사 | 래잉흐무: | |

| 졸리다 | အိပ်ငိုက်သည် | be sleepy |
| 쫄리타 | 에잇' 응옷'디 | |

졸린	အိပ်ငိုက်သော	sleepy
ချူလင်းန်	အေယ်' အွင်အယ်'တေ	

졸업하다	ဘွဲ့ရသည်	graduate
ချူရော့(ပ်)ဖာတာ	ဗွဲ.ယ.ဒိ	

좁다	ကျဉ်းသည်	narrow
ချို(ပ်)တာ	ဇွိန်:ဒိ	

좁은	ကျဉ်းမြောင်းသော	be narrow
ချို(ပ်)ဘွန်း	ဇွိုင်:မျောင်:ဒေ	

종	ခေါင်းလောင်း	bell
ချုံး	ကောင်:လောင်:	

종교	ဘာသာရေး	religion
ချုံး(ဂ)ယို	ဘာဒါယေး:	

종류	အမျိုးအစား	kind
ချုံးညု	အမျိုး:အဆား:	

종이	စာရွက်	paper
ချုံးအီ	ဆာယွတ်'	

종합대학	တက္ကသိုလ်	university
ချုံးဟပ်(ပ်)ဒယ်ဟတ်	တေ့'ခေါ်ဒို	

좋아하니?	ကြိုက်လား	Do you like?
ချိုဝါဟာနီ	ကျောက်'လား:	

ㅈ

349

ㅈ

| 좋아하다 | ကြိုက်သည် | like |
| 쬬와하다 | 짜잇'디 | |

| 좋은 | ကောင်းသော | good |
| 쬬온: | 까운:더 | |

| 좌담회 | အတွေးအခေါ် ဖလှယ်သော အစည်းအဝေး | a round-table talk |
| 쟈담:(메)뚜얘 | 아뙈: 아커 펠레떠 아스이: 아웨: | |

| 좌석 | ထိုင်ခုံ | seat |
| 쟈세: | 타인곤 | |

| 좌측 | ဘယ်ဘက် | the left side |
| 쟈체 | 배백. | |

| 죄 | အပြစ် | ofeense / sin |
| 쮜 | 아삐잇' | |

| 주 | အပတ် | week |
| 쮸 | 아빳' | |

| 주걱 | ထမင်းခတ်ဇွန်း | rice scoop |
| 쮸게 | 텝밍:캇'쭌: | |

| 주다 | ပေးသည် | give |
| 쮸다 | 뻬:디 | |

| 주말 | စနေ၊တနင်္ဂနွေ | weekend |
| 쮸마:(레) | 센네 / 떼닌:그눼 | |

350

한국어	미얀마어	English
주문하다 / 쮸문하다	မှာယူသည် / 흐마유디	order
주방 / 쮸방	မီးဖိုချောင် / 미:보차운	kitchen
주부 / 쮸부	အိမ်ရှင်မ / 애인싱마.	hosewife
주사 놓다 / 쮸사노타	ဆေးထိုးသည် / 쎄:토:디	have a shot
주사약 / 쮸사약	ထိုးဆေး / 토:쎄:	an injection
주사위 / 쮸사위	အံစာတုံး / 안싸동:	dice
주소 / 쮸소	အိမ်လိပ်စာ / 애인 래잇'싸	address
주스 / 쮸스	အအေး / 아에이:	juice
주유소 / 쮸유소	ဓါတ်ဆီဆိုင် / 닷'스이싸인	gas station
주인 / 쮸인	ပိုင်ရှင် / 빠인싱	owner

351

한국어	미얀마어	English
주인장 / 쥬에인장쟌	သူဌေး / 떼테이:	master
주전자 / 쥬에쟌쟈	ရေနွေးကရား / 예눼:까야:	kettle
주차장 / 쥬에챠쟌	ကားပါကင် / 까:빠낑	parking lot
주최하다 / 쥬에쵀핟하타	တာဝန်ခံပြီး လုပ်ပေးသည် / 따원칸삐 로웃'뻬:디	sponsor
주황 / 쥬에왕:	လိမ္မော် / 레머	orange
주황색 / 쥬에왕:쌕	လိမ္မော်ရောင် / 레머야운	orange-color
죽다 / 쥬에타	သေသည် / 떼디	die
준비하다 / 쥰비하타	ပြင်ဆင်သည် / 삐인스인디	prepare
줄넘기 / 쥬에:(ㄹ)러(ㅁ)기	ကြိုးခုန်ခြင်း / 쪼:콩친:	jump rope
줄 수 있니? / 쥬에:(ㄹ)쑤아인니	ပေးနိုင်လား / 뻬:나인라:	Can you give?

중국	တရုတ်	China
쭝국	떠 욋'	
중국어	တရုတ်စာ	chinese
쭝구거	떠욋' 사	
중순	လလယ်	middle of the month
쭝쑨	라.레	
중요한	အရေးကြီးသော	importance
쭝(이)요한	아예:찌:떠	
중학교	အလယ်တန်း	middle school
쭝학(기)요	아래단:	
줘라	ပေးစမ်း	please / give
줘라	뻬:싼:	
줬다	ပေးခဲ့သည်	gave
줘따	뻬:켗.디	
쥐	ကြွက်	mouse / rat
쮜	쫴'	
즉시	ချက်ချင်း	immediately
쯕씨	채'친:	
증가하는	တိုးပွားသည်	increase
쯩가하타	또:봐:디	

증명서	သက်သေခံစာရွက်	certificate
ဂျုန်းမျောင်းစော	ထက်'ထေကံ ဆာယုဝှေ့'	

증상	လက္ခဏာ	symptoms
သက်သေခံစာရွက်	လေ့ခေနာ	

지갑	ပိုက်ဆံအိတ်	wallet
ဂျိဂပ်(ပ်)	ပဲအိတ်'ဆံ အဲအိတ်'	

지구	ကမ္ဘာ	earth
ဂျိဂု	ကိဘာ	

지구본	ကမ္ဘာလုံး	global
ဂျိဂုဘွန်း	ကိဘာရုံး	

지금	အခု	now
ဂျိဂွန်း(မ်)	အခု.	

지난 달	ပြီးခဲ့တဲ့လ	last month
အခု	ပီးကဲ့.ဒဲ့. ရ.	

지난 주	ပြီးခဲ့တဲ့ အပတ်	last week
ဂျိနန်းဂျူ	ပီးကဲ့.ဒဲ့. အပတ်'	

지도	မြေပုံ	map
ဂျိဒို	မိေပုံ	

지루한	ပြီးငွေ့သော	bored
ဂျိလူဟန်း	နိ:အွေ့.တော	

ㅈ

| 지리 | ပထဝီ | gergraphy |
| 찌:리 | 빠테위 | |

| 지방 | ဒေသ | provinces / state |
| 찌방: | 데따. | |

| 지배인 | မန်နေဂျာ၊ အုပ်ချုပ်သူ | manager |
| 찌배이인: | 만네자 / 오웃'촉'두 | |

| 지불하다 | ပေးချေသည် | pay |
| 찌불:(ㄹ)하타 | 뻬:체디 | |

| 지불했다 | ပေးချေခဲ့သည် | paid |
| 찌불:(ㄹ)핻타 | 뻬:체켁.디 | |

| 지붕 | အမိုး | roof |
| 찌붕: | 아모: | |

| 지식 | ပညာဗဟုသုတ | knowledge |
| 찌싁 | 삔냐 버후.뚜.다. | |

| 지우개 | ခဲဖျက် | rubber / eraser |
| 찌우개 | 개피얏' | |

| 지우다 | ဖျက်သည် | erase |
| 찌우타 | 퍗'디 | |

| 지점 | ဆိုင်ခွဲ | branch office |
| 찌쩌(ㅁ) | 싸인쾌: | |

355

ㅈ

한국어	미얀마어	영어
지진 / 지잉:	မြေလျှင် / 미예 응앨 린	earthquake
지폐 / 지퓌	ပိုက်ဆံ / 빠잇'싼	paper money
지하도 / 지하도	မြေအောက်လမ်း / 미예 아웃'란	underpass
지하실 / 지하쉬:(ㄹ)	မြေအောက်ခန်း / 미야웃'칸	basement
지하철 / 지하쪄:(ㄹ)	မြေအောက်ရထား / 미아웃' 예 탄:	subway
직사각형 / 직싸각(ㄱ)영:	ထောင့်မှန်စတုဂံ / 다웃.흐만 스뚜.간	rectangle
직업 / 지고(ㅂ)	အလုပ် / 얼루웃'	job
직원 / 직(ㄱ)원	ဝန်ထမ်း / 원단:	staff
직행버스 / 직캔:보수	တိုက်ရိုက်သွားသော ကား / 다잇'야잇' 똬:떠 까:	direct bus
진심 / 진:(ㄴ)신:(ㅁ)	စိတ်ရင်းအမှန် / 새잇'잉 아흐만	true love

356

| 진열장 | မှန်ဘီဒို | showcase |
| ဂျင်း(န်)ညော(လ်)ဂျန်း | 흐만 비도 | |

| 진주 | ပုလဲ | pearl |
| ဂျင်း(န်)ဂျူ | 뻘레: | |

| 진짜 | အစစ် | real thing |
| ဂျင်း(န်)ကျာ | 아스싯' | |

| 진찰비 | ဆေးစစ်ခ | consultation fee |
| ဂျင်း(န်)ချာ(လ်)ဘီ | 쎄:스싯'카. | |

| 진찰하다 | ဆေးစစ်သည် | examine / medical checkup |
| ဂျင်း(န်)ချာ(လ်)ဟာတာ | 쎄: 스싯'디 | |

| 진통제 | အကိုက်အခဲပျောက်ဆေး | anodyne |
| ဂျင်း(န်)ထုံးဂျယ် | 아까잇' 오케:빠웃'쎄: | |

| 질기다 | မာသည် | though |
| ဂျိုး(လ်)ဂီတာ | 마디 | |

| 짐 | အထုပ် | load |
| ဂျင်း(မ်) | 아툿' | |

| 집 | အိမ် | house |
| ဂျစ်(ပ်) | 에인 | |

| 집어들다 | ကောက်တင်သည် | pick up |
| ဂျစ်ဘောဒုံး(လ်)တာ | 까웃'띵디 | |

ㅈ

| 짓다 | ဆောက်သည် | build |
| ချစ်တာ | 싸웃'디 | |

| 짜다 | ငံသည် | salty |
| ကျာတာ | 응안디 | |

| 짧다 | တိုသည် | be short |
| ကျာ(ပ်)တာ | 또디 | |

| 짧은 바지 | တိုသော ဘောင်းဘီ | shorts |
| ကျာ(လ်)ဘွန်းဘာဂျီ | 또더: 바웅:비 | |

| 쫓아가다 | နောက်မှလိုက်သွားသည် | chase |
| ကျိူ.ချာဝါတာ | 나웃'흐마. 라잇'똬:디 | |

358

한국어	미얀마어	영어
차 차	ကား 까:	car
차가운 / 추운 차가운, 추운	အေးသော 에:떠	cold
차고 차고	ကားဂိုဒေါင် 까:고다운	carbane
차다(가득) 차다	ပြည့်သည် 삐예.디	full
차다(발로) 차다	ကန်သည် 깐디	kick
차도 / 거리 차도, 거리	လမ်း 란:	street
차멀미 차멀(ㄹ)미	ကားမူးသော ရောဂါ 까:무:떠 여가	car sickness
착각하다 착각하다	အထင်လွဲသည် 이띤 뢰:디	misunderstand
착륙하다 착륙하다	ဆိုက်သည် 싸잇'디	land
찬성하다 찬성하다	ထောက်ခံသည် 타옷'칸디	agree

ㅊ

한국어	미얀마어	발음	영어
찬장 / ချန်းဂျန်း	ဘီဒို	비도	cupboard
참기름 / ချမ်း(မ်)ဂီလွှန်း(မ်)	နှမ်းဆီ	흐난:스이	sesame oil
참다 / ချမ်း(မ်)တာ	သီးခံသည်	띠:칸디	preservere / tolerate
찹쌀 / ဂျစ်(ပ်)	ကောက်ညှင်း	까웃' 흐닌:	sticky rice
찻집 / ချတ်ဂျစ်(ပ်)	လက်ဖက်ရည်ဆိုင်	레팟'예 싸인	teahouse
창문 / ချန်းမွန်း	ပြူတင်းပေါက်	브딘바웃'	window
창피하다 / ချန်းဖီဟာတာ	ရှက်သည်	시옛'디	shame
찾다 / ချတ်တာ	ရှာသည်	샤디	search
채소 / ချယ်စို	ဟင်းသီးဟင်းရွက်	힝:띠: 힝:유웻'	vegetable
책 / ချက်	စာအုပ်	싸옥'	book

| 책가방 | 사아웃탇쓰이 엣 | book bag |
| 착가반 | 싸옥' 텟.따 앳' | |

| 책방 | 사아웃사이 | book store |
| 착반 | 사옥'싸인 | |

| 책상 | 사아베 | dest |
| 착산 | 세붸: | |

| 책장 | 사아웃신 | bookcase |
| 착간 | 사옥'스인 | |

| 처럼 | 케소 | as / like |
| 쵸로(메) | 께.또. | |

| 천둥 / 천둥 치다 | 모지모지밷띠 | strike |
| 쵸단된 쵸단된치타 | 모:조: / 모:조: 삐읻'디 | |

| 천식 | 인자핑진 | asthma |
| 쵸단시 | 잉쨧'친: | |

| 천장 | 미에나게 | ceiling |
| 쵸단간 | 미옛'흐네잣' | |

| 천천히 | 페페레 | slowly |
| 쵸단쵸단니 | 폐:폐:레: | |

| 철물점 | 땉치판시야웃사이 | hardware store |
| 쵸(르)무(르)쵸인(메) | 딴테 삐옛'스이: 야운:싸인 | |

ㅊ

| 첫째 | ပထမဦးဆုံး | first |
| ချော့ကျယ် | 빠테마. 우:송: | |

| 청바지 | ဂျင်းဘောင်းဘီ | jeans |
| ချောင်းဘာဂျီ | 진:바웅:비 | |

| 청소하다 | သန့်ရှင်းရေးလုပ်သည် | clean |
| ချောင်းဆိုဟာတာ | 딷.싱:예: 로웃'디 | |

| 체리 | ချယ်ရီ | cherry |
| ချယ်လီ | 챌리 | |

| 체온 | ခန္ဓာကိုယ်အပူချိန် | (body) temperature |
| ချယ်အိုး(ㄴ) | 카다꼬 아부챙 | |

| 체육 | ကိုယ်ကာယလေ့ကျင့်ခန်း | physical exercise |
| ချယ်ယု | 꼬까야. 레읻.찓.칸: | |

| 체포하다 | ဖမ်းသည် | arrest |
| ချယ်ဖိုဟာတာ | 판:디 | |

| 쳤다(피아노) | တီးခဲ့သည် | played (the piano) |
| ချော့တာ | 띠:케.디 | |

| 초 | စက္ကန့် | second |
| ချို | 삿'깐. | |

| 초과하다 | ကျော်လွန်သည် | exceed |
| ချို၊ဂွာဟာတာ | 쩌롱디 | |

ㅊ

초대하다	ဖိတ်ကြားသည်	invite
쮜ㅣ데핰타	패잇'짜:디	

초록	အစိမ်းရောင်	green
쮜ㅣ롱	아생:야웅	

초록색	အစိမ်းရောင်	green
쮜ㅣ로ㅣ쌕	아생:야운	

촬영기	ကင်မရာ	camera
쮜아(ㄹ)령키	카메라	

최근의	သိပ်မကြာသေးမီ	recent
쮜엘군넬	떼잇'메짜데:미	

최대한	အများဆုံး	maximum
쮜엘데한	아먀:송	

최소한	အနည်းဆုံး	minimum
쮜엘소한	아네:송:	

최후의	နောက်ဆုံး	the last
쮜엘후엘	나웃'송	

추운	အေးသော	cold
쮀ㅣ우ㄴ	에:떠:	

추한	ရုပ်ဆိုးသော	soccer
쮀ㅣ한	욧' 소:떠	

ㅊ

| 축제 | ပွဲတော် | festival |
| ချယ်ဂျယ် | 빠.롱 | |

| 축하하다 | ဂုဏ်ပြုသည် | congratulate |
| ချုခါဟာတာ | 공뷰.디 | |

| 출구 | ထွက်ပေါက် | an exit |
| ချုး(လ်)ဂု | 퉷'바웃' | |

| 출국신고서 | ပြည်ပထွက်ခွာခြင်းကို အကြောင်းကြားစာ | a departure form |
| ချုး(လ်)ဂုရှင်းဂိုစော | 삐빠. 퉷'콰친:고 아짜운:짜:사 | |

| 출국하다 | နိုင်ငံမှထွက်ခွာသည် | leave a country |
| ချုး(လ်)ဂုခါတာ | 낭안흐마. 퉷'콰디 | |

| 춤추다 | ကသည် | dance |
| ချုး(မ်)ချူတာ | 까.디 | |

| 춥다 | အေးသည် | cold |
| ချု(ပ်)တာ | 에:디 | |

| 취소하다 | ဖျက်သိမ်းသည် | cancel |
| ချို့စိုဟာတာ | 피옛'땡:디 | |

| 치과 | သွားဌာန | dentistry |
| ချစ်ဂွာ | 똬:타나. | |

| 치과의사 | သွားဆရာဝန် | dentist |
| ချစ်ဂွာအိစာ | 똬: 스야원 | |

ㅊ

| 치마 | 스커트 | skirt |
| ချီမာ | 스깟' | |

| 치료하다 | ဆေးကုသသည် | treat |
| ချီလျိုဟာတာ | 쎄: 꾸.따.디 | |

| 치약 | သွားတိုက်ဆေး | tootpaste |
| ချီယာ့ | 똬:따잇'쌔 | |

| 친구 | သူငယ်ချင်း | friend |
| ချင်းနံဂူ | 땡애진: | |

| 친절하다 | ရင်းနှီးသည် | friendly |
| ချင်း(န်)ကျော(လ်)ဟာတာ | 잉:흐닌:웻디 | |

| 친척 | ဆွေမျိုး | a relative |
| ချင်း(န်)ချော့ | 쉐묘: | |

| 칠판 | ကျောက်သင်ပုန်း | board |
| ချူး(လ်)ဖန်း | 짜웃'띵봉: | |

| 침대 | ကုတင် | bed |
| ချင်း(မ်)ဒယ် | 그딘 | |

| 침대 시트 | အိပ်ယာခင်း | bedcover |
| ချင်း(မ်)ဒယ်ရှိထု | 애잇'야킹: | |

| 침실 | အိပ်ခန်း | bedroom |
| ချင်း(မ်)ရှိုး(လ်) | 에잇'칸: | |

ㅋ

| 칼 | ဓား | knife |
| 카이(ㄹ) | 다: | |

캐나다 / ကန်နေဒါ / Canada
캐나다- / 까네다

켜다 / ဖွင့်သည် / turn on
(ㅊ)요따 / 푸윙.디

켰다 / ဖွင့်ခဲ့သည် / turned on
(ㅊ)요-따 / 푸윙.캐.디

코 / နှာခေါင်း / nose
코이 / 흐나카운:

코끼리 / ဆင် / elephant
코이끼리- / 스잉

코뿔소(하마) / ကြံ့ / rhinoceros
코이푸-(ㄹ)소이 / 짠.

콩 / ပဲ / bean
코이: / 뻬:

콩나물 / ပဲပင်ပေါက် / bean sprouts
코이:나무-:(ㄹ) / 뻬:삔바웃'

크기 / အရွယ်အစား / size
크이기- / 아 유왜 아싸:

한국어	미얀마어	영어
(크기나 체구가) 작은 쿠기나체구가자근	အရွယ်အစားသေးသော 아 유웨 아싸: 떼:떠	small size
크다 쿠다	ကြီးသည် 찌:디	big
큰 쿤	ကြီးသော 찌:더	large
큰길 쿤:니:(ㄹ)	လမ်းမကြီး 란:마.지:	main road
큰아버지 쿤:아보지	ဘကြီး(အဖေ၏ အစ်ကို) 바지:	an uncle (father's elder brother)
큰일 쿤:니:(ㄹ)	အလုပ်ကြီး အလုပ်ကိုင် 아로웃'지: 아루웃'까인	big business
키 키	အရပ် 아얏'	height
키위 키위	ကီဝီ 끼.위.	kiwi
키 작은 키자근	အရပ် ပုသော 아얏' 뿌.떠:	short
키 큰 키쿤	အရပ် ရှည်သော 아얏' 시더:	tall

ㅌ

타다	စီးသည်	get on
ထာတာ	씨이:디	

타요	စီးတယ်	ride
ထာယို	씨이:데	

타원형	ဘဲဥပုံ	oval
ထာဝေါ်န်(ဟ)ယောင်း	베:우.봉	

타인	အခြားသူ	others
ထာအင်း(န်)	아차:뚜	

타입	အမျိုးအစား	kind
ထာအစ်(ပ်)	아묘: 아싸:	

탁구	စားပွဲတင် တင်းနစ်	table tennis
ထတ်ဂု	세뵈:띤 따:닛'	

탄탄하다	ခိုင်မာသည်	strong
ထန်းထန်းဟာတာ	카인마디	

탑승구	စီးနင်းရမည့်အပေါက်	boarding
ထပ်(ပ်)စွန်းဂု	스이:닝: 야.밋. 아빠웃'	

탔어요	စီးခဲ့တယ်	rode
ထတ်စောယို	스이:케.데	

태국	ယိုးဒယား	Thailand
ထယ်ဂု	요:데야:	

368

| 태도 | အပြုအမူ | attitude |
| ထယ်ဒို | အပြု၊ အမူ | |

| 태만하다 | ပျင်းရိနှေးကွေးသည် | lazy |
| ထယ်မန်းဟာတာ | ပိုင်:ယိ:နေး:ကွေ:ဒိ | |

| 태양 | နေ | sun |
| ထယ်ယန်း | နေ အိ | |

| 태풍 | မုန်တိုင်း | typhoon |
| ထယ်ဖွန်း | မုန်တိုင်း | |

| 택하다 | ရွေးချယ်သည် | choose |
| ထက်ခါတာ | ယူဝေး:ချေဒိ | |

| 턱 | မေးစိ | chin |
| ထော့ | မေး:စိ. | |

| 토끼 | ယုန် | rabbit |
| ထိုကီ | ယုန် | |

| 토론하다 | ဆွေးနွေးသည် | debate |
| ထိုလုံးဟာတာ | ရွှေး:နွေး:ဒိ | |

| 토요일 | စနေ | Saturday |
| ထိုယိုအီး(လ) | စနေနေ့ | |

| 토하다 | အန်သည် | disgorge / vomit |
| ထိုဟာတာ | အန်ဒိ | |

ㅌ

| 톱 | လွှ | saw |
| ထို့(ပ်) | 흐라 | |

| 통과하다 | ဖြတ်သန်းသည် | pass |
| ထုံးဂွာဟာတာ | 퓻'딴:디 | |

| 통사정하다 | ဖွင့်ပြောသည် | make an appeal |
| ထုံးစာကျောင်းဟာတာ | 푸잉.뼈:디 | |

| 통신 | ဆက်သွယ်ခြင်း | communication |
| ထုံးရှင်း | 쌕'때친: | |

| 통역 | စကားပြန်ပြန်ခြင်း | interpretation |
| ထုံး(ဂ)ယော့ | 쎄게피얀 피얀거인: | |

| 통역인 | စကားပြန် | interpreter |
| ထုံး(ဂ)ယော့ဂင်း | 쎄게피얀 | |

| 통조림 | ဆီသွတ်ဗူး | canned |
| ထုံးဂျိုးလင်း(မ်) | 스이뚯'부: | |

| 통지 | အသိပေးခြင်း | notification |
| ထုံးဂျီ | 아띠.뻬:진: | |

| 통행금지 | ဖြတ်သန်းခွင့် ကန့်သတ်ထားခြင်း | suspension of traffic |
| ထုံးဟန်းဂွန်း(မ်)ဂျီ | 퓻'딴:쾽. 깐.똣'타:진: | |

| 튀기다 | ကြော်သည် | fry |
| ထွီဂီတာ | 쪄디 | |

| 특별석 | အထူးထိုင်ခုံ | reserved seat |
| 툭뼈(ㄹ)써ㄲ | 아투: 타인콘 | |

| 특별한 | ထူးခြားသော | special |
| 툭뼈(ㄹ)한 | 투:차:떠: | |

| 틀리다 | မှားသည် | wrong |
| 툴리타 | 흐마:디 | |

| 틀린 | မှားသော | be wrong |
| 툴린(ㄴ) | 흐마:더 | |

| 티슈 | တစ်ရှူး | tissue paper |
| 티쓔: | 띳'슈: | |

| 팁 | ဝန်ဆောင်ခ | tip |
| 툽(ㅍ) | 원싸운카. | |

ㅍ

한국어	미얀마어	영어
파 / 퐈	ကြက်သွန်မိတ် / 쨋' 뚠매잇'	leek
파다 / 퐈타	တူးသည် / 뚜:디	dig
파도 / 퐈도	လှိုင်း / 흐라인:	wave
파란색 / 퐈란:셋	အပြာရောင် / 아뺘야운	blue
파마하다 / 퐈마하타	ဆံပင်ကောက်သည် / 쎄빈 까웃'디	curl
파산하다 / 퐈산:냐타	အမွေ အားလုံး ကုန်သွားသည် / 아뭬 아:롱: 꽁똬:디	insolvency
파손하다 / 퐈솜:하타	ပျက်စီးသွားသည် / 뼤얏'스이:똬:디	damage / broke
파인애플 / 퐈아잉:애퓨:(레)	နာနတ်သီး / 나낫'디:	pineapple
파자마 / 퐈갸마	ညဝတ်အင်္ကျီ / 냐.왓' 인:지	pajama
파출부 / 퐈츄:(레)뷰	သန့်ရှင်းရေးလုပ်သူ / 땃.싱:예: 로웃'두	housekeeper

| 파티 | ပါတီ | party |
| ပါတီ | 파티 | |

| 파파야 | သင်္ဘောသီး | papaya |
| ဖာဖာယာ | 띤:버:디: | |

| 판다 | ပန်ဒါ | panda |
| ဖန်းတာ | 빤다 | |

| 판매원 | အရောင်းစာရေး | salesman |
| ဖန်းမယ်ဝေါန် | 아야운: 세예: | |

| 판매하다 | ရောင်းသည် | sell |
| ဖန်းမယ်ဟာတာ | 야운:디 | |

| 팔 | လက်မောင်း | arm |
| ဖါး(လ်) | 랫'마운: | |

| 팔꿈치 | တံတောင်ဆစ် | elbow |
| ဖါး(လ်)ကွန်း(မ်)ချီ | 데다운스잇' | |

| 팔다 | ရောင်းသည် | sell |
| ဖါး(လ်)တာ | 야운:디 | |

| 팔았다 | ရောင်းခဲ့သည် | sold |
| ဖါလတ်တာ | 야웅:케.디 | |

| 팔찌 | ဟန်းချိန်း | bracelet |
| ဖါး(လ်)ကျီ | 한:챙: | |

| 패션 | ဖက်ရှင် | fashion |
| ဖယ်ရှော်န် | 패션 | |

| 팬티 | အောက်ခံဘောင်းဘီ | panties |
| ဖယ်(န်)ထီ | 아웃'칸 바웅:비 | |

| 팽귄 | ပင်ဂွင်း | penguin |
| ဖိန်းဂွင်း(န်) | 팽귄 | |

| 팽이 | ဂျင် | top |
| ဖိန်းဒီ | 진 | |

| 퍼센트 | ရာခိုင်နှုန်း | percent |
| ဖောစန်းထု | 야카인흐농: | |

| 펄쩍 뛰다 | ခုန်သည် | jump |
| ဖော(လ်)ကျော့တွိုတာ | 콩디 | |

| 펜 | ဘောလ်ပင် | pen |
| ဖယ်န် | 벌:빈 | |

| 편리하다 | အဆင်ပြေသည် | conenient |
| ဖျော့န်လီဟာတာ | 아스인 뻬디 | |

| 편안하다 | ပျက်စီးသွားသည် | be comfortable |
| ဖျော့န်အန်ဟာတာ | 뺙'따웅. 뺙'따 시'디 | |

| 편의점 | ၂၄နာရီ ဖွင့်သော ဆိုင် | convenience store |
| ဖျော့န်နီဂျော(မ်) | 흐네샛' 레:나이 퓟.떠 싸인 | |

374

편지 ဖျော်န်ဂျီ	စာ 사	letter
편지봉투 ဖျော်န်ဂျီဘုံးထူ	စာအိတ် 사애잇'	envelope
편지지 ဖျော်န်ဂျီဂျီ	စာရွက် 사유웻'	letter paper
편집하다 ဖျော်န်ဂျစ်(ပ်)ဖါတာ	စာတမ်းပြုစုသည် 사단:뷰.수.디	edit
평가하다 ဖျောင်းဂါဟာတာ	ဝေဖန်သည် 웨판디	criticize
폐렴 ဖယ်လျော(မ်)	နမိုးနီးယား 네모:니:야:	pneumonia
폐막하다 ဖယ်မာ့ခါတာ	ပြဇာတ်ပြီးသည် 빠.삿' 삐:디	curtain fall
폐스럽다 ဖယ်စုလျော့(ပ်)တာ	အနှောက်အယှက်ဖြစ်သည် 아 나웃' 아쉗'핏'디	bothersome
폐업하다 ဖယ်အော့(ပ်)ဖာတာ	လုပ်ငန်းကိုဖျက်သိမ်းသည် 로웃' 응안:고 퍗'띵:디	close the business
포도 ဖိုဒို	စပျစ်သီး 쎄빗'띠:	grape

ㅍ

ㅍ

한국어	미얀마어	English
포스터 포스터	ပိုစတာ 포스터	poster
포장하다 포장한다	ထုပ်သည် 톡'디	pack
포크 포크	ခရင်း 크잉:	fork
폭탄 폭탄	ဗုံး 봉:	bomb
폭포 폭포	ရေတံခွန် 예데군	waterfall
표준 표준	စံ 싼	standard
풀 풀(ㄹ)	ကော် 꺼	paste
품질 품질	အရည်အသွေး 아예 아또웨:	quality
풍선 풍선	မိုးပျံဘူဖောင်း 모:반 부바운:	ballon
풍속 풍속	ဓလေ့ထုံးစံ 데래. 통:산	custom

| 프랑스 | ပြင်သစ် | France |
| ဖုလန်းစု | ပြင်သစ် | |

| 플래시 | လက်နှိပ်ဓာတ်မီး | flash / torch |
| ဖူလယ်ရှီ | လက်'နဲပ်' ဒတ်'မီ | |

| 피 | သွေး | blood |
| ဖိ | သွေး: | |

| 피곤하다 | ပင်ပန်းသည် | tired |
| ဖိဂုံးဟာတာ | ပင်ပန်း:ဒီ | |

| 피곤한 / 지친 | ပင်ပန်းသော | tired |
| ဖိဂုံးဟန်း / ဂျိချင်းနံ | ပင်ပန်း:ဒေ | |

| 피부 | အရေပြား | skin |
| ဖိဘူ | အယေဗာ: | |

| 피부병 | အရေပြားရောဂါ | skin disease |
| ဖိဘူဗျောင်း | အယေဗျာ: ယေ:ဂါ | |

| 필리핀 | ဖစ်လစ်ပိုင် | Phillipine |
| ဖိ(လ်)လီဖင်း(န်) | ဖိလစ် ပိုင် | |

| 필요하다 | လိုအပ်သည် | need |
| ဖိလျိုဟာတာ | လိုအပ်'ဒီ | |

| 필통 | ကွန်ပါဘူး | pencil case |
| ဖိ(လ်)ထုံး | ခွန်ဘာဘူ: | |

하강하다	အောက်သို့ ဆင်းလာသည်	descend
ဟာဂန်းဂျာတာ	아웃'똣. 스인:라디	

~하고	လုပ်ပြီးတော့	after doing
ဟာဂို	로웃'삐:덕.	

하늘	ကောင်းကင်	sky
ဟာနူး(လ်)	까운:긴	

하늘색	ကောင်းကင်ပြာရောင်	sky blue
ဟာနူး(လ်)စက်	까운:긴 빠야웅	

하다	လုပ်သည်	do
ဟာတာ	로웃'디	

하루	တနေ့တာ	a single day
ဟာလူ	떼넷.따	

하루	တစ်ရက်	one day
ဟာလူ	떼옛'	

하루종일	တစ်နေကုန်	all day
ဟာလူဂျုံးဒီး(လ်)	떼네공	

하마	ရေမြင်း	hippo
ဟာမာ	예민	

하얀	ဖြူသော	white
ဟာယန်း	퓨더:	

하자 ဟာဂျာ	လုပ်ကြစို့. 로웃'자.속.	let's do
하품하다 ဟာဖွန်းမှာတာ	သန်းသည် 딴:디	yawn
학과 ဟတ်ဂွာ	ဘာသာရပ် 바다얏'	subject
학교 ဟတ်(ဂ)ဃို	ကျောင်း 짜운:	school
학생 ဟတ်စိန်း	ကျောင်းသား 짜운:다:	student
한 사람씩 ဟန်းစာလမ်း(မ်)ရှစ်	တစ်ယောက်ချင်းစီ 떼야웃' 친:스이	one by one / individual
한국 ဟန်းဂု	ကိုရီးယား 꼬리:야:	Korea
한국(인) ဟန်းဂုဝင်း	ကိုရီးယားလူမျိုး 꼬리:야: 루묘.	Korean
한국어 ဟန်းဂုဝေါ	ကိုရီးယားဘာသာစကား 꼬리:야: 바다 세가:	Korean (language)
한 달 ဟန်းဒါး(လ်)	တစ်လ 뗄라.	one month

ㅎ

한국어	미얀마어	영어
한 달에 두 번 한다(ㄹ)레 뚜보ㄴ	တစ်လကို နှစ်ကြိမ် 뗄라.고 흐네쟁	twice per month
한 마리 한마리	၁ ကောင် 다가운	one
한 발로 깡충 뛰다 한바(ㄹ)로 깐충 뛰다	ခုန်သည် 콩디	hop
한 번 한본	တစ်ကြိမ် 데쟁	one time
한약 한냑	တိုင်းရင်းဆေးဝါး 따인:잉: 세:와:	chinese medicine
한의사 한이사	တိုင်းရင်းဆေးဆရာ 따인:잉: 세: 세야	herb doctor
한턱내다 한턱내다	မုန့်ဝယ်ကျွေးသည် 못'왜 쮀:디	give a treat
할머니 하르메니	အဘွား 아퐈:	grandmother
할아버지 하라버지	အဘိုး 아포:	grandfather
함께 함께	အတူတူ 아뚜두	together

| 합작하다 | ပူးပေါင်းဆောင်ရွက်သည် | cooperate |
| ဟပ်(ပ်)ဂျတ်ခါတာ | ဗု:ဘောင်: ဆာင်ယုဝဲ'ဒိ | |

| 항공기 | လေယာဉ် | airplane |
| ဟန်းဂုံးဂီ | လေယိဉ် | |

| 항공편지 | လေကြောင်းဖြင့် စာပို့ခြင်း | airmail |
| ဟန်းဂုံးဖျောန်ဂျီ | လေဂျာအုန်:ပျိ. ဆာဘော.ချင်: | |

| 항공회사 | လေကြောင်းပို့ဆောင်ရေး ကုမ္ပဏီ | airline company |
| ဟန်းဂုံးဟွယ်စာ | လေဂျာအုန်: ဘော.ဆာင်ယဲ: ကွန်ပဲန်နီ | |

| 항구 | ဆိပ်ကမ်း | port |
| ဟန်းဂူ | ဆဲအစ်'ကန် | |

| 해결하다 | ဖြေရှင်းသည် | solve |
| ဟယ်(ဂ)ယော(လ်)ဟာတာ | ပီဆျင်:ဒိ | |

| 해변 | ကမ်းစပ် | beach |
| ဟယ်ဗျောန် | ကန်:ဆပ်' | |

| 해석하다 | ရှင်းပြသည် | explain |
| ဟယ်စော့ခါတာ | ရှင်း:ပျာဒိ | |

| 해안 | ပင်လယ်ကမ်းစပ် | seaside |
| ဟယ်အန်း | ပွင်ရဲ ကန်:ဆပ်' | |

| 해열제 | ကိုယ်ပူကျဆေး | fever remedy |
| ဟယ်ယော(လ်)ဂျယ် | ကိုဘု ဂျာ.ဆဲ: | |

해호	ဟဲဟိုး	Heho
ဟဲဟိုး	헤:호:	

햇빛가리개	နေကာ	sun shade
ဟဲ့ဘစ်ဂါလီဂယ်	네까	

했다	လုပ်ခဲ့သည်	did
ဟတ်တာ	로웃'켁.디	

행동	အပြုအမူ	action / behavior
ဟိန်းဒုံး	아뷰. 아무	

행복한	ပျော်ရွှင်သော	happy
ဟိန်းဘို့ခန်း	뼈쉰떠:	

향수	ရေမွှေး	perfume
(ဟ)ယန်းစူ	예흐웨:	

향하다	ဦးတည်သည်	face toward
(ဟ)ယန်းငှာတာ	우:띠디	

허가하다	ခွင့်ပြုသည်	permit
ဟောဂါဟာတာ	퀸.뷰.디	

허리	ခါး	waist
ဟောလီ	카:	

헐겁다	ချောင်သည်	loose
ဟော(လ်)ဂေါ(ပ်)တာ	차운디	

헐렁한 ဟော(လ်)လောင်းငှန်း	ချောင်သော 차운더:	loose
헤엄쳐요 ဟယ်အော(မ်)ချောယို	ရေကူးတယ် 예꾸:대	swim
헷갈리다 ဟဲ့ကာလီတာ	ရှုပ်ထွေးသည် 솟'태:디	confuse
혀 (ဟ)ယော	လျှာ 샤	tongue
혁명 (ဟ)ယောင်းမျောင်း	တော်လှန်ရေး 떠흐란예:	revolution
현금 (ဟ)ယော(န့်)ဝှန်း(မ်)	ငွေသား 웨따:	cash
현대 (ဟ)ယောန့်ဒယ်	ခေတ်သစ် 킷'때'	nowaday
현지시각 (ဟ)ယောန့်ဂျီရှိဂန်း	စံတော်ချိန် 싼더챙	local time
혈압 (ဟ)ယော(လ်)လပ်(ပ်)	သွေးဖိအား 뛔: 피.아:	blood pressure
협회 (ဟ)ယော့(ပ်)ဖွယ်	အစည်းအဝေး 아스이: 아웨:	meeting

383

한국어	미얀마어	발음	English
형 / 오빠	အစ်ကို	아꼬	older brother
(ဟ)ယောင်း၊ အိုပါ			
형사	စုံထောက်	송타웃	detective
(ဟ)ယောင်းစာ			
형제	ညီအစ်ကို	니어꼬	brothers
(ဟ)ယောင်းဂျယ်			
형제·자매	ညီအစ်ကိုမောင်နှမ	니어꼬 마운흐네마.	sibling
(ဟ)ယောင်းဂျယ်ဂျာမယ်			
호랑이	ကျား	짜:	tiger
ဟိုရန်းဣ			
호박	ဖရုံသီး	페용디:	pumkin
ဟိုဘတ်			
호수	ကန်	깐	lake
ဟိုစု			
호텔	ဟိုတယ်	호텔	hotel
ဟိုထယ်(လ်)			
혼자	တစ်ယောက်တည်း	떼야웃'데:	alone
ဟိုးန်ဂျာ			
홍차	လက်ဖက်ရည်ကြမ်း	래패' 거잔:	tea
ဟုန်းချာ			

ㅎ

| 홍콩 | ဟောင်ကောင် | Hong Kong |
| 훈ː콩ː | 홍콩 | |

| 화가 | ပန်းချီဆရာ | artist |
| 와가 | 베지 세야 | |

| 화나다 | ဒေါသထွက်သည် | be angry |
| 와나타 | 더ː따. 퉷'디 | |

| 화난 | စိတ်ဆိုးသော | angry |
| 와난ː | 새잇소ː떠ː | |

| 화요일 | အင်္ဂါ | Tuesday |
| 와요이ː(ㄹ) | 인가 | |

| 화장실 | အိမ်သာ | toilet |
| 와장룐ː(ㄹ) | 애인다 | |

| 화장지 | အိမ်သာသုံးစက္ကူ | toilet paper |
| 와장ː기 | 애인다똥ː 색'꾸 | |

| 화장품 | မိတ်ကပ် | cosmetics |
| 와장ː푼ː(ㅁ) | 매잇'깟' | |

| 화장하다 | မိတ်ကပ်လိမ်းသည် | make-up |
| 와장ː타타 | 매잇'깟' 레인ː디 | |

| 화학 | ဓာတုဗေဒပညာ | chemistry |
| 와학 | 다두 베다. 삐옛'스이ː | |

한국어	미얀마어	영어
확인하다 ㅎ궁;ㄱㄷ;(ㄴ)ㄴㄷㅏ	အတည်ပြုသည် 아띠 뷰.디	cornfirm
환경 ဝန်း(ဂ)ယောင်း	ပတ်ဝန်းကျင် 빳'웡·찐	environment
환대하다 ဝန်းဒယ်ဟာတာ	ကြိုဆိုသည် 쪼소디	welcome warmly
환송하다 ဝန်းစုံငုတာ	ပျော်ရွှင်စွာ နှုတ်ဆက်သည် 뼈쉉솨 흐눗'색'디	pepatriate
환영회 ဝန်းယောင်းဂွယ်	ကြိုဆိုပွဲ 쪼쏘뵈:	welcome party
환전하다 ဝန်းဂျောန်ဟာတာ	လဲလှယ်သည် 레흐:레디	exchnage
환하다 ဝန်းနာတာ	တောက်ပသည် 따웃'빠.디	bright
황갈색 ဝန်းဂါး(လ်)စက်	အဝါရင့်ရောင် 아와 잇야운	yellowish brown
회답하다 ဟွယ်ဒပ်(ပ်)ပါတာ	ဖြေကြားသည် 피쨔:디	answer
회복하다 ဟွယ်ဘိုခါတာ	ပြန်လည်နလံထူသည် 빤레 날란 투디	recover

회사	ကုမ္ပဏီ	company
ဟွယ်စာ	꼬멘니	

회색	ခဲရောင်	gray
ဟွယ်စဲ	케:야운	

회의	အစည်းအဝေး	conference / meeting
ဟွယ်အွီ	아스이: 아웨:	

횡단보도	လူကူးမျဉ်းကြား	croswalk / pedestrain
ဝုန်းဒန်းဘိုဒို့	루꾸: 밍:쟈:	

효능	အကျိုးသက်ရောက်မှု	benefit
(ဟ)ယို့နွန်း	아쬬: 딱'야웃'흐무	

후추	ငရုတ်ကောင်း	pepper
ဟူချူ	응애 욧'가운:	

후회스럽다	နောင်တရသည်	regret
ဟူဟွယ်စူရော(ပ်)တာ	나운다. 야.디	

후회하다	နောင်တရသည်	regret
ဟူဟွယ်ဟာတာ	나운다 야디	

훔치다	ခိုးဝှက်သည်	steal
ဟွန်း(မ်)ချီတာ	코:휏'디	

휘파람 불다	လေချွန်သည်	whistle
ဟွီဖါလမ်း(မ်)ဘူး(လ်)တာ	레춘디	

한국어	미얀마어	영어
휴가 (하)유가	အားလပ်ရက် 아:랫'옛'	vacation
휴게실 (하)유게실리(ㄹ)	နားနေခန်း 나:네칸	restroom
휴일 (하)유이(ㄹ)	ပိတ်ရက် 빼잇'옛'	holiday
휴지통 (하)유지통	စွန့်ပစ်သော အမှိုက်ပုံး 셋'꾸삣'떠 아:흐맛'봉:	wastebasket
휴직하다 (하)유직하다	နားသည် 나:디	rest
흐르다 후루다	စီးဆင်းသည် 스이:셴:디	flow
흐리다 후리다	မှုန်မှိုင်းသည် 흐몬 흐망:디	cloudy
흑백 필름 훅벡필름(ㅁ)	အဖြူအမဲ ဖလင် 아퓨 아매: 팔레인	black and white film
흔하다 훈하다	များပြားသည် 먀:뺘:디	plenty
흡연하다 훕(ㅂ)연하다	ဆေးလိပ်သောက်သည် 세:래잇' 따웃'디	smoke

| 홍겹다 | 펴다 | fun |
| 훙뻔:(ㄱ)ㅛㅗ(ㅂ)ㅌ | 뼈디 | |

| 홍미이다 | 사ㅅ:ㅂ:ㅋ:ㄷ | interesting |
| 흥뻔:미이:타 | 새잇'윙사: 세야 까운:디 | |

| 흥분하다 | 사ㅅ:ㄹ:ㅎ:ㅅ:ㄷ | throb |
| 훙뻔:브ㅓㄴ:하타 | 새잇'흐룻'샤:디 | |

| 홍정하다 | 자ㅅ:ㅈ:ㄷ | strike a bargain |
| 훙뻔:쨍:하타 | 제:숫디 | |

| 희망하다 | 먀:ㄹ:ㅅ:ㄷ | hope |
| 히:먼:하타 | 흐며린.디 | |

| 희소식 | ㅋ:ㅅ:ㅌ: | good news |
| 히:소식 | 까운:데딩 | |

| 흰색 | ㅇ:ㅍ:ㄹ:ㅇ | white |
| 힝:(ㄴ)섹 | 어퓨야운 | |

ㅎ

한손에 잡히는
미얀마 여행 회화

펴 낸 날	2013년 7월 1일
	2014년 2월 14일(2쇄)
지 은 이	백민기
펴 낸 이	최지숙
편집주간	이기성
기획편집	윤정현, 이윤숙, 윤은지, 김송진
표지디자인	신성일
펴 낸 곳	도서출판 생각나눔
출판등록	제 2008-000008호
주 소	경기도 고양시 화정동 903-1번지, 한마음프라자 402호
전 화	031-964-2700
팩 스	031-964-2774
홈페이지	www.생각나눔.kr
이 메 일	webmaster@think-book.com

- 책값은 표지 뒷면에 표기되어 있습니다.
  ISBN 978-89-6489-212-1   02730
- 이 도서의 국립중앙도서관 출판시도서목록(CIP)은 e-CIP홈페이지(http://www.nl.go.kr/ecip)와 국가자료공동목록시스템(http://www.nl.go.kr/kolisnet)에서 이용하실 수 있습니다.
  (CIP제어번호: CIP2013008769)

Copyright ⓒ 백민기, 2013.
· 이 책은 저작권법에 따라 보호받는 저작물이므로 무단전재와 복제를 금지합니다.
· 잘못된 책은 구입하신 곳에서 바꾸어 드립니다.